Ciencias del medio ambiente

PRENTICE HALL Explorador de Ciencias

PEARSON

Prentice Hall

Boston, Massachusetts
Upper Saddle River, New Jersey

PRENTICE HALL Explorador de Ciencias

Ciencias del medio ambiente

Recursos específicos del libro

Student Edition
Student Express™ with Interactive Textbook
Teacher's Edition
All-in-One Teaching Resources
Color Transparencies
Guided Reading and Study Workbook
Student Edition on Audio CD
Discovery Channel School® Video
Lab Activity Video
Consumable and Nonconsumable Materials Kits

Recursos del programa impreso

Integrated Science Laboratory Manual
Computer Microscope Lab Manual
Inquiry Skills Activity Books
Progress Monitoring Assessments
Test Preparation Workbook
Test-Taking Tips With Transparencies
Teacher's ELL Handbook
Reading Strategies for Science Content

Recursos de la instrucción diferenciada

Adapted Reading and Study Workbook
Adapted Tests
Differentiated Instruction Guide for Labs and
    Activities

Recursos de tecnología del programa

TeacherExpress™ CD-ROM
Interactive Online Textbook
Presentation Express™ CD-ROM
ExamView®, Computer Test Bank CD-ROM
Lab zone™ Easy Planner CD-ROM
Probeware Lab Manual With CD-ROM
Computer Microscope and Lab Manual
Materials Ordering CD-ROM
Discovery Channel School® DVD Library
Lab Activity DVD Library
Web Site at PHSchool.com

Recursos de la impresión en español

Libro del estudiante
Cuaderno de orientación al estudio y a la lectura
Chapter Tests with Answer Key, versión en español

Acknowledgments appear on p. 229, which constitutes an extension of this copyright page.

Portada
El musgo cubre los árboles de este bosque lluvioso templado en el estado de Washington (arriba). Centenares de especies de mariposas habitan el bosque lluvioso tropical de Ecuador (abajo).

ISBN 0-13-190043-9
4 5 6 7 8 9 10 V063 10

Autores del programa

Dr. Michael J. Padilla
Profesor de Educación en Ciencias
Universidad de Georgia
Athens, Georgia

Michael Padilla se ha destacado en el campo de la educación media en ciencias. Ha escrito libros y ha sido electo funcionario de la Asociación Nacional de Profesores de Ciencias, además de participar en la redacción de las Normas Nacionales de Instrucción en Ciencias. Como uno de los principales autores del Explorador de Ciencias, Mike ha inspirado al grupo para desarrollar un programa que satisface las necesidades de los estudiantes de educación media, promueve la indagación científica y se ajusta a las Normas Nacionales de Instrucción en Ciencias.

Dr. Ioannis Miaoulis
Presidente del Museo de Ciencias
Boston, Massachusetts

Ioannis Miaoulis, que originalmente estudió ingeniería mecánica, encabeza el movimiento nacional para incrementar el alfabetismo tecnológico. Como rector de la Facultad de Ingeniería de la Universidad Tufts, el doctor Miaoulis estuvo en la vanguardia de la introducción de la ingeniería en los planes de estudio de Massachusetts. Actualmente colabora con sistemas escolares de todo el país para interesar a los estudiantes en actividades de ingeniería y promover el análisis del efecto de la ciencia y la tecnología sobre la sociedad.

Dra. Martha Cyr
Directora de Extensión K-12
del Instituto Politécnico de Worcester
Worcester, Massachusetts

Martha Cyr es una destacada experta en extensión de ingeniería. Cuenta con más de nueve años de experiencia en programas y actividades que hacen hincapié en el uso de los principios de ingeniería, a través de proyectos prácticos, para interesar y motivar a estudiantes y profesores de matemáticas y ciencias en los grados K-12. Su meta es suscitar un interés permanente en las ciencias y las matemáticas a través de la ingeniería.

Autores del libro

Dra. Marylin Lisowski
Profesora de Ciencias y
Educación ambiental
Universidad Eastern Illinois
Charleston, Illinois

Dra. Linda Cronin Jones
Profesora adjunta de Ciencias y
Educación ambiental
Universidad de Florida
Gainesville, Florida

Colaboradores

Thomas R. Wellnitz
Instructor en Ciencias
Escuela The Paideia
Atlanta, Georgia

Asesores

Asesora de Lectura

Dra. Nancy Romance
Profesora de Educación
en Ciencias
Universidad de Florida Atlantic
Fort Lauderdale, Florida

Asesor de Matemáticas

Dr. William Tate
Profesor de Educación,
estadísticas aplicadas y
computación
Universidad de Washington
St. Louis, Missouri

Revisores

Contenido

Ciencias del medio ambiente

Sección de referencia

VIDEO

Mejora tu comprensión con un video dinámico, disponible en inglés.

Preview Motívate con esta introducción al contenido del capítulo.

Field Trip Explora un relato de la vida real relacionado con el contenido del capítulo.

Assessment Repasa el contenido y responde a la evaluación.

Web Links

Conéctate con interesantes recursos Web para cada lección, disponible en inglés.

$SC_{LINKS_{TM}}^i$ **NSTA** Busca vínculos Web sobre temas relacionados con cada sección.

Active Art Interactúa en línea con ayudas visuales seleccionadas de cada capítulo.

Planet Diary® Explora noticias y fenómenos naturales con reportajes semanales.

Science News® Ponte al día con los descubrimientos científicos más recientes.

Experimenta todo el libro de texto en línea y en CD-ROM, disponible en inglés.

Actividades Practica destrezas y aprende los contenidos.

Videos Explora el contenido y aprende importantes destrezas de laboratorio.

Apoyo de audio Escucha la pronunciación y definición de los términos clave.

Autoevaluación Usa la retroalimentación inmediata para conocer tus adelantos.

Actividades

En la copa de los árboles

Acaba de amanecer cuando la bióloga Margaret Lowman comienza el ascenso. Avanza rápidamente por la escalera unida a un árbol gigante en el bosque lluvioso tropical de Belice, en América Central. Cinco metros, diez metros, quince... en cuestión de minutos subió diez pisos. Cuando llega a gatas a la plataforma de madera se detiene para admirar el bosque. Guacamayos de brillantes colores vuelan sobre su cabeza mientras los monos araña se columpian de las ramas sobre ella.

"Es una sensación fantástica —dice Meg—. Casi todos los organismos del mundo ven la bóveda arbórea del bosque desde dentro o arriba, pero los seres humanos son la excepción. La mayoría de las veces sólo pueden mirar desde abajo."

La bóveda arbórea del bosque lluvioso tropical es la densa cobertura formada por las copas frondosas de los árboles altos. Está de 20 a 40 metros sobre el suelo. Como bióloga de campo, Meg estudia los insectos que se alimentan de las plantas de la bóveda.

Meg Lowman sube a lo más alto de la bóveda arbórea del bosque lluvioso de Belice. ▶

Entrevista con
Dra. Margaret

¿ Cómo se interesó en las ciencias?

Probablemente comencé a los 3 años, cuando hacía fuertes en las enramadas. Mis amigos y yo hacíamos senderos en la naturaleza. Hacíamos zoológicos con lombrices y coleccionábamos todo, desde pájaros e insectos hasta brotes de plantas. Cuando iba en quinto grado había acumulado una buena colección de flores silvestres. Prensaba e identificaba cuidadosamente las flores en tarjetas, según su hábitat, color, tamaño, etc. Con esa colección gané el segundo lugar en la feria de ciencias del estado de Nueva York. Me sentí orgullosa de estar entre todos esos niños con sus experimentos electrónicos y de química.

Un guacamayo se lanza al vuelo en la bóveda arbórea.

¿ Por qué decidió estudiar los bosques?

En la universidad inicié una especialización en geología, pero resultó que me fijaba en los seres vivos mientras los demás miraban las rocas. Por fortuna, en la universidad a la que iba había un bosque de investigación que me interesaba. Cuando llegó el momento de hacer la investigación para mi doctorado, pensé en estudiar mariposas, pero como es muy difícil seguirlas, preferí concentrarme en algo que se moviera mucho menos: los árboles.

Meg Lowman, en un trineo para la bóveda arbórea, captura especímenes de insectos en Camerún.

Perfil Profesional

Margaret Lowman creció en Nueva York y estudió en la Universidad Williams de Massachusetts. Obtuvo un doctorado en botánica en la Universidad de Sydney, en Australia. Fue directora de los Jardines Botánicos Marie Selby en Sarasota, Florida, y ahora es catedrática del New College de Florida. Como madre de dos hijos, combina su carrera con su familia.

Un globo aerostático deposita un trineo para bóveda arbórea que se apoya en la parte superior del bosque lluvioso tropical.

¿ Cuáles son los retos de estudiar la bóveda arbórea?

Cuando la bóveda está muy por encima del suelo, no es fácil estudiarla. Cuando empecé en Australia subía a la bóveda con una soga. Luego otro científico y yo descubrimos otro método. Al reverso de una servilleta dibujamos un plan para construir un puente entre árboles.

La idea de un puente entre los árboles evolucionó en lo que llamo "autopistas del cielo". Las he construido en varios lugares. Son grupos de plataformas y puentes que se conectan entre las copas de los árboles. Las plataformas permiten que un grupo de personas se detenga y examine detalladamente la bóveda arbórea. Los puentes son para ir de un lado a otro.

Aparte de estos pasajes, hemos usado globos aerostáticos y grúas grandes para elevarnos a la bóveda arbórea. Pero estas tecnologías son caras.

¿ Qué quiere aprender de los bosques lluviosos tropicales?

En particular hay dos preguntas que me he hecho en mi carrera. La primera: ¿Cuántas hojas de un árbol se come un insecto? La segunda: ¿Qué efecto tienen los daños de los insectos en la salud de los árboles?

¿ Cuánto comen los insectos?

Hice un descubrimiento asombroso en el bosque lluvioso tropical de Australia. Todas las primaveras algo se comía 50 por ciento de las hojas nuevas del haya de la Antártida y luego desaparecía misteriosamente. Observé los árboles dos años hasta que pude atrapar la larva de un escarabajo, que era la causa de los daños. Había una razón de que no hubiera detectado a las larvas durante tanto tiempo: después de alimentarse con las hojas, se caen del árbol sobre las hojas y el suelo.

Cuando cultivé las larvas hasta que se hicieron escarabajos adultos, me di cuenta de que había descubierto una especie nueva: *Novacastra nothofagi.* Los llamé escarabajos golosos.

¿ Qué efecto tienen los insectos en la salud de los bosques?

La cosa más sorprendente que he aprendido es que los árboles toleran mucho más daño de los insectos de lo que nos imaginábamos. Antes de que los científicos pudieran subir a la bóveda arbórea, hacían estimaciones sobre lo que aprendían de su trabajo en el suelo. En esos estudios se decía que los insectos dañan de 5 a 7 por ciento de las hojas de los árboles en un año. Pero cuando pudimos subir a la bóveda arbórea, nos dimos cuenta de que hay muchos más insectos y muchas más hojas dañadas, casi cuatro o cinco veces más de lo que pensábamos.

Meg descubrió larvas de escarabajo que se alimentan de hojas jóvenes del haya de la Antártida. El nombre científico de este escarabajo es *Novacastra nothofagi.*

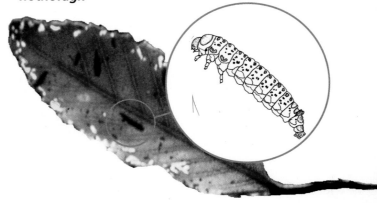

Meg reúne y anota cuidadosamente datos sobre especies vegetales y animales.

 ## Cómo se recuperan los bosques?

Durante mi trabajo como detective de hojas me interesé en otra pregunta: ¿Qué fuerzas impulsan la recuperación del bosque lluvioso tropical? Cuando se destruyen los árboles y otras plantas de una parte del bosque, sea por fuerzas naturales, como incendios causados por relámpagos, sea por tala de personas, ¿qué se requiere para que el bosque vuelva a su estado natural?

Aprendimos que cuando la bóveda arbórea está muy dañada tarda en recuperarse más de lo que imaginábamos. Durante más de 30 años hemos vigilado la recuperación de la bóveda en Australia. Es sorprendente la lentitud con que se recupera. Hemos visto brotes de cuatro pulgadas de alto que tienen 50 años. En los trópicos no esperamos siglos, sino milenios para que el bosque se recupere.

 ## Qué momentos memorables tiene de la bóveda arbórea?

Algunos recuerdos son de minucias, como ver a un pájaro carpintero chupasavias devorar una palomilla gitana. Fue un revoltijo, como cuando un niño se come una manzana acaramelada con las manos. Otros recuerdos son los momentos de descubrimiento, como cuando por fin encontré la larva del escarabajo glotón que mascaba las hojas de las hayas.

Escribir en ciencias

Enlace con profesiones Meg dice que uno de sus mayores retos como bióloga de campo es hallar los medios de entrar en la bóveda arbórea. Describe en un párrafo varios métodos que sigue Meg para resolver el problema. Luego añade un método tuyo para llegar a la bóveda.

 Go Online
PHSchool.com

Para: Más información sobre esta profesión, disponible en inglés.
Visita: PHSchool.com
Código Web: ceb-5000

Capítulo

1

Poblaciones y comunidades

Una población de cebras Grant vaga por la reserva Masai Mara de Kenia. ▶

Lab zone™ **Proyecto** del capítulo

¿Cuántos son multitud?

En este capítulo vas a explorar cómo los seres vivos obtienen de su entorno lo que necesitan. También vas a aprender cómo se relacionan con otros seres vivos y con las cosas sin vida. Mientras trabajas en el proyecto de este capítulo, observarás las interacciones en el crecimiento de las plantas.

Tu objetivo Diseñar y realizar un experimento para determinar el efecto del apiñamiento en el crecimiento de las plantas

Para completar este proyecto debes

- desarrollar un plan para plantar diversos números de semillas en recipientes iguales
- observar y reunir datos sobre el crecimiento de las plantas
- presentar tus resultados en un informe escrito y una gráfica
- seguir las reglas de seguridad del Apéndice A

Haz un plan En grupo, generen una lluvia de ideas para preparar el plan. ¿Qué condiciones necesitan las plantas para crecer? ¿Cómo colocarás las semillas en los recipientes? ¿Qué medidas debes tomar cuando las plantas comiencen a crecer? Entrega al maestro el boceto de tu plan. Cuando lo apruebe, planta las semillas. Luego, reune y analiza los datos de crecimiento y presenta tus resultados.

Los seres vivos y el medio ambiente

Avance de la lectura

Conceptos clave
- ¿Qué necesidades satisface un organismo en su medio ambiente?
- ¿Cuáles son las dos partes del hábitat con las que se relaciona un organismo?
- ¿Cuáles son los niveles de organización de un ecosistema?

Términos clave
- organismo • hábitat
- factor biótico • factor abiótico
- fotosíntesis • especie
- población • comunidad
- ecosistema • ecología

Destreza clave de lectura
Identificar ideas principales
Mientras lees la sección Hábitats, escribe la idea principal (la mayor o la más importante) en un organizador gráfico como el siguiente. Luego, escribe tres detalles de apoyo que den ejemplos de la idea principal.

Idea principal

Un organismo obtiene comida...

Detalle	Detalle	Detalle

Lab zone **Actividad** Descubre

¿Qué hay en la escena?

1. Toma de una revista una foto de una escena natural. Pega la foto en una hoja de papel, dejando espacio alrededor.
2. En la foto, localiza todo lo que sea un ser vivo. Dibuja con un lápiz de color una línea junto a cada ser vivo. Si sabes su nombre, escríbelo sobre la línea.
3. Con otro color, marca las cosas sin vida.

Reflexiona
Inferir ¿Por qué los seres vivos de la foto dependen de las cosas sin vida? Con otro color, dibuja líneas que conecten los seres vivos con las cosas sin vida que necesitan.

Cuando el sol sale en una tibia mañana de verano, un pueblo de Nebraska ya está en actividad. Algunos habitantes construyen con empeño casas para sus familias. Trabajan bajo el suelo, donde todo es frío y oscuro. Otros habitantes recogen semillas para desayunar. Algunos de los habitantes más jóvenes del pueblo juegan a corretearse por el prado.

De repente, un adulto detecta una sombra amenazadora: ha aparecido un enemigo en el cielo. El adulto grita varias veces para advertir a los demás. En instantes, los residentes del pueblo desaparecen en sus hogares subterráneos. El pueblo está quieto y en silencio, salvo por un halcón que planea en lo alto.

¿Ya adivinaste de qué pueblo se trata? Es un pueblo de perritos de las praderas en las llanuras de Nebraska. Cuando estos perritos de las praderas excavan sus madrigueras, buscan comida y se esconden del halcón, se relacionan con su medio ambiente, es decir, con su entorno.

Perritos de las praderas de cola negra ▶

Hábitats

Un perrito de las praderas es un tipo de **organismo,** o ser vivo. Los diferentes organismos deben vivir en ambientes distintos. **Un organismo obtiene de su medio ambiente alimento, agua, refugio y otras cosas que necesita para vivir, crecer y reproducirse.** Un medio ambiente que provee lo que un organismo necesita para vivir, crecer y reproducirse se llama **hábitat.**

Una zona puede tener muchos hábitats. Por ejemplo, en un bosque crecen hongos sobre la tierra húmeda, en el suelo viven salamandras y los pájaros carpinteros hacen sus nidos en los troncos de los árboles.

Los organismos viven en diversos hábitats porque tienen distintas necesidades para sobrevivir. Un perrito de las praderas obtiene su alimento y su refugio en su hábitat. No podría vivir en un bosque tropical ni en una costa rocosa. Del mismo modo, la pradera no satisfaría las necesidades de un mono araña ni de un cangrejo ermitaño.

 **Verifica tu lectura** ¿Por qué los distintos organismos viven en hábitats diferentes?

Factores bióticos

Para satisfacer sus necesidades, un perrito de las praderas no sólo debe relacionarse con los otros perritos de las praderas. **Un organismo se relaciona con los seres vivos y las partes sin vida de su hábitat.** Los seres vivos de un hábitat se denominan **factores bióticos.** Los factores bióticos del hábitat de los perritos de las praderas incluyen el pasto y las plantas que dan semillas y bayas. Los halcones, hurones, tejones y águilas que los cazan también son factores bióticos. Además, lombrices, hongos y bacterias son factores bióticos que viven en el suelo debajo de los pastos de las praderas.

 Verifica tu lectura Señala un factor biótico de tu medio ambiente.

FIGURA 1
Un organismo en su hábitat
Como todos los organismos, este gavilán de cola roja obtiene comida, agua y refugio en su hábitat. Los perritos de las praderas son una fuente importante de alimento para este halcón.

FIGURA 2
Factores abióticos

Las cosas sin vida del hábitat de un organismo son los factores abióticos. **Aplicar conceptos** *Señala tres factores abióticos con los que te relaciones todos los días.*

▲ Este orangután disfruta un trago de agua.

▲ La luz solar permite a esta planta producir su propio alimento.

▲ Esta rana de uñas africana se entierra para mantenerse fresca.

Factores abióticos

Los **factores abióticos** son las partes sin vida del hábitat de un organismo. Entre ellos se incluyen el agua, la luz solar, el oxígeno, la temperatura y el suelo.

Agua Todos los seres vivos necesitan agua para realizar sus procesos vitales. El agua también compone una gran parte del cuerpo de la mayoría de los organismos. Por ejemplo, tu cuerpo tiene aproximadamente 65 por ciento de agua. Las plantas y algas necesitan agua, además de luz solar y dióxido de carbono, para producir su propio alimento en un proceso llamado **fotosíntesis.** Otros seres vivos se alimentan de plantas y algas.

Luz solar Como la luz solar es necesaria para la fotosíntesis, es un importante factor abiótico de la mayoría de los seres vivos. En lugares que no reciben luz solar, como las cuevas oscuras, no pueden crecer plantas ni algas. Como no hay plantas ni algas que proporcionen alimento, pocos organismos pueden vivir en esos lugares.

Oxígeno Casi todos los seres vivos necesitan oxígeno para realizar sus procesos vitales. El oxígeno es tan importante para el funcionamiento del cuerpo humano que sin él no viviríamos más que unos minutos. Los organismos que viven en la tierra obtienen el oxígeno del aire, que está compuesto por aproximadamente 20 por ciento de oxígeno. Los peces y otros organismos acuáticos obtienen el oxígeno que está disuelto en el agua.

Temperatura Las temperaturas habituales de una zona determinan los tipos de organismos que pueden vivir ahí. Por ejemplo, si viajas a una isla tropical, verás orquídeas coloridas y pequeñas lagartijas. Estos organismos no podrían sobrevivir en las llanuras heladas de Siberia.

Algunos animales modifican su medio ambiente para sobrevivir en temperaturas muy calurosas o muy frías. Por ejemplo, los perritos de las praderas excavan madrigueras subterráneas para abrigarse del sol ardiente del verano y de los fríos vientos invernales.

Suelo El suelo es una mezcla de rocas pulverizadas, nutrientes, aire, agua y los restos en descomposición de seres vivos. El suelo de diversas zonas consta de cantidades diferentes de estos materiales. El tipo de suelo de una zona influye en las especies de plantas que pueden crecer ahí. Muchos animales, como los perritos de las praderas, utilizan el suelo como su hogar. También viven en el suelo miles de millones de organismos microscópicos, como las bacterias.

 **Verifica tu lectura** ¿En qué difieren los factores abióticos de los bióticos?

Figura 3
Una población
Todas estas serpientes listadas
componen una población.

Niveles de organización

Desde luego, los organismos no viven solos en su hábitat. Por el contrario, viven en poblaciones y comunidades y con los factores abióticos de sus ecosistemas.

Poblaciones En 1900, unos viajeros vieron en Texas un pueblo de perritos de las praderas que ocupaba una zona del doble de la ciudad de Dallas. El pueblo alojaba ¡a más de 400 millones de perritos! Estos perritos de las praderas eran miembros de una sola especie (una sola clase) de organismo. Una **especie** es un grupo de organismos que son semejantes en lo físico y que se pueden aparear y producir descendientes que también se pueden aparear y reproducir.

Todos los miembros de una especie de una zona particular forman una **población.** Los 400 millones de perritos de las praderas del pueblo de Texas componían una población. Todas las palomas de la ciudad de Nueva York, así como todas las abejas de un panal, componen una población. En contraste, no todos los árboles de un bosque forman una población, porque no todos pertenecen a la misma especie. Puede haber pinos, arces, abedules y muchas otras especies.

Comunidades Una zona particular contiene más de una especie de organismo. Por ejemplo, en la pradera hay perritos de las praderas, halcones, pastos, tejones y serpientes, junto con muchos otros organismos. Las diferentes poblaciones que viven juntas en una zona componen una **comunidad.**

Para que sea considerada una comunidad, las poblaciones tienen que vivir tan cerca que se relacionen unas con otras. Una manera en que las poblaciones de una comunidad interactúan es aprovechando los mismos recursos, como alimento y abrigo. Por ejemplo, los túneles que excavan los perritos de las praderas también sirven de hogar a las lechuzas llaneras y a los hurones de patas negras. Los perritos de las praderas comparten el pasto con otros animales. Al mismo tiempo, los perritos sirven de alimento para muchas especies.

Ecosistemas La comunidad de organismos que viven en una zona particular, junto con el entorno sin vida, constituyen un **ecosistema.** Una pradera es uno de los muchos ecosistemas que se encuentran en la Tierra. Otros ecosistemas en los que los seres vivos hacen sus hogares son los arroyos de las montañas, el fondo de los mares y los bosques perennes.

En la Figura 4 se muestran los niveles de organización del ecosistema de las praderas. **El nivel de organización menor es un solo organismo, que pertenece a una población que incluye a otros miembros de su especie. La población pertenece a una comunidad de diversas especies. La comunidad y los factores abióticos forman un ecosistema.**

Debido a que las diferentes poblaciones de un ecosistema interactúan unas con otras, cualquier cambio las afecta a todas. El estudio de las relaciones de los seres vivos entre sí y con su medio ambiente se llama **ecología.** Los ecólogos son científicos que estudian la ecología. Como parte de su trabajo, los ecólogos estudian las reacciones de los organismos ante los cambios de su medio ambiente. Por ejemplo, un ecólogo puede estudiar el efecto del fuego en un ecosistema de pradera.

 Verifica tu lectura ¿Qué es la ecología?

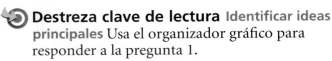

Sección 1 Evaluación

🔁 **Destreza clave de lectura** Identificar ideas principales Usa el organizador gráfico para responder a la pregunta 1.

Repasar los conceptos clave

1. a. Hacer una lista ¿Qué necesidades básicas satisface el hábitat de un organismo?
   b. Predecir ¿Qué le pasaría a un organismo si su hábitat no satisficiera sus necesidades?
2. a. Definir Define los términos *factores bióticos* y *factores abióticos.*
   b. Interpretar ilustraciones Haz una lista de todos los factores bióticos y abióticos de la Figura 4 en la página 11.
   c. Hacer generalizaciones Explica por qué el agua y la luz solar son dos factores abióticos importantes para todos los organismos.

3. a. Ordenar en serie Anota estos términos en orden del nivel menor al mayor: *población, organismo, ecosistema, comunidad.*
   b. Clasificar ¿Todas las clases de organismos de un bosque se considerarían una población o una comunidad? Explica.
   c. Relacionar causa y efecto ¿Cómo afectaría un cambio en una población a las otras poblaciones de una comunidad?

Escribir en ciencias

Párrafo descriptivo ¿En qué hábitat vives? Escribe una descripción de un párrafo de tu hábitat. Describe cómo obtienes agua, alimento y abrigo de tu hábitat. ¿Cómo satisface tus necesidades este hábitat y no otros?

FIGURA 4

Organización ecológica

El nivel de organización menor es el organismo. El mayor es todo el ecosistema.

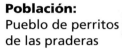

Organismo: Perrito de las praderas

Población: Pueblo de perritos de las praderas

Comunidad: Todos los seres vivos que interactúan en la pradera

Ecosistema: Todos los seres vivos y las cosas sin vida de la pradera

Un mundo en una botella

Problema

¿Cómo sobreviven los organismos en un ecosistema cerrado?

Destrezas aplicadas

hacer modelos, observar

Materiales

- grava • suelo • musgo • cuchara de plástico • carbón • botella con rociador
- liga grande • 2 plantas vasculares
- plástico para envolver
- botella de plástico transparente recortada

Procedimiento

1. En este laboratorio vas a sembrar plantas en suelo húmedo dentro de una botella que vas a sellar. Esta preparación se llama terrario. Predice si las plantas sobrevivirán en este hábitat.

2. Pon 2.5 cm de grava en el fondo de la botella recortada. Luego, rocía una cucharada o dos de carbón sobre la grava.

3. Con la cuchara, pon una capa de unos 8 cm de tierra sobre la grava y el carbón. Cuando termines, oprime la tierra para compactarla.

4. Abre dos orificios en el suelo. Saca las plantas vasculares de su maceta. Mete con cuidado las raíces en los orificios. Luego, compacta la tierra con firmeza alrededor de los tallos.

5. Riega la tierra con la botella con rociador hasta que el agua se acumule en la grava.

6. Cubre el suelo con el musgo y rodea los tallos de las plantas. Riega ligeramente el musgo.

7. Cubre muy bien el terrario con el plástico. Asegura la cobertura con una liga. Coloca el terrario bajo una luz brillante e indirecta.

8. Observa tu terrario durante dos semanas. Anota tus observaciones. Si los lados se enturbian, cámbialo a un lugar con otra luz. Es posible que tengas que cambiarlo de lugar varias veces. Anota todos los cambios de lugar de tu terrario.

Analiza y concluye

1. **Hacer modelos** Anota todos los factores bióticos y abióticos que formen parte de tu modelo de ecosistema.

2. **Observar** ¿Penetraron en el terrario factores bióticos y abióticos? Si lo hicieron, ¿cuáles?

3. **Inferir** Haz un diagrama en el que muestres las interacciones de los factores bióticos y abióticos del terrario.

4. **Predecir** Supón que entra en el terrario un insecto que se alimenta de plantas. Predice si podrá sobrevivir. Explica tu predicción.

5. **Comunicar** Explica por escrito cómo tu terrario es un modelo de un ecosistema terrestre. ¿En qué difiere tu modelo de ese ecosistema?

Diseña un experimento

Planifica un experimento con un modelo de un ecosistema de agua dulce. ¿En qué diferiría este modelo del ecosistema terrestre? *Pide permiso a tu maestro antes de llevar a cabo tu plan.*

Estudio de las poblaciones

Avance de la lectura

Conceptos clave
- ¿Cómo determinan los ecólogos el tamaño de una población?
- ¿Por qué cambia el tamaño de las poblaciones?
- ¿Qué factores limitan el crecimiento de las poblaciones?

Términos clave
- estimación • tasa de natalidad
- tasa de mortalidad
- inmigración • emigración
- densidad de población
- factor limitante
- capacidad de carga

Destreza clave de lectura

Formular preguntas Antes de leer, repasa los encabezados en rojo. En un organizador gráfico como el siguiente, formula una pregunta para cada encabezado. Mientras lees, escribe las respuestas a tus preguntas.

Estudio de las poblaciones

Pregunta	Respuesta
¿Cómo se determina el tamaño de una población?	Algunos métodos para determinar el tamaño de una población son...

Lab zone Actividad Descubre

¿Cuál es la población de frijoles en un frasco?

1. Llena un frasco de plástico con frijoles secos. Ése es tu modelo de población.
2. Tu objetivo es determinar el tamaño de la población de frijoles, pero no tienes tiempo para contarlos uno por uno. Puedes usar cualquiera de los siguientes objetos para ayudarte: una regla, un recipiente pequeño, otro frasco grande. Prepara el cronómetro a dos minutos cuando estés listo para comenzar.
3. Al terminar los dos minutos, anota tu respuesta. Luego, cuenta los frijoles. ¿Qué tan acertada fue tu respuesta?

Reflexiona

Formular definiciones operativas En esta actividad obtuviste una estimación del tamaño de la población de frijoles. Escribe una definición de *estimación* basándote en lo que hiciste.

¿Quieres dedicarte hoy a la ecología? Tu tarea es estudiar la población de albatros de una isla. Una pregunta que tienes que formular es cómo ha cambiado el tamaño de la población de albatros con el paso del tiempo. ¿El número de albatros en la isla es mayor, menor o igual que hace 50 años? Para responder la pregunta, primero tienes que determinar el tamaño actual de la población de albatros.

FIGURA 5
Estudio de las poblaciones
Estos albatros jóvenes son parte de una población más grande en las islas Malvinas.

Determinar el tamaño de una población

Algunos métodos para determinar el tamaño de una población son observaciones directas e indirectas, muestreo y estudios de marcaje y recaptura.

Observación directa La manera más evidente de determinar el tamaño de una población es contar todos sus miembros. Por ejemplo, se pueden contar todos los cangrejos de una laguna de litoral.

Observación indirecta A veces es más fácil observar las señales de los organismos, más que a estos mismos. Observa los nidos de lodo construidos por golondrinas risqueras de la Figura 6. Cada nido tiene una entrada. Si se cuentan las entradas, se puede determinar el número de golondrinas de la zona. Supón que el número promedio de golondrinas por nido es de cuatro: padre, madre y dos crías. Si hay 120 nidos, se multiplica 120 por 4 para determinar que hay 480 golondrinas.

Muestreo En muchos casos no es posible ni siquiera contar las señales de los miembros de una población, pues es demasiado grande o está muy dispersa. En tales casos, los ecólogos hacen una estimación. Una **estimación** es una aproximación a un número, basada en suposiciones razonables.

FIGURA 6

Determinar el tamaño de una población

Los científicos recurren a una variedad de métodos para determinar el tamaño de una población.

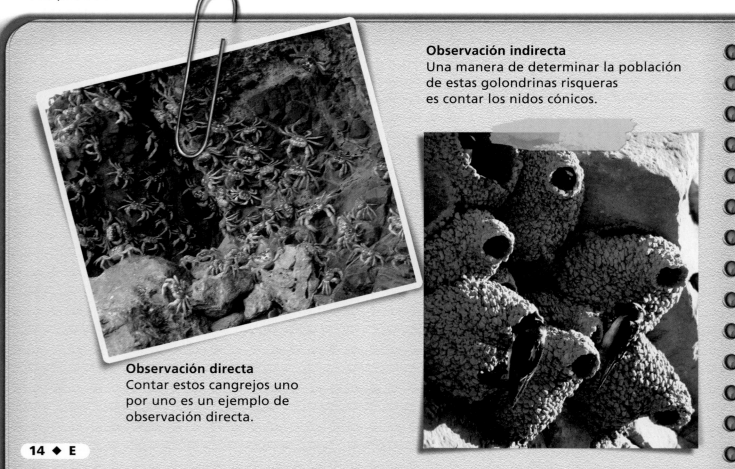

Observación indirecta
Una manera de determinar la población de estas golondrinas risqueras es contar los nidos cónicos.

Observación directa
Contar estos cangrejos uno por uno es un ejemplo de observación directa.

Una manera de estimar el tamaño de una población es contar el número de organismos de una zona pequeña (una muestra) y luego multiplicar para hallar el número en una zona grande. Para obtener la estimación más exacta, la zona de muestreo debe ser característica de la región. Supón que cuentas 8 abedules en 100 metros cuadrados de un bosque. Si todo el bosque es 100 veces mayor, multiplicas tu conteo por 100 para estimar el total de la población, es decir, 800 abedules.

Estudios de marcaje y recaptura Otro método de estimación se llama "marcaje y recaptura". Veamos un ejemplo de cómo funciona. Primero se atrapan tortugas de una bahía sin lastimarlas. Los ecólogos cuentan las tortugas y marcan sus caparazones con un punto de pintura antes de liberarlas. Dos semanas después, los investigadores vuelven y capturan otra vez a las tortugas. Cuentan cuántas tortugas tienen marcas, lo que indica que ya habían sido capturadas, y cuántas no están marcadas. Mediante una fórmula matemática, los ecólogos pueden estimar la población total de tortugas de la bahía. Puedes intentar esta técnica en el Laboratorio de destrezas al final de esta sección.

Verifica tu lectura ¿Cuándo haría una observación indirecta un ecólogo para estimar una población?

Lab zone **Actividad** Destrezas

Calcular

Un criadero de ostras mide 100 metros de largo y 50 de ancho. En una zona de 1 metro cuadrado cuentas 20 ostras. Estima la población de ostras del criadero. *Pista*: Haz un diagrama para preparar tus cálculos.

Muestreo
Para estimar la población de abedules de un bosque, cuenta los que hay en una zona pequeña y luego multiplica para hallar el número en la zona grande.

Marcaje y recaptura
Este investigador libera una tortuga marcada como parte de un estudio de marcaje y recaptura.

Cambios en el tamaño de una población

Al volver al lugar con frecuencia y usar uno de los métodos descritos en la página anterior, los ecólogos pueden monitorear el tamaño de una población con el paso del tiempo. **Las poblaciones cambian de tamaño cuando se unen nuevos miembros o cuando otros se van.**

Nacimientos y muertes La principal manera en que se unen individuos nuevos a una población es por nacimiento. La **tasa de natalidad** de una población es el número de nacimientos en determinado tiempo. Por ejemplo, supón que una población de 11 conejos castellanos produce 600 crías en un año. La tasa de natalidad de esta población sería de 600 crías por año.

La principal manera de que los individuos dejen una población es por muerte. La **tasa de mortalidad** es el número de muertes de una población en determinado tiempo. Si 400 conejos mueren en un año en una población, la tasa de mortalidad sería de 400 conejos por año.

Estado de una población Cuando la tasa de natalidad de una población es mayor que la tasa de mortalidad, la población aumentará. Esto puede escribirse como una expresión matemática usando el signo "mayor que":

Si la tasa de natalidad > la tasa de mortalidad, la población aumenta.

En cambio, si la tasa de mortalidad de una población es mayor que la de natalidad, la población se reducirá. Esto también puede escribirse como una expresión matemática:

Si la tasa de mortalidad > la tasa de natalidad, la población disminuye.

Inmigración y emigración El tamaño de una población también cambia cuando los individuos entran o salen, así como la población del lugar donde vives cambia cuando las familias llegan y se van. La **inmigración** consiste en llegar a una población. La **emigración** consiste en dejar una población. Por ejemplo, si los alimentos son escasos, algunos miembros de una manada de antílopes se alejan vagando en busca de mejores pastos. Si se separan en forma permanente de la manada original, ya no serán parte de esa población.

Gráficas de los cambios de una población Los cambios en el tamaño de una población pueden mostrarse en una gráfica lineal. En la Figura 7 se muestra una gráfica con los cambios en una población de conejos. El eje vertical indica el número de conejos de la población, mientras que el eje horizontal señala el tiempo. La gráfica muestra el tamaño de la población en un período de diez años.

Matemáticas
Destrezas

Desigualdades

El estado de una población es un ejemplo de una desigualdad. Una desigualdad es un enunciado matemático en el que se comparan dos expresiones. Los dos signos que representan desigualdades son

< (menor que)

> (mayor que)

Por ejemplo, una desigualdad que compare la fracción con el decimal 0.75 se escribiría

$$\frac{1}{2} < 0.75$$

Problemas de práctica
Escribe una desigualdad que compare las expresiones siguientes.

1. $5 \blacksquare -6$
2. $0.4 \blacksquare \frac{3}{5}$
3. $-2 - (-8) \blacksquare 7 - 1.5$

FIGURA 7

En esta gráfica lineal se muestra cómo cambia el tamaño de una población de conejos en un período de diez años. **Interpretar gráficas** *¿En qué año llegó la población de conejos a su punto más alto? ¿De qué tamaño fue la población ese año?*

▼ Conejos castellanos jóvenes en una madriguera

Go Online
active art

Para: Actividad sobre cambios en las poblaciones, disponible en inglés.
Visita: PHSchool.com
Código Web: cep-5012

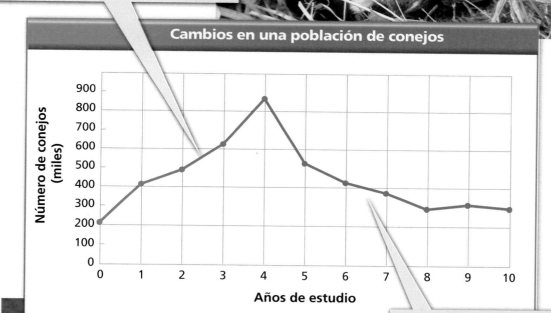

Del año 0 al año 4 se unieron a la población más conejos de los que la dejaron, así que la población aumentó.

Cambios en una población de conejos

Número de conejos (miles) — Años de estudio

Del año 4 al año 8 dejaron la población más conejos de los que se unieron, así que la población se redujo.

◄ Conejo castellano atrapado por un zorro

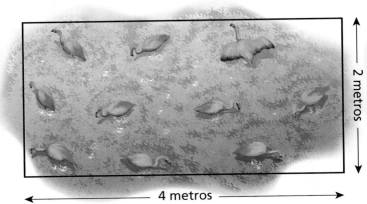
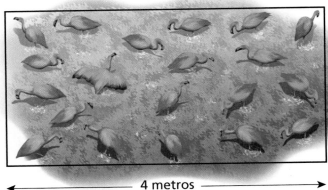

4 metros

2 metros

4 metros

FIGURA 8

Densidad de población

En el estanque de la izquierda hay diez flamencos en 8 metros cuadrados. La densidad de población es de 1.25 flamencos por metro cuadrado. *Calcular* *¿Cuál es la densidad de población de flamencos en el estanque de la derecha?*

◄ **Flamenco adulto**

Densidad de población A veces un ecólogo necesita saber más que el tamaño total de una población. En muchas situaciones es útil conocer la **densidad de población,** que es el número de individuos en una zona de un tamaño específico. **La densidad de población puede escribirse como una ecuación:**

$$\text{Densidad de población} = \frac{\text{Número de individuos}}{\text{Unidad de área}}$$

Por ejemplo, supón que contaste 20 mariposas monarca en un jardín que mide 10 metros cuadrados. La densidad de población sería de 20 monarcas por 10 metros cuadrados o 2 monarcas por metro cuadrado.

 **Verifica tu lectura** ¿Qué significa el término *densidad de población?*

Factores limitantes

Cuando las condiciones de vida en una zona son buenas, una población crecerá. Pero con el tiempo, algunos factores ambientales harán que la población deje de crecer. Un **factor limitante** es un factor ambiental que disminuye una población. **Algunos factores limitantes de las poblaciones son alimento, agua, espacio y condiciones meteorológicas.**

Alimento y agua Los organismos requieren alimento y agua para sobrevivir. Puesto que en general las provisiones de alimento y agua son limitadas, se cuentan como factores limitantes. Supón que una jirafa debe comer 10 kilogramos de hojas a diario para sobrevivir. Los árboles de una zona pueden proveer 100 kilogramos de hojas al día sin dejar de estar saludables. Cinco jirafas vivirían cómodamente en esta zona, pues requerirían en total 50 kilogramos de alimento. Pero 15 jirafas no sobrevivirían: no habría alimento suficiente. Por mucho abrigo, agua y otros recursos que hubiera, la población no crecería mucho más que 10 jirafas.

La mayor población que puede sostener una zona se llama **capacidad de carga.** La capacidad de carga de este hábitat sería de 10 jirafas. En general, una población se mantiene cerca de su capacidad de carga por obra de los factores limitantes del hábitat.

Espacio El espacio es otro factor limitante de las poblaciones. Los alcatraces son aves marinas que sobrevuelan el mar. Vuelven a tierra sólo para anidar en las costas rocosas, pero éstas se atestan. Si una pareja no encuentra espacio para anidar, no sumará descendientes a la población de alcatraces, así que el espacio para anidar en la costa es un factor limitante para los alcatraces. Si hubiera más espacio, más alcatraces anidarían y la población se incrementaría.

El espacio es también un factor limitante para las plantas. El espacio en que crece una planta determina si puede obtener la luz solar, el agua y los nutrientes del suelo que necesita. Por ejemplo, cada año aparecen muchos brotes de pinos en un bosque. Pero cuando los brotes crecen, las raíces que están demasiado cercanas se quedan sin espacio. Las ramas de otros árboles bloquean la luz solar que necesitan los brotes. Así, algunos brotes mueren, lo que limita el tamaño de la población de pinos.

FIGURA 9
El alimento como factor limitante
Estos chacales pelean por el alimento limitado.

FIGURA 10
El espacio como factor limitante
¿Podrían crecer más girasoles en este prado? Si ya no es posible, entonces el prado alcanzó su capacidad de carga de girasoles.

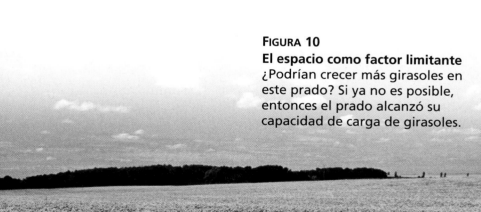

El cuarto del rincón

1. Con cinta adhesiva de papel, delimita varios cuadrados de un metro en el piso de tu salón.

2. Preparen grupos de 2, 4 y 6 estudiantes. Cada grupo debe armar un pequeño rompecabezas en uno de los cuadrados, manteniendo los pies dentro del cuadrado.

3. Cuenten cuánto tiempo se tardan en terminar el rompecabezas.

Hacer modelos ¿Cuánto se tardó cada grupo? ¿Por qué esta actividad demuestra que el espacio puede ser un factor limitante? ¿Cuál es la capacidad de carga de armadores de rompecabezas en un metro cuadrado?

FIGURA 11
El clima como factor limitante
Una nevada puede limitar el tamaño de una cosecha de naranjas. **Aplicar conceptos** *¿Qué otras condiciones meteorológicas limitan el crecimiento de las poblaciones?*

Condiciones meteorológicas Las condiciones meteorológicas, como la temperatura y las lluvias, también limitan el crecimiento de las poblaciones. Una onda fría a finales de la primavera puede matar las crías de muchas especies de organismos, incluyendo aves y mamíferos. Un huracán o inundación puede arrastrar nidos y madrigueras. Estos sucesos inusitados pueden tener efectos duraderos en el tamaño de una población.

✓ **Verifica tu lectura** ¿Cuál es una condición meteorológica que limita el crecimiento de una población?

Sección 2 Evaluación

⟳ **Destreza clave de lectura** Formular preguntas Usa las respuestas a las preguntas que escribiste sobre los encabezados para responder a las preguntas siguientes.

Repasar los conceptos clave

1. a. Hacer una lista ¿Cuáles son los cuatro métodos para determinar el tamaño de una población?
   b. Aplicar conceptos ¿Qué método usarías para determinar el número de hongos que crecen en el suelo de un bosque grande? Explica.
2. a. Identificar Señala dos maneras en que los organismos se unen a una población y dos maneras en que la dejan.
   b. Calcular Supón que una población de 100 ratones ha producido 600 crías. Si 200 ratones hubieran muerto, ¿cuántos ratones habría en la población ahora? (Asume que ningún ratón llegó ni se fue de la población por otras razones.)

   c. Sacar conclusiones Supón que descubriste que en realidad hay 750 ratones en la población. ¿Cómo explicarías la diferencia?
3. a. Repasar Nombra tres factores limitantes de las poblaciones.
   b. Describir Elige un factor limitante y describe cómo limita el crecimiento de la población.
   c. Inferir ¿Qué efecto tendría el factor limitante que elegiste en la población de palomas del lugar donde vives?

Matemáticas ▸ Práctica

4. Desigualdades Completa la siguiente desigualdad que muestra la relación entre capacidad de carga y tamaño de la población. Luego, explica por qué la desigualdad es verdadera.

   Si el tamaño de la población capacidad de carga, la población se reducirá.

Contar tortugas

Problema

¿Cómo aprovechan los ecólogos el método de marcaje y recaptura para monitorear el tamaño de una población?

Destrezas aplicadas

calcular, hacer gráficas, predecir

Materiales

- modelos de papel de una población de tortugas • calculadora • papel cuadriculado

Procedimiento

1. En la tabla se muestran los resultados de los primeros tres años de un estudio de población para determinar el número de tortugas mordedoras en un estanque. Copia la tabla en tu cuaderno.

Tabla de datos

Año	Marca-das	Total captu-radas	Recaptura-das (con marcas)	Población total estimada
1	32	28	15	
2	25	21	11	
3	23	19	11	
4	15			

2. Tu maestro te dará una caja que representa el estanque. Quince tortugas están marcadas, como se muestra en la tabla para el Año 4.

3. Captura un miembro de la población eligiendo al azar una tortuga. Sepárala.

4. Repite el paso 3 nueve veces. Anota el total de tortugas que capturaste.

5. Examina las tortugas para ver si están marcadas. Cuenta las tortugas recapturadas (las marcadas). Anota este número en tu tabla.

Analiza y concluye

1. **Calcular** Estima con la ecuación siguiente la población de tortugas de cada año. El primer año está resuelto como muestra. Si tu respuesta es un número decimal, redondéalo al entero más cercano. Anota la población de cada año en la última columna de la tabla.

$$\text{Población total} = \frac{\text{Número marcadas} \times \text{Total capturadas}}{\text{Recapturadas (con marcas)}}$$

Muestra (año 1):

$$\frac{32 \times 28}{15} = 59.7 \text{ ó } 60 \text{ tortugas}$$

2. **Hacer una gráfica** Haz una gráfica con el total estimado de las poblaciones de los cuatro años. Marca los años en el eje horizontal. Marca el tamaño de la población en el eje vertical.

3. **Interpretar datos** Describe cómo cambió la población de tortugas en el transcurso de los cuatro años del estudio. Sugiere tres causas probables de los cambios.

4. **Predecir** Según tu gráfica, predice cuál será la población de tortugas en el Año 5. Explica tu predicción.

5. **Comunicar** Escribe un párrafo donde expliques por qué el método de marcaje y recaptura es una herramienta útil para los ecólogos. ¿Cuándo es más útil está técnica para estimar el tamaño de una población?

Explora más

Supón que sólo seis tortugas fueron recapturadas en el Año 2. ¿Cómo cambiaría tu gráfica?

Sobrepoblación animal: ¿cómo podemos ayudar?

Venados cola blanca
Para conseguir comida, los venados se meten en los patios de las personas.

Las poblaciones del venado cola blanca crecen con rapidez en muchas partes de Estados Unidos. Cuando las poblaciones aumentan mucho, el alimento se convierte en un factor limitante. Muchos venados mueren de hambre. Otros no crecen bien y están enfermos. En la búsqueda de alimento, los venados hambrientos se acercan demasiado a los lugares donde viven seres humanos. Se comen los cultivos de las granjas, las verduras de los huertos, arbustos y hasta árboles. Además, cuando aumenta la población de venados cerca de las autopistas, pueden ocurrir accidentes automovilísticos.

Las personas admiran la gracia y ligereza de los venados. Muchos no quieren que estos animales sufran hambre y enfermedades. ¿Debemos emprender acciones para limitar el crecimiento de las poblaciones de venados?

Técnico en fauna
Este investigador de la fauna de Virginia estudia las poblaciones de venados cola blanca. Aquí se prepara para marcar una cría.

Los temas

¿Debemos tomar acciones directas?

Muchas personas dicen que la cacería es la mejor manera de reducir las poblaciones animales. Los encargados de la fauna estudian el suministro de recursos en una zona y determinan su capacidad de carga. Luego, se expiden licencias a los cazadores para reducir el número de venados. No se permite la caza en ciudades ni suburbios.

Algunas personas prefieren otros métodos para controlar las poblaciones de venados. Un plan consiste en atrapar a los venados y reubicarlos; pero es un método caro y hay que encontrar otro lugar que acepte a los venados sin alterar el equilibrio de su propio ecosistema.

Los científicos también tratan de fabricar sustancias químicas que reduzcan la tasa de natalidad de las poblaciones de venados, pero este plan es eficaz sólo para un año cada vez.

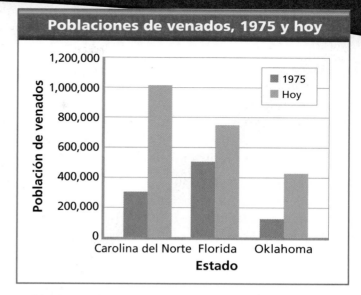

Poblaciones de venados, 1975 y hoy

Poblaciones de venados cola blanca
En esta gráfica se muestra cómo se han incrementado las poblaciones de venados en Carolina del Norte, Florida y Oklahoma.

¿Debemos emprender acciones indirectas?

Algunas personas sugieren que se lleven depredadores naturales, como lobos, pumas y osos, a las zonas donde haya demasiados venados. Pero estos animales podrían atacar al ganado, perros, gatos y hasta personas. Otras comunidades han levantado bardas altas alrededor de las zonas para mantener alejados a los venados. Sin embargo, esta solución es poco práctica para granjeros o agricultores.

¿No debemos hacer nada?

Algunas personas se oponen a cualquier medida. Están a favor de dejar en paz a los venados y permitir que la naturaleza siga su curso. Las poblaciones de animales en una zona aumentan y descienden cíclicamente de manera natural. No hacer nada significa que unos venados morirán de hambre o enfermedades, pero con el tiempo la población se reducirá a un tamaño dentro de la capacidad de carga del medio ambiente.

Tú decides

1. Identifica el problema
Con tus propias palabras, explica el problema creado por la sobrepoblación de venados cola blanca.

2. Analiza las opciones
Anota las maneras en que podemos enfrentar la sobrepoblación de venados cola blanca. Señala los puntos positivos y negativos de cada método.

3. Halla una solución
Supón que te dedicas a la ecología en una zona que tiene el doble de venados de los que puede sostener. Propón una manera de que la comunidad enfrente el problema.

Para: Más información sobre la sobrepoblación de venados cola blanca, disponible en inglés.
Visita: PHSchool.com
Código Web: ceh-5010

Interacciones entre los seres vivos

Avance de la lectura

Conceptos clave

- ¿Cómo sobrevive un organismo gracias a sus adaptaciones?
- ¿Cuáles son las principales maneras en que se relacionan los organismos de un ecosistema?
- ¿Cuáles son los tres tipos de relación simbiótica?

Términos clave

- selección natural
- adaptaciones • nicho
- competencia • depredación
- depredador • presa
- simbiosis • mutualismo
- comensalismo • parasitismo
- parásito • huésped

Destreza clave de lectura

Usar el conocimiento previo
Antes de leer, examina los encabezados y ayudas gráficas de la sección para que sepas de qué trata. Luego, escribe en un organizador gráfico como el siguiente lo que sepas sobre las interacciones de los seres vivos. Mientras lees, escribe lo que aprendas.

Lo que sabes
1. Los organismos interactúan de varias maneras.
2.

Lo que aprendiste
1.
2.

Lab zone **Actividad** Descubre

¿Cómo se oculta una mariposa?

1. Dibuja una mariposa en una hoja de papel, usando este boceto.
2. Busca en el salón un lugar para poner tu mariposa. Debes dejarla al descubierto. Píntala de un color que se confunda con el punto que elegiste.
3. Pega tu mariposa. Ahora alguien tendrá un minuto para encontrar las mariposas. ¿Encontrará la tuya?

Reflexiona
Predecir ¿Crees que el tamaño de la población de mariposas que se matizan con su entorno se incrementará o disminuirá con el paso del tiempo?

¿Te imaginas vivir en un cacto como el de la Figura 12? ¡Ay! De seguro no quisieras vivir en una casa cubierta de espinas agudas. Pero muchas especies viven dentro, sobre y alrededor de los saguaros.

Cuando amanece, surge un gorjeo de un nido metido en una de las ramas de un saguaro. Dos jóvenes gavilanes de cola roja se preparan para volar por primera vez. Más lejos, hacia abajo, un diminuto mochuelo de los saguaros se asoma por un pequeño orificio de su nido. Es tan pequeño que cabría en la palma de tu mano. Una serpiente de cascabel se arrastra por la base del saguaro en busca de su desayuno. Detecta una musaraña y la ataca con sus colmillos como agujas. La musaraña muere de inmediato.

La actividad alrededor del saguaro continúa después de la puesta de sol. Murciélagos de nariz larga salen a alimentarse del néctar de las flores del saguaro. Los murciélagos pegan la cara en las flores para alimentarse y se llenan de polen la trompa. Al pasar de una planta a otra, llevan el polen a otros saguaros. Así se reproducen los cactos.

Adaptación al medio ambiente

Cada organismo de la comunidad del saguaro tiene características únicas que influyen en su capacidad de sobrevivir en su medio ambiente.

Selección natural Una característica que hace que un individuo sea más apto para su medio ambiente puede con el tiempo llegar a ser común en la especie a través de un proceso llamado **selección natural.** La selección natural funciona de la manera siguiente: los individuos cuyas características peculiares son las más adecuadas para su medio ambiente sobreviven y tienen crías. Los descendientes que heredan esas características también viven y se reproducen. De esta manera, la selección natural da por resultado **adaptaciones,** las conductas y características físicas que permite a los organismos un desarrollo óptimo en su medio ambiente.

Los individuos con características que no se prestan para el medio ambiente tienen menos probabilidades de sobrevivir y reproducirse. Con el tiempo, las características poco apropiadas desaparecen de la especie.

Nicho **Todos los organismos poseen una variedad de adaptaciones adecuadas para sus condiciones de vida específicas.** Los organismos de la comunidad del saguaro tienen adaptaciones que dan por resultado funciones específicas. La función de un organismo en su hábitat, o cómo vive, se llama **nicho.** Un nicho abarca lo que come un organismo, cómo lo consigue y de qué otros organismos se alimenta. También incluye cuándo y cómo se reproduce el organismo y las condiciones físicas que requiere para sobrevivir.

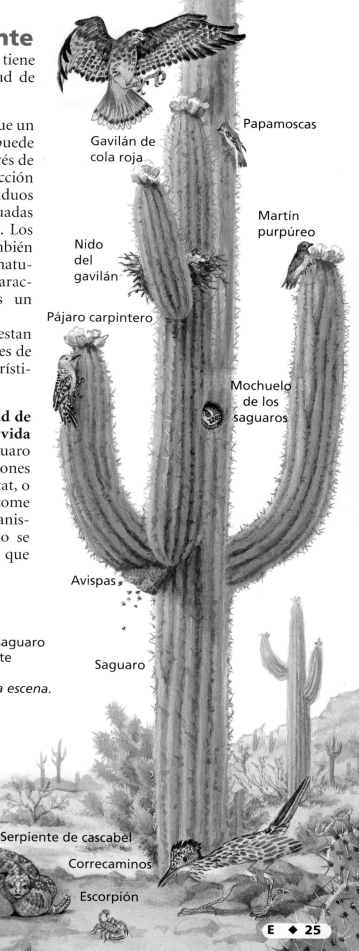

Papamoscas

Gavilán de cola roja

Martín purpúreo

Nido del gavilán

Pájaro carpintero

Mochuelo de los saguaros

Avispas

Saguaro

FIGURA 12
Comunidad del saguaro
Los organismos de la comunidad del saguaro están bien adaptados para su ambiente desértico. **Observar** *Identifica dos interacciones que tienen lugar en esta escena.*

Monstruo de Gila

Serpiente de cascabel

Correcaminos

Escorpión

Chipe atigrado
Esta especie se alimenta de las puntas de las ramas cerca de la parte superior de la copa.

Chipe castaño
Esta especie se alimenta en la parte central del árbol.

Chipe coronado
Esta especie se alimenta de la parte baja del árbol.

FIGURA 13

Nichos y competencia
Estos chipes ocupan un nicho diferente en el hábitat de la pícea. Al alimentarse en partes distintas del árbol, las aves evitan la competencia por el alimento. **Comparar y constrastar** *¿En qué difieren los nichos de estos chipes?*

Competencia

Durante un día ordinario en la comunidad del saguaro se realizan diversas interacciones de los organismos. **Hay tres tipos principales de interacciones de los organismos: competencia, depredación y simbiosis.**

Varias especies pueden compartir el mismo hábitat y los requisitos alimenticios. Por ejemplo, el correcaminos y el mochuelo de los saguaros viven en el saguaro y comen insectos, pero no ocupan exactamente el mismo nicho. El correcaminos está activo durante el día, mientras que el tecolote está activo sobre todo por la noche. Si las dos especies ocupan el mismo nicho, al final una muere. La razón de esto es la **competencia,** la lucha entre los organismos por sobrevivir al aprovechar el mismo recurso limitado.

En cualquier ecosistema hay una cantidad limitada de alimento, agua y refugio. Los organismos que sobreviven tienen adaptaciones que les permiten reducir la competencia. Por ejemplo, las tres especies de chipes de la Figura 13 viven en el mismo hábitat de bosque de píceas. Los tres comen insectos que viven en esos árboles. ¿Cómo evitan la competencia por la provisión limitada de insectos? Cada chipe "se especializa" en comer en cierta parte de la pícea. Así coexisten las especies.

 Verifica tu lectura **¿Por qué no pueden ocupar el mismo nicho dos especies?**

Depredación

Un tiburón tigre acecha bajo la superficie del agua azul claro, en busca de sombras de polluelos de albatros que floten. El tiburón detecta un polluelo y se acerca silenciosamente. De pronto, salta del agua y se apodera del albatros con una mordida de su poderosa mandíbula. Esta interacción entre dos organismos tiene un final desafortunado para el albatros.

Una interacción en la que un organismo mata al otro para comerlo se llama **depredación.** El organismo que mata, en este caso el tiburón tigre, es el **depredador.** El organismo que muere, en este caso el albatros, es la **presa.**

La depredación y el tamaño de una población La depredación puede tener un efecto importante en el tamaño de una población. Recuerda que en la Sección 2 viste que cuando la tasa de mortalidad excede la tasa de natalidad de una población, el tamaño de ésta se reduce. Así que si hay muchos depredadores, el resultado es una reducción de la población de la presa. Pero una disminución en el número de presas da por resultado menos alimento para los depredadores. Sin suficiente alimento, la población de los depredadores comienza a menguar. Así, en general, las poblaciones de depredadores y sus presas aumentan y disminuyen en ciclos relacionados.

FIGURA 14
Depredación
Esta serpiente pitón verde y este ratón se encuentran en una relación de depredador y presa.

Matemáticas ▸ Analizar datos

Interacciones de depredador y presa

En Isla Royale, una isla del lago Superior, las poblaciones de lobos (depredadores) y alces (presas) aumentan y se reducen en ciclos. Responde a las preguntas con la gráfica.

1. **Leer gráficas** ¿Qué variable está trazada en el eje *x*? ¿Cuáles son las dos variables del eje *y*?

2. **Interpretar datos** ¿Cómo cambió la población de alces entre 1965 y 1972? ¿Y la de lobos entre 1973 y 1976?

3. **Inferir** ¿Por qué el cambio en la población de alces produce un cambio en la población de lobos?

4. **Sacar conclusiones** ¿Cuál es la causa probable de la caída en la población de alces entre 1974 y 1981?

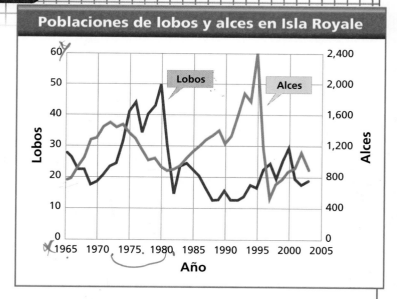

Poblaciones de lobos y alces en Isla Royale

5. **Predecir** ¿Qué efecto tendría una enfermedad en la población de lobos de un año, con la de alces del año siguiente?

FIGURA 15
Adaptaciones de los depredadores

Este enorme murciélago de herradura posee adaptaciones que le permiten encontrar a sus presas en la oscuridad. El murciélago emite pulsos sonoros y localiza a su presa interpretando los ecos.
Inferir ¿Qué otras adaptaciones explicarían el éxito del murciélago como depredador?

Populations and Communities

Video Preview
▶ Video Field Trip
Video Assessment

Adaptaciones de los depredadores Los depredadores tienen adaptaciones para atrapar y matar a sus presas. Por ejemplo, un guepardo puede correr muy rápido durante un tiempo breve, lo que le permite atrapar a su presa. Los tentáculos de una medusa contienen una sustancia venenosa que paraliza a pequeños animales acuáticos. Algunas plantas también tienen adaptaciones para atrapar a sus presas. La drosera está cubierta de bulbos pegajosos en los tallos. Cuando una mosca se para en la planta, queda atrapada en la sustancia pegajosa mientras la planta la digiere.

Algunos depredadores tienen adaptaciones para cazar de noche. Por ejemplo, los grandes ojos de los búhos dejan pasar mucha luz para ver en la oscuridad. Los murciélagos insectívoros cazan sin necesidad de ver, para localizar a sus presas emiten pulsos sonoros y escuchan los ecos. Este método preciso les permite atrapar a una palomilla mientras vuela en completa oscuridad.

Adaptaciones de las presas ¿Cómo evitan los organismos que los cacen depredadores tan eficaces? Los organismos tienen muchos tipos de adaptaciones para no convertirse en presas. La alerta y velocidad de un antílope lo protegen de sus depredadores. Y no te sorprenderá saber que el rocío oloroso de un zorrillo mantiene a distancia a los depredadores. Como se muestra en la Figura 16, otros organismos también tienen formas muy eficaces para no convertirse en la siguiente comida de un depredador.

Verifica tu lectura ¿Cuáles son dos adaptaciones de los depredadores?

FIGURA 16
Estrategias de defensa

Los organismos desarrollan una gran variedad de adaptaciones para no convertirse en presa.

Mimetismo ▶

Si te dan miedo las serpientes, de seguro te sentirías aterrorizado si este organismo te mirara fijamente. Pero es sólo una oruga. Su convincente semejanza con una serpiente engaña a los posibles depredadores para que no se acerquen.

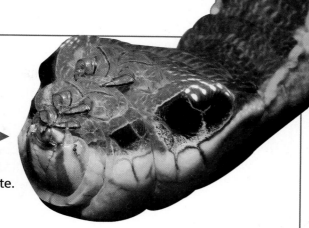

Coraza protectora ▼

¿Has visto una piña con cara? Este organismo es en realidad un pangolín, un pequeño mamífero africano. Cuando se siente amenazado, se convierte en una pelota de escamas para protegerse.

Coloración de engaño ▲

Si ves esta palomilla en un bosque oscuro, podrías pensar que ves los ojos de un mamífero grande. Estos falsos ojos en las alas de la palomilla asustan a los posibles depredadores.

▼ Coloración de advertencia

Un saltamontes con colores tan brillantes no puede ocultarse. ¿Cómo se defiende de los depredadores? Como muchos animales de colores brillantes, es venenoso. Sus colores advierten a los depredadores para que no se lo coman.

Camuflaje ▲

¿Es una hoja? En realidad es un insecto en forma de hoja. Pero si tú fueras un depredador, quizá te engañaría y te irías a buscar tu comida a otra parte.

Clasificar

Clasifica cada interacción como ejemplo de mutualismo, comensalismo o parasitismo. Explica tus respuestas.

- Una rémora se aferra al vientre de un tiburón sin lastimarlo y se come las sobras de la comida del tiburón.
- Un murciélago vampiro bebe sangre de los caballos.
- Las bacterias que viven en el estómago de las vacas descomponen la celulosa del pasto.

FIGURA 17
Mutualismo
Tres picabueyes de pico amarillo toman un crucero y un bocadillo a bordo de un complaciente hipopótamo. Los picabueyes se comen las garrapatas de la piel del hipopótamo. Como los pájaros y el hipopótamo se benefician de la interacción, éste es un ejemplo de mutualismo.

Simbiosis

Muchas de las interacciones de la comunidad del saguaro sobre la que leíste son ejemplos de simbiosis. La **simbiosis** es una relación estrecha entre dos especies en la que por lo menos una se beneficia. **Los tres tipos de relación simbiótica son mutualismo, comensalismo y parasitismo.**

Mutualismo Una relación en la que las dos especies se benefician se llama **mutualismo.** La relación entre el saguaro y los murciélagos orejudos son un ejemplo de mutualismo. Los murciélagos se benefician porque las flores del cacto les proveen alimento. El saguaro se beneficia porque en la nariz de los murciélagos se transporta el polen de una planta a otra.

En algunos casos de mutualismo, dos especies tienen una dependencia tal que no pueden vivir una sin la otra. Así ocurre con varias especies de acacias y hormigas rojas de América Central y América del Sur. Las hormigas anidan sólo en las acacias porque sus espinas disuaden a los depredadores. El árbol también alimenta a las hormigas. Por su parte, las hormigas atacan a otros animales que se acercan y limpian de plantas competidoras la base del árbol. Las dos especies se necesitan para sobrevivir.

Comensalismo Una relación en la que una especie se beneficia y la otra ni aprovecha ni se daña se llama **comensalismo.** La interacción del gavilán de cola roja con el saguaro es un ejemplo de comensalismo. El gavilán se beneficia de tener un lugar para construir su nido, mientras que el cacto no sufre ningún daño por parte del gavilán.

El comensalismo no es muy común en la naturaleza porque en general dos especies se ayudan o se dañan un poco en cualquier interacción. Por ejemplo, cuando el mochuelo de los saguaros abre un orificio para su nido en el tronco del cacto, lo daña ligeramente.

Parasitismo El **parasitismo** consiste en que un organismo vive sobre o dentro de otro, al que daña. El organismo que se beneficia se llama **parásito** y el organismo en el que vive se llama **huésped**. El parásito es más pequeño que el huésped. En una relación parasitaria, el parásito se beneficia de la interacción, mientras que el huésped resulta dañado.

Algunos parásitos comunes son las pulgas, garrapatas y sanguijuelas. Estos parásitos tienen adaptaciones que les permiten adherirse a sus huéspedes y alimentarse de su sangre. Otros parásitos viven dentro del cuerpo del huésped, como las solitarias que viven en el aparato digestivo de perros, lobos y otros mamíferos.

A diferencia de los depredadores, un parásito no mata al organismo del que se alimenta. Si el huésped muere, el parásito pierde su fuente de alimentación. Un ejemplo interesante de esta regla lo da un ácaro que vive en los oídos de las polillas. Los ácaros viven casi siempre en uno de los oídos de la polilla. Si vivieran en los dos, afectarían tanto la audición del insecto que sería probable que su depredador, un murciélago, lo atrapara y se lo comiera pronto.

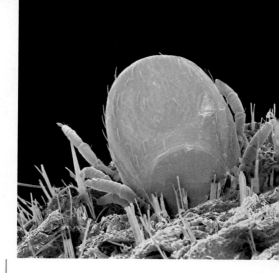

FIGURA 18
Parasitismo
Las garrapatas se alimentan de la sangre de ciertos animales.
Clasificar En esta interacción, ¿qué organismo es el parásito? ¿Quién es el huésped?

 Verifica tu lectura **¿Por qué en general un parásito no mata a su huésped?**

Sección 3 · Evaluación

Destreza clave de lectura Usar el **conocimiento previo** Revisa tu organizador gráfico y corrígelo de acuerdo con lo que acabas de aprender en esta sección.

Repasar los conceptos claves

1. a. Definir ¿Qué son las adaptaciones?
   b. Explicar ¿Por qué los colmillos agudos de una serpiente son una adaptación para sobrevivir en la comunidad del saguaro?
   c. Desarrollar hipótesis Explica cómo la selección natural de las serpientes produjo adaptaciones como los colmillos afilados.

2. a. Repasar ¿Cuáles son las tres principales formas en que interactúan los organismos?
   b. Clasificar Da un ejemplo de cada tipo de interacción.

3. a. Hacer una lista Anota los tres tipos de relaciones simbióticas.
   b. Comparar y contrastar En cada tipo de relación simbiótica, explica cómo se afectan los dos organismos.

c. Aplicar conceptos Algunas de las plantas de tu salón se secan. Otras que tú plantaste al mismo tiempo y que cuidaste de la misma manera, crecen bien. Cuando ves de cerca las plantas que se secan, te das cuenta de que tienen pequeños ácaros. ¿Qué relación simbiótica es posible que se dé entre las plantas y los ácaros? Explica.

Lab zone · Actividad En casa

Frenesí alimenticio Tu familia y tú pueden observar las interacciones de organismos en un alimentador de pájaros. Llena con alpiste una botella de dos litros de plástico transparente y limpia. Con sujetapapeles, afianza un plato de plástico al cuello de la botella. Luego, cuelga tu alimentador al aire libre, donde puedas observarlo con facilidad. Míralo a diferentes horas del día. Lleva un diario de todos los organismos que veas cerca y cómo se relacionan.

Cambios en las comunidades

Avance de la lectura

Concepto clave

• ¿En qué difieren la sucesión primaria y la secundaria?

Términos clave

• sucesión
• sucesión primaria
• especies pioneras
• sucesión secundaria

Destreza clave de lectura

Comparar y contrastar Mientras lees, compara y contrasta la sucesión primaria y la secundaria. Completa una tabla como la siguiente.

Factores de la sucesión	Sucesión primaria	Sucesión secundaria
Causa probable	Erupción volcánica	
Tipo de zona		
¿Hay un ecosistema?		

Lab zone | **Actividad** Descubre

¿Qué pasó aquí?

1. En las dos fotografías de abajo se muestra la misma zona del Parque Nacional de Yellowstone, en Wyoming. La fotografía de la izquierda se tomó poco después de un incendio grave. La fotografía de la derecha se tomó unos años después. Observa con atención las fotografías.

2. Haz una lista de todas las diferencias que observes entre las dos escenas.

Reflexiona

Plantear preguntas ¿Cómo describirías lo que sucedió durante el tiempo que transcurrió entre las dos fotografías? ¿Qué preguntas tienes sobre el proceso?

En 1988 incendios enormes se abatieron sobre los bosques del Parque Nacional de Yellowstone. Los incendios fueron tan vivos que saltaban de un árbol a otro sin quemar el suelo. Árboles inmensos ardieron por el calor intenso. Pasaron meses para que los incendios se consumieran solos. Todo lo que quedó fueron miles de troncos ennegrecidos que sobresalían del suelo como palillos achicharrados.

¿Podría una comunidad forestal recuperarse de incendios tan desastrosos? Parecía poco probable; pero en cuestión de meses habían vuelto las señales de vida. Primero, pequeños brotes verdes de pasto nuevo surgieron del suelo lleno de hollín. Luego, empezaron a crecer árboles pequeños. El bosque regresaba. Quince años después florecían bosques jóvenes en muchas zonas.

Incendios, inundaciones, volcanes, huracanes y otros desastres naturales pueden cambiar las comunidades con gran rapidez. Sin embargo, incluso sin estos desastres, las comunidades cambian. Esta serie de cambios previsibles que se dan en una comunidad a lo largo del tiempo se llama **sucesión.**

Cambios en una comunidad de Yellowstone ▼

1 **Erupción volcánica**
Poco después de una erupción volcánica no hay suelo, sólo cenizas y rocas.

2 **Especies pioneras**
Las primeras especies que crecen son las pioneras, como musgos y líquenes.

3 **Formación de suelo**
A medida que las especies pioneras crecen y mueren, se forma el suelo. Algunas plantas crecen en este suelo nuevo.

4 **Suelo fértil y plantas maduras**
Conforme mueren más plantas, se descomponen y hacen más fértil el suelo. Crecen plantas nuevas y maduran en el suelo fértil.

FIGURA 19
Sucesión primaria
La sucesión primaria se da en una zona sin suelo ni organismos.
Aplicar conceptos *¿Qué determina cuál especie en particular aparece en la sucesión?*

Sucesión primaria

La **sucesión primaria** comprende una serie de cambios que se dan en una zona donde no hay suelo ni organismos. Esta zona puede ser una isla nueva formada por la erupción de un volcán submarino o una zona rocosa descubierta por una capa de hielo derretida.

En la Figura 19 se muestran los cambios que sufre una zona después de una violenta erupción volcánica. Las primeras especies que pueblan la zona se llaman **especies pioneras.** Por lo regular las arrastra el viento o el agua. Especies pioneras características son los musgos o líquenes, que son hongos y algas que crecen en relación simbiótica. Cuando las especies pioneras crecen, rompen las rocas. Cuando los organismos mueren, dejan nutrientes que enriquecen la delgada capa de suelo que se forma sobre las rocas.

Con el tiempo llegan semillas de plantas al nuevo suelo y germinan. Qué plantas crezcan depende del clima de la zona. Por ejemplo, en una zona septentrional fría los primeros brotes son de alisios y algodoneros. Con el tiempo, la sucesión lleva a una comunidad de organismos que no cambia a menos que el ecosistema se altere. Pueden pasar siglos para llegar a esta comunidad madura.

Verifica tu lectura ¿Cuáles son algunas especies pioneras?

1 Campo abandonado
Hierbas y flores silvestres se han apoderado de este campo abandonado.

FIGURA 20
Sucesión secundaria
La sucesión secundaria ocurre cuando se altera un ecosistema, como al aclarar un bosque para sembrar.

2 Comienzan a crecer árboles
Después de varios años, pinos jóvenes y otras plantas sustituyen parte de las hierbas y flores silvestre.

Sucesión secundaria

Los cambios que siguieron al incendio de Yellowstone fueron un ejemplo de sucesión secundaria. La **sucesión secundaria** es la serie de cambios que ocurren en una zona en la que el ecosistema se ha alterado, pero donde todavía hay suelo y organismos. Las alteraciones naturales que tienen este efecto son incendios, huracanes y tornados. Las actividades humanas, como la agricultura, silvicultura o minería también alteran un ecosistema. **A diferencia de la sucesión primaria, la sucesión secundaria ocurre en un lugar donde hay un ecosistema.**

La sucesión secundaria ocurre más rápido que la primaria. Por ejemplo, considera un campo abandonado en el sudeste de Estados Unidos. En la Figura 20 puedes seguir el proceso de sucesión de ese campo. Después de un siglo, surge un bosque de maderas duras. Esta comunidad boscosa puede permanecer mucho tiempo.

 **Verifica tu lectura** ¿Qué dos sucesos naturales pueden alterar un ecosistema?

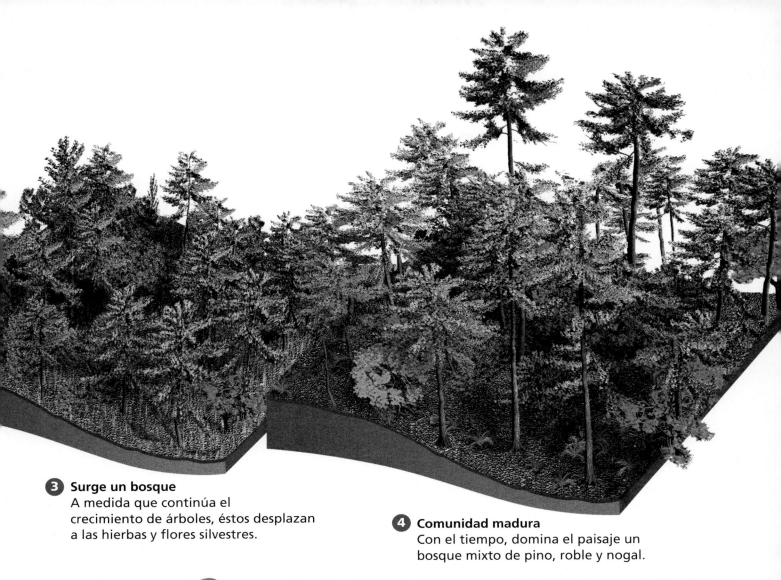

3 Surge un bosque
A medida que continúa el crecimiento de árboles, éstos desplazan a las hierbas y flores silvestres.

4 Comunidad madura
Con el tiempo, domina el paisaje un bosque mixto de pino, roble y nogal.

Sección 4 Evaluación

Destreza clave de lectura Comparar y contrastar Usa la información de tu tabla para responder a la pregunta 1.

Repasar los conceptos clave

1. **a.** Definir ¿Qué es la sucesión primaria? ¿Qué es la sucesión secundaria?
   b. Comparar y contrastar ¿En qué difieren la sucesión primaria y la secundaria?
   c. Clasificar La hierba que crece en las grietas de las banquetas es un ejemplo de sucesión. ¿Es sucesión primaria o secundaria? Explica.

Lab zone **Actividad** En casa

Cambios en la comunidad Entrevista a un familiar o vecino que haya vivido mucho tiempo en la zona. Pídele que describa cómo ha cambiado el vecindario con el paso del tiempo. ¿Había partes de pastos donde pavimentaron o construyeron casas? ¿Han vuelto al estado silvestre granjas, parques o predios? Escribe un resumen de tu entrevista. ¿Puedes clasificar alguno de los cambios como ejemplo de sucesión?

1 Los seres vivos y el medio ambiente

Conceptos clave

- Un organismo obtiene de su medio ambiente alimento, agua, refugio y otras cosas que necesita para vivir, crecer y reproducirse.
- Un organismo se relaciona con los seres vivos y las partes sin vida de su hábitat.
- El nivel de organización menor es un solo organismo, que pertenece a una población que incluye a otros miembros de su especie. La población pertenece a una comunidad de diversas especies. La comunidad y los factores abióticos forman un ecosistema.

Términos clave

organismo	especie
hábitat	población
factor biótico	comunidad
factor abiótico	ecosistema
fotosíntesis	ecología

2 Estudio de las poblaciones

Conceptos clave

- Algunos métodos para determinar el tamaño de una población son observaciones directas e indirectas, muestreo y estudios de marcaje y recaptura.
- Las poblaciones cambian de tamaño cuando se unen nuevos miembros o cuando otros se van.
- La densidad de población se determina con la ecuación siguiente:

$$\text{Densidad de población} = \frac{\text{Número de individuos}}{\text{Unidad de área}}$$

- Algunos factores limitantes de las poblaciones son alimento, agua, espacio y condiciones meteorológicas.

Términos clave

estimación	emigración
tasa de natalidad	densidad de población
tasa de mortalidad	factor limitante
inmigración	capacidad de carga

3 Interacciones entre los seres vivos

Conceptos clave

- Todos los organismos poseen una variedad de adaptaciones adecuadas para sus condiciones de vida específicas.
- Hay tres tipos principales de interacciones de los organismos: competencia, depredación y simbiosis.
- Los tres tipos de relación simbiótica son mutualismo, comensalismo y parasitismo.

Términos clave

selección natural	simbiosis
adaptaciones	mutualismo
nicho	comensalismo
competencia	parasitismo
depredación	parásito
depredador	huésped
presa	

4 Cambios en las comunidades

Concepto clave

- A diferencia de la sucesión primaria, la sucesión secundaria ocurre en un lugar donde hay un ecosistema.

Términos clave

sucesión
sucesión primaria
especies pioneras
sucesión secundaria

Repaso y evaluación

Go Online
PHSchool.com

Para: Una autoevaluación, disponible en inglés.
Visita: PHSchool.com
Código Web: cea-5010

Organizar la información

Identificar ideas principales

Copia en una hoja aparte el organizador gráfico sobre la determinación del tamaño de una población. Luego, complétalo y ponle título. (Para más información sobre identificar ideas principales, consulta el Manual de destrezas.)

Idea principal

Hay cuatro formas principales de determinar el tamaño de una población.

Detalle	Detalle	Detalle	Detalle
a. ___?___	b. ___?___	c. ___?___	d. ___?___

Repasar los términos clave

Elige la letra de la mejor respuesta.

1. Un perrito de la pradera, un gavilán y un tejón son miembros del (de la) mismo(a)
   a. nicho.
   b. comunidad.
   c. especie.
   d. población.

2. Los siguientes son ejemplos de factores limitantes de poblaciones *excepto*
   a. el espacio.
   b. el alimento.
   c. el tiempo.
   d. las condiciones meteorológicas.

3. ¿En qué tipo de interacción se benefician las dos especies?
   a. depredación
   b. mutualismo
   c. comensalismo
   d. parasitismo

4. ¿Cuál de estas relaciones es un ejemplo de parasitismo?
   a. un pájaro que hace su nido en la rama de un árbol
   b. un murciélago que poliniza un saguaro
   c. una pulga que vive de la sangre de un gato
   d. hormigas que protegen al árbol que produce su único alimento

5. La serie de cambios previsibles que ocurren en una comunidad con el paso del tiempo se llama
   a. selección natural.
   b. ecología.
   c. comensalismo.
   d. sucesión.

Si la oración es verdadera, escribe *verdadera*. Si es falsa, cambia la palabra o palabras subrayadas para hacer verdadera la oración.

6. El pasto es un ejemplo de <u>factor biótico</u> en un hábitat.

7. La <u>inmigración</u> es el número de individuos de una zona particular.

8. La función específica de un organismo en su hábitat se llama <u>nicho</u>.

9. La lucha entre organismos por los recursos limitados se llama <u>mutualismo</u>.

10. Un parásito vive sobre o dentro de su <u>depredador</u>.

Escribir en ciencias

Párrafo descriptivo Usa lo que aprendiste sobre depredadores y presas para escribir acerca de la interacción de dos organismos. Para cada organismo, describe una adaptación que le sirva para atrapar a sus presas o defenderse de los depredadores.

Discovery CHANNEL SCHOOL

Populations and Communities
Video Preview
Video Field Trip
▶ Video Assessment

Repaso y evaluación

11. Indica dos factores bióticos y dos abióticos que se encuentren en un ecosistema de bosque.

12. Explica cómo usan la luz solar las plantas y las algas. ¿Qué importancia tiene este proceso para otros seres vivos del ecosistema?

13. Describe cómo usan los ecólogos la técnica del muestreo para estimar el tamaño de una población.

14. Da un ejemplo que muestre cómo el espacio puede ser un factor limitante de una población.

15. ¿Cuáles son dos adaptaciones que hayan desarrollado las presas para defenderse? Explica cómo protege a los organismos cada adaptación.

Pensamiento crítico

16. **Hacer generalizaciones** Explica por qué los ecólogos estudian una población específica de organismos en lugar de toda la especie.

17. **Resolver problemas** En un trabajo de verano para un ecólogo, tienes la tarea de estimar la población de saltamontes en un campo. Propón un método y explica cómo llevarías a cabo tu plan.

18. **Relacionar causa y efecto** La competencia por los recursos en una zona por lo general es más intensa dentro de la misma especie que entre dos especies. Da una explicación para esta observación (*Pista*: Considera cómo los nichos ayudan a los organismos a evitar la competencia.)

19. **Clasificar** Líquenes y musgos acaban de empezar a crecer en la zona rocosa de la ilustración. ¿Qué tipo de sucesión ocurre? Explica.

Practicar matemáticas

20. **Desigualdades** Repasa las dos desigualdades sobre el tamaño de la población de la página 16. Luego, revísalas para incluir la inmigración y emigración, además de la tasa de natalidad y de mortalidad.

Aplicar destrezas

Usa la tabla siguiente para responder a las preguntas 21 a 24.

Ecólogos que vigilan una población de ciervos han recopilado datos durante un estudio de 30 años.

Año	0	5	10	15	20	25	30
Población (miles)	15	30	65	100	40	25	10

21. **Hacer una gráfica** Haz una gráfica lineal con los datos de la tabla. Anota los años en el eje horizontal y la población en el eje vertical.

22. **Interpretar datos** ¿En qué año la población de ciervos llegó a su punto más alto? ¿En cuál llegó a su punto más bajo?

23. **Comunicar** Escribe algunas oraciones para describir el cambio de la población de ciervos durante el estudio.

24. **Desarrollar hipótesis** En el año 16 del estudio, esta región sufrió un invierno intenso. ¿Qué efecto tuvo en la población de ciervos?

Lab zone — Proyecto del capítulo

Evaluación del desempeño Revisa tu informe y tu gráfica para asegurarte de que enunciaste con claridad tu conclusión sobre los efectos del apiñamiento en el crecimiento de las plantas. En grupo, decidan cómo van a presentar los resultados. Hagan un ensayo general para verificar que todos los miembros del grupo están familiarizados con su parte. Después de su presentación, anoten algunas mejoras que podrían hacer al plan de su experimento.

Preparación para la prueba estandarizada

Elige la letra de la mejor respuesta.

1. De acuerdo con la gráfica anterior, ¿en qué año fue mayor la población de perritos de la pradera?

A 1980   **B** 1990

C 1995   **D** 2000

2. En general, ¿cuál de las oraciones siguientes sobre el tamaño de la población es verdadera?

F Si la tasa de natalidad < que la tasa de mortalidad, la población aumenta.

G Si la tasa de mortalidad < que la tasa de natalidad, la población disminuye.

H Si la tasa de natalidad > que la tasa de mortalidad, la población aumenta.

J Si la tasa de mortalidad > que la tasa de natalidad, la población aumenta.

3. Un lago de agua dulce tiene un fondo lodoso que alberga varias clases de algas y otros organismos. Muchas especies de peces se alimentan de las algas. ¿Cuál de los siguientes es un factor *abiótico* del ecosistema?

A la temperatura del agua

B el color de las algas

C el número de especies de peces

D la cantidad de alimento del que disponen los peces

4. Aunque tres especies de aves viven en los mismos árboles de una zona, rara vez compiten. La explicación más probable de esta falta de competencia es que estas aves

F ocupan nichos diferentes.

G comen el mismo alimento.

H tienen un suministro limitado de alimento.

J viven en la misma parte de los árboles.

5. Durante la sucesión primaria, una especie pionera característica es

A el pasto.

B el liquen.

C el pino.

D el suelo.

Respuesta estructurada

6. Supón que dos especies de ardillas que viven en el mismo hábitat se alimentan de la misma clase de nuez. Describe dos resultados posibles de la competencia entre las dos especies de ardillas.

Capítulo 2

Ecosistemas y biomas

interactive Textbook

Este macaco enriquece la diversidad de organismos del bosque lluvioso. ▶

Discovery
CHANNEL
SCHOOL™

Ecosystems and Biomes
▶ Video Preview
Video Field Trip
Video Assessment

Lab zone™ **Proyecto** del capítulo

Descomposición

Nada se desperdicia en un ecosistema. Incluso cuando los seres vivos mueren, organismos como los mohos los reciclan. Este proceso natural de separación se llama descom- posición. Cuando las hojas secas y otros desechos se descomponen, se forma una mezcla blanda y marrón llamada abono. Puedes observar de primera mano la descomposición en el proyecto de este capítulo, cuando hagas una cámara de compost.

Tu objetivo Diseñar y realizar un experi- mento para aprender más sobre el proceso de descomposición

Para completar este proyecto debes
● fabricar dos cámaras de compost
● investigar el efecto de una de las siguientes variables en la descomposición: humedad, oxígeno, temperatura o actividad de los orga- nismos del suelo
● analizar tus datos y presentar tus resultados
● seguir las reglas de seguridad del Apéndice A

Haz un plan Tu maestro te dará una muestra de material de compost. Observa los desechos de la mezcla con una lupa. Escribe una hipótesis sobre qué desechos se descomponen y cuáles no. Luego, decide qué varia- ble vas a probar y planea cómo lo harás. Cuando tu maestro apruebe tu plan, fabrica tus cámaras de compost y empieza tu experimento.

El flujo de energía en los ecosistemas

Avance de la lectura

Conceptos clave
- ¿Qué funciones energéticas cumplen los organismos en un ecosistema?
- ¿Cómo se mueve la energía en un ecosistema?
- ¿Cuánta energía hay disponible en cada nivel de la pirámide de la energía?

Términos clave
- productor • consumidor
- herbívoro • carnívoro
- omnívoro • carroñero
- descomponedor • cadena alimentaria • red alimentaria
- pirámide de la energía

Destreza clave de lectura

Desarrollar el vocabulario En una definición se da el significado de una palabra o frase señalando su característica o función más importante. Cuando termines de leer la sección, vuelve a leer los párrafos que contienen definiciones de los términos clave. Usa toda la información que has aprendido para escribir una definición de cada término clave con tus propias palabras.

Lab zone **Actividad Descubre**

¿De dónde viene tu cena?

1. A lo largo de la parte superior de una hoja, enumera las clases de comida que cenaste anoche.
2. Debajo de cada encabezado escribe el nombre de la planta, animal u otro organismo que haya sido la fuente de la comida. Algunas comidas tienen más de una fuente. Por ejemplo, los macarrones con queso contienen harina (que procede de una planta, como el trigo) y queso (que proviene de un animal).

Reflexiona

Clasificar ¿Cuántas de tus fuentes alimenticias fueron plantas? ¿Cuántas animales?

¿Tocas algún instrumento en la banda de tu escuela? Si es así, ya sabes que cada instrumento tiene un papel en una obra musical. Por ejemplo, la flauta puede tocar la melodía mientras que el tambor marca el ritmo.

Al igual que los instrumentos de una banda, cada organismo cumple un papel en el movimiento de la energía por su ecosistema. Por ejemplo, la función de un azulejo es diferente de la función del roble gigante en el que se detiene. Pero todas las partes del ecosistema, como todas las partes de la banda, son necesarias para que ese ecosistema funcione.

Funciones energéticas

La función energética de un organismo está determinada por cómo obtiene la energía y cómo se relaciona con otros organismos. **Todos los organismos de un ecosistema cumplen la función energética de productor, consumidor o descomponedor.**

Productores La energía entra en los ecosistemas como luz solar. Algunos organismos, como las plantas, las algas y ciertas bacterias, captan la energía solar y la guardan como energía alimenticia. Estos organismos toman la energía del sol para convertir agua y dióxido de carbono en moléculas de alimento, en un proceso llamado fotosíntesis.

Un organismo que puede hacer su propia comida es un **productor.** Los productores son la fuente de toda la comida del ecosistema. En algunos ecosistemas, los productores obtienen la energía de una fuente que no es la luz solar. Uno de tales ecosistemas se encuentra en las rocas muy profundas. ¿Cómo se lleva la energía a ese ecosistema? Ciertas bacterias producen su propia comida tomando como energía un gas, el sulfuro de hidrógeno, que encuentran en su ambiente.

Consumidores Algunos miembros de un ecosistema no pueden hacer su propia comida. Un organismo que obtiene energía alimentándose de otros es un **consumidor.**

Los consumidores se clasifican por lo que comen. Los consumidores que sólo comen plantas son los **herbívoros.** Entre los herbívoros conocidos están las orugas y los venados. Los consumidores que sólo comen animales se llaman **carnívoros.** Leones y arañas son ejemplos de carnívoros. Los consumidores que comen plantas y animales son **omnívoros.** Cuervos, osos y la mayoría de los seres humanos somos omnívoros.

Algunos carnívoros son carroñeros. Un **carroñero** es un carnívoro que se alimenta del cuerpo de organismos muertos. Son carroñeros los bagres y los buitres.

Descomponedores Si un ecosistema tuviera sólo productores y consumidores, las materias primas de la vida se perderían en los desechos y los cuerpos de los organismos muertos. Por suerte, en los ecosistemas hay organismos que impiden el problema. Los **descomponedores** deshacen los desechos y los organismos muertos, y devuelven las materias primas al ecosistema.

Los descomponedores son los que reciclan en la naturaleza. Al tiempo que obtienen energía para sus propias necesidades, los descomponedores regresan moléculas simples al ambiente. Los organismos pueden volver a usar estas moléculas. Hongos y bacterias son descomponedores comunes.

 Verifica tu lectura ¿Qué tienen en común herbívoros y carnívoros?

Consumidor: herbívoro

Productor

Consumidor: omnívoro

Descomponedor

FIGURA 1
Funciones energéticas
Los organismos de un ecosistema cumplen una función energética específica. Los productores, como los robles, hacen su propia comida. Los consumidores, como las larvas de palomilla luna y los azulejos orientales, obtienen su energía de otros organismos. **Clasificar** ¿Qué función cumplen los descomponedores en los ecosistemas?

A tejer una red alimentaria

En esta actividad se muestran las conexiones entre los organismos de una red alimentaria.

1. Tu maestro te asignará una función en la red alimentaria.

2. Toma en la mano los extremos de varios trozos de hilo. Entrega el otro extremo a los organismos con los que estás conectado.

3. Ahora tu maestro eliminará un organismo. Todos los organismos conectados a él deberán soltar el hilo con el que se unían.

Hacer modelos ¿Cuántos organismos fueron afectados por la eliminación de uno solo? ¿Qué muestra esta actividad acerca de la importancia de cada organismo en la red alimentaria?

Cadenas y redes alimentarias

Como acabas de leer, la energía entra en la mayor parte de los ecosistemas como luz solar y los productores la convierten en moléculas de comida. Esta energía se transfiere a cada organismo que come un productor y luego a otros organismos que se alimentan de estos consumidores. **El movimiento de energía por un ecosistema se indica en diagramas llamados cadenas y redes alimentarias.**

Cadenas alimentarias Una **cadena alimentaria** es una serie de sucesos en los que un organismo se come a otro y obtiene energía. En la Figura 2 puedes seguir una cadena. El primer organismo de una cadena alimentaria es siempre un productor, como un árbol. El segundo organismo se alimenta del productor y se llama consumidor de primer nivel. La termita es un consumidor de primer nivel. Luego, el consumidor del segundo nivel se come al consumidor del primero. En este ejemplo, el consumidor del segundo nivel es el pájaro carpintero.

Redes alimentarias Una cadena alimentaria muestra sólo un camino por el cual se mueve la energía en el ecosistema. Pero así como tú no comes lo mismo todos los días, tampoco lo hacen todos los organismos. La mayoría de los productores y consumidores son parte de muchas cadenas alimentarias. Una manera más realista de mostrar el flujo de energía por un ecosistema es una red alimentaria. Como se muestra en la Figura 2, una **red alimentaria** consta de muchas cadenas alimentarias superpuestas en un ecosistema.

En la Figura 2 puedes trazar las cadenas alimentarias de un ecosistema de bosque. Observa que un organismo puede representar más de un papel en un ecosistema. Por ejemplo, un omnívoro como el ratón es un consumidor de primer nivel cuando come hierba, pero cuando se come un saltamontes, es un consumidor de segundo nivel.

Así como las cadenas alimentarias se superponen y conectan, las redes alimentarias también se superponen. Una gaviota puede comerse un pez del mar y también puede comerse un ratón. Entonces, la gaviota es parte de dos redes: una red alimentaria marina y una de tierra. Todas las redes alimentarias del mundo están conectadas en lo que podemos considerar una red alimentaria mundial.

 **Verifica tu lectura** ¿Qué funciones energéticas cumple el primer organismo de una cadena alimentaria?

Cadena alimentaria
Pájaro carpintero

Termita

Árbol

FIGURA 2

Red alimentaria

Una red alimentaria consta de muchas cadenas alimentarias conectadas. Traza el camino de la energía por los productores, consumidores y descomponedores. **Interpretar diagramas** *¿Qué organismos de la red alimentaria actúan como herbívoros? ¿Cuáles son carnívoros?*

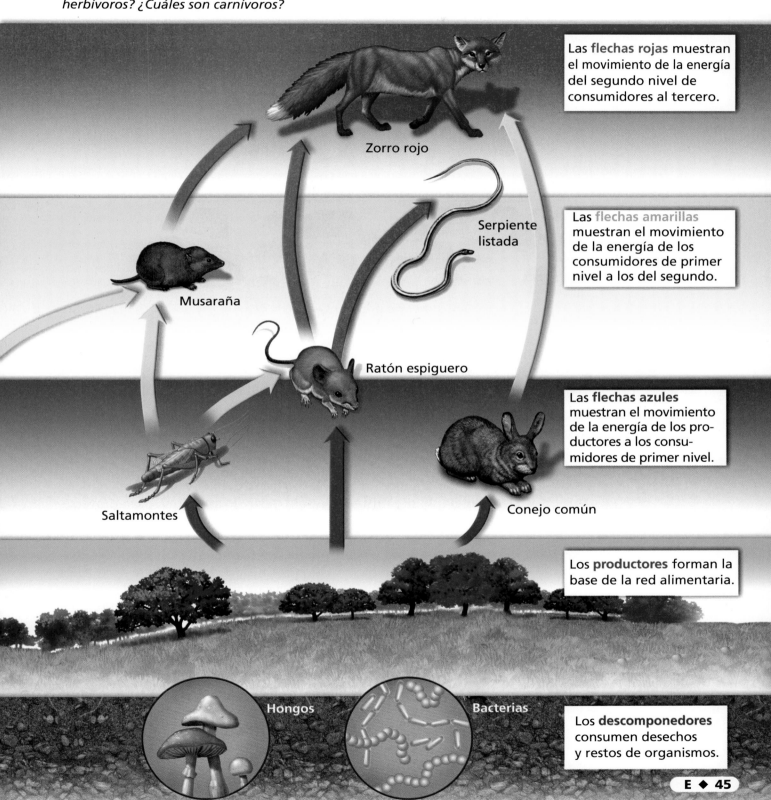

Las **flechas rojas** muestran el movimiento de la energía del segundo nivel de consumidores al tercero.

Zorro rojo

Serpiente listada

Las **flechas amarillas** muestran el movimiento de la energía de los consumidores de primer nivel a los del segundo.

Musaraña

Ratón espiguero

Las **flechas azules** muestran el movimiento de la energía de los productores a los consumidores de primer nivel.

Saltamontes

Conejo común

Los **productores** forman la base de la red alimentaria.

Hongos

Bacterias

Los **descomponedores** consumen desechos y restos de organismos.

FIGURA 3

Pirámide de la energía
En el diagrama de esta pirámide de la energía se muestra la energía disponible en cada nivel de la red alimentaria. La energía se mide en kilocalorías, o kcal.

Calcular ¿Cuántas veces hay más energía disponible en el nivel del productor que en el segundo nivel de consumidores?

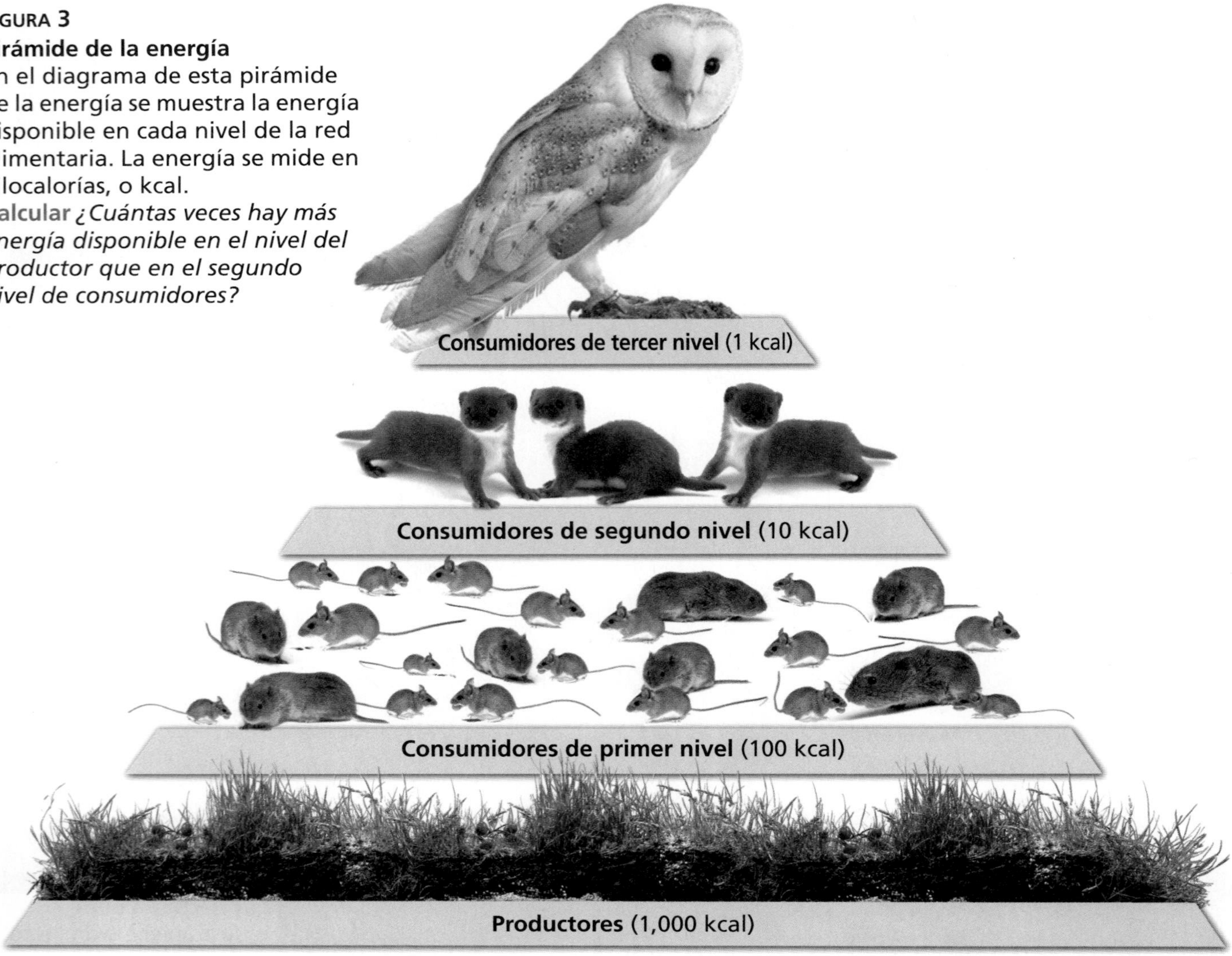

Consumidores de tercer nivel (1 kcal)

Consumidores de segundo nivel (10 kcal)

Consumidores de primer nivel (100 kcal)

Productores (1,000 kcal)

Pirámides de la energía

Cuando un organismo de un ecosistema se alimenta, obtiene energía. El organismo usa sólo parte de la energía para moverse, crecer, reproducirse y realizar otras actividades vitales. Esto significa que sólo parte de la energía que obtiene quedará disponible para el siguiente organismo de la red alimentaria.

En un diagrama llamado **pirámide de la energía** se muestra la cantidad de energía que se mueve de un nivel trófico al siguiente en una red alimentaria. En la Figura 3 puedes ver una pirámide de la energía. **La mayor parte de la energía está disponible en el nivel del productor de la pirámide. A medida que se asciende en la pirámide, cada nivel tiene menos energía disponible que el anterior.** La pirámide de la energía obtiene su nombre de la forma del diagrama: más ancho en la base y más estrecho en la punta.

En general sólo alrededor del 10 por ciento de la energía de un nivel de una red alimentaria se transfiere al siguiente nivel. El organismo consume el otro 90 por ciento de la energía en sus procesos vitales o se pierde en el ambiente en forma de calor. Puesto que aproximadamente un 90 por ciento de la energía se pierde en cada paso, no hay energía suficiente para sustentar muchos niveles tróficos en un ecosistema.

Los organismos de los niveles tróficos superiores de una pirámide de energía no requieren menos energía para vivir que los organismos de niveles inferiores. Como parte de la energía se pierde en cada nivel, la cantidad de energía disponible en el nivel del productor limita el número de consumidores que puede sostener el ecosistema. Por eso, hay menos organismos en el nivel más alto de una red alimentaria.

FIGURA 4
El flujo de la energía
Esta lechuza de campanario pronto aprovechará la energía contenida en el ratón para realizar sus propios procesos vitales.

 Verifica tu lectura **¿Por qué la forma piramidal es útil para mostrar la energía disponible en los niveles de una red alimentaria?**

Sección ① Evaluación

Destreza clave de lectura Desarrollar el vocabulario
Usa tus definiciones para responder a las preguntas.

Repasar los conceptos clave

1. **a.** Identificar Nombra las tres funciones energéticas que cumplen los organismos en un ecosistema.
   b. Explicar ¿Cómo obtienen su energía los organismos de las tres funciones energéticas?
   c. Clasificar Identifica las funciones energéticas de los siguientes organismos del ecosistema de una laguna: renacuajo, alga, garza.
2. **a.** Definir ¿Qué es una cadena alimentaria? ¿Qué es una red alimentaria?
   b. Comparar y contrastar ¿Por qué una red alimentaria es una manera más realista de representar un ecosistema que una cadena alimentaria?
3. **a.** Repasar ¿Qué muestra una pirámide de la energía?
   b. Describir Compara la cantidad de energía disponible en un nivel de la pirámide de la energía, con la del nivel siguiente.
   c. Relacionar causa y efecto ¿Por qué hay menos organismos en la parte superior de la pirámide de la energía?

Lab zone **Actividad En casa**

El paseo de la función energética Da un paseo breve con alguien de tu familia por los alrededores para buscar productores, consumidores y descomponedores. Elabora una lista de los organismos y sus funciones energéticas. Con cada consumidor, trata de clasificarlo de acuerdo con lo que come y su nivel. Luego explícale a tu familiar cómo fluye la energía en los ecosistemas.

Ciclos de la materia

Avance de la lectura

Conceptos clave

- ¿Cuáles son los procesos del ciclo del agua?
- ¿Cómo se reciclan el carbono y el oxígeno en los ecosistemas?
- ¿Qué es el ciclo del nitrógeno?

Términos clave

- ciclo del agua
- evaporación
- condensación
- precipitación
- fijación del nitrógeno

🔄 Destreza clave de lectura

Ordenar en serie Una secuencia es el orden en que ocurre una serie de acontecimientos. Mientras lees, haz un diagrama en que se indique el ciclo del agua. Escribe en un óvalo cada acontecimiento del ciclo.

Ciclo del agua

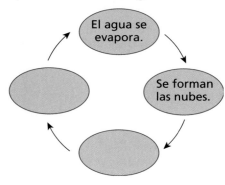

El agua se evapora. → Se forman las nubes. →

Lab zone Actividad Descubre

¿Eres parte de un ciclo?

1. Sostén un espejo pequeño a unos centímetros de tu nariz.
2. Exhala en el espejo.
3. Observa la superficie del espejo.

Reflexiona

Inferir ¿Qué sustancia se forma en el espejo? ¿De dónde viene esa sustancia?

Un montón de carros aplastados está listo para entrar en una compactadora gigante. Ya se quitaron las piezas de aluminio y cobre, para poder reciclarlas, es decir, volver a usarlas. Ahora el acero será recuperado en una planta recicladora. La tierra tiene un suministro limitado de aluminio, cobre y el hierro usado en el acero. Reciclar coches viejos es una forma de garantizar un abasto continuo de estos materiales.

Como la provisión de metal para fabricar coches, el suministro de materia de un ecosistema es limitado. La materia de un ecosistema incluye agua, carbono, oxígeno, nitrógeno y muchas sustancias. Si la materia no pudiera reciclarse, los ecosistemas se quedarían rápidamente sin las materias primas necesarias para la vida. En esta sección vas a conocer algunos ciclos de la materia: el ciclo del agua, del carbono, oxígeno y nitrógeno.

Para entender cómo se reciclan estas sustancias una y otra vez en un ecosistema, tienes que conocer algunos términos básicos que describen la estructura de la materia. La materia está compuesta de partículas diminutas llamadas átomos. Dos o más átomos que se unen y actúan como unidad forman una molécula. Por ejemplo, la molécula de agua consta de dos átomos de hidrógeno y uno de oxígeno.

El ciclo del agua

El agua es esencial para la vida. Para tener un suministro constante, el agua de la Tierra debe reciclarse. El **ciclo del agua** es el proceso continuo por el que el agua se mueve de la superficie terrestre a la atmósfera y de ésta a la superficie. **Los procesos de evaporación, condensación y precipitación forman el ciclo del agua.** Mientras lees sobre estos procesos, sigue el ciclo en la Figura 5.

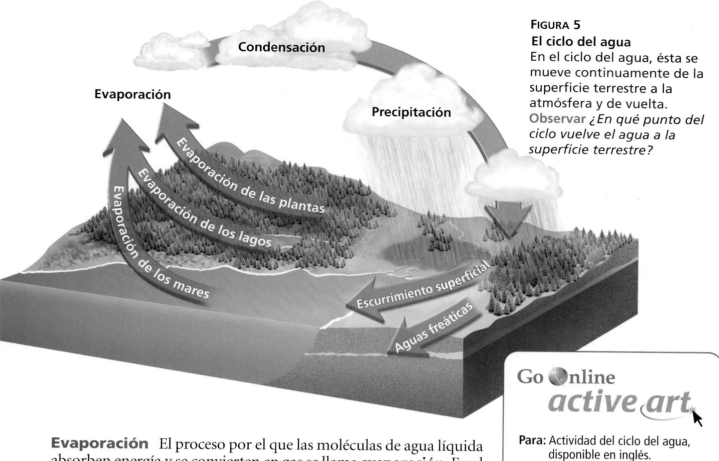

Figura 5
El ciclo del agua
En el ciclo del agua, ésta se mueve continuamente de la superficie terrestre a la atmósfera y de vuelta.
Observar ¿En qué punto del ciclo vuelve el agua a la superficie terrestre?

Go Online
active art

Para: Actividad del ciclo del agua, disponible en inglés.
Visita: PHSchool.com
Código Web: cfp-4024

Evaporación El proceso por el que las moléculas de agua líquida absorben energía y se convierten en gas se llama **evaporación.** En el ciclo del agua, el agua líquida se evapora de los mares, lagos y otras superficies y forma en la atmósfera vapor de agua, un gas. La energía de la evaporación viene del calor del Sol.

Los seres vivos también despiden agua. Por ejemplo, las plantas desprenden vapor de agua por las hojas. Tú produces agua líquida en tus desechos y como vapor de agua cuando exhalas.

Condensación Cuando el vapor de agua asciende en la atmósfera, se enfría. El vapor enfriado se convierte en gotitas diminutas de agua líquida. El proceso por el que el gas se convierte en líquido se llama **condensación.** Las gotitas de agua se reúnen en partículas de polvo que al final forman nubes.

Precipitación Cuando se condensa más vapor de agua, las gotas de la nube crecen. Al final, las gotas pesadas caen a la Tierra como **precipitación:** lluvia, nieve, aguanieve o granizo. La mayor parte de la precipitación cae en mares y lagos. La precipitación que cae en tierra penetra el suelo y se convierte en aguas freáticas o bien escurre por el terreno y regresa a un río o mar.

 **Verifica tu lectura** ¿A través de qué proceso el agua de la superficie del mar pasa a la atmósfera como vapor de agua?

Lab zone Actividad Destrezas

Desarrollar hipótesis
Decidiste tomar chocolate en la casa de un amigo un día frío y lluvioso. Mientras tu amigo hierve el agua, te das cuenta de que la parte interna de una ventana junto a la estufa se cubre de gotitas de agua. Tu amigo piensa que la ventana deja pasar la lluvia. Según lo que sabes del ciclo del agua, ¿se te ocurre otra explicación para las gotitas?

Los ciclos del carbono y el oxígeno

Otras dos sustancias necesarias para la vida son el carbono y el oxígeno. El carbono es un elemento esencial en el cuerpo de los seres vivos. Casi todos los organismos consumen oxígeno en sus procesos vitales. **En los ecosistemas, los procesos por los que se reciclan el carbono y el oxígeno están unidos. Los productores, consumidores y descomponedores cumplen funciones en el reciclaje del carbono y el oxígeno.**

El ciclo del carbono Los productores toman el gas dióxido de carbono del aire durante la fotosíntesis. Usan el carbono del dióxido de carbono para hacer moléculas alimenticias, que son moléculas que contienen carbono, como azúcares y almidones. Cuando los consumidores comen productores, asimilan las moléculas alimenticias que contienen carbono. Cuando los consumidores dividen estas moléculas alimenticias para obtener energía, liberan dióxido de carbono y agua como productos de desecho. Cuando mueren productores y consumidores, los descomponedores desintegran sus restos y devuelven los compuestos de carbono al suelo. Algunos descomponedores también liberan dióxido de carbono como producto de desecho.

El ciclo del oxígeno Como el carbono, el oxígeno circula por los ecosistemas. Los productores liberan oxígeno como resultado de la fotosíntesis. Casi todos los organismos toman oxígeno del aire y lo usan para realizar sus procesos vitales.

Impacto humano Las actividades humanas también influyen en las concentraciones de carbono y oxígeno en la atmósfera. Cuando los seres humanos quemamos petróleo y otros combustibles, se libera dióxido de carbono a la atmósfera. Cuando los seres humanos aclaran bosques para tener madera, combustible y tierras de labrantío, también aumentan las concentraciones de dióxido de carbono. Como sabes, los productores toman dióxido de carbono durante la fotosíntesis. Cuando se quitan árboles del ecosistema hay menos productores que absorban dióxido de carbono. El efecto es mayor si los árboles se queman para aclarar un bosque. En ese caso, durante la combustión se libera más dióxido de carbono.

 Verifica tu lectura ¿Qué función cumplen los productores en los ciclos del carbono y el oxígeno?

Lab zone **Actividad** Inténtalo

El blues del carbono y el oxígeno

Esta actividad explora el rol de los productores en los ciclos del carbono y el oxígeno.

1. Tu maestro te dará dos vasos de plástico con una solución de azul de bromotimol. La solución se ve azul cuando no hay dióxido de carbono y amarillo en presencia del dióxido. Observa el color de la solución.

2. Coloca dos ramitas de *Elodea* en uno de los vasos. No pongas ninguna *Elodea* en el otro vaso. Cubre los dos vasos con plástico para envolver. Lávate las manos.

3. Coloca los vasos donde nadie los mueva. Observa los dos vasos durante los siguientes días. Fíjate en cualquier cambio de color.

Inferir ¿Qué indican tus observaciones acerca de la función de los productores en los ciclos del carbono y el oxígeno?

FIGURA 6

Aumento de las concentraciones de dióxido de carbono
Cuando los bosques se queman, se liberan al aire grandes cantidades de dióxido de carbono. Además, hay menos árboles que lo absorban del aire.

FIGURA 7
Los ciclos del carbono y el oxígeno

En esta escena se muestra la conexión de los ciclos del carbono y el oxígeno. Productores, consumidores y descomponedores cumplen una función en el reciclaje de estas sustancias. **Interpretar diagramas** *¿Qué efecto tienen las actividades humanas en los ciclos del carbono y el oxígeno?*

Dióxido de carbono en la atmósfera

Los seres humanos aclaran bosques para abrir tierras de labrantío y liberan al aire compuestos de carbono.

Los seres humanos queman combustibles para tener energía y liberan compuestos de carbono en el aire.

Las plantas toman el dióxido de carbono y usan el carbono para hacer moléculas de azúcar.

Los animales descomponen moléculas de azúcar y liberan dióxido de carbono.

Las plantas producen oxígeno.

Los descomponedores devuelven los compuestos de carbono al suelo y liberan dióxido de carbono al aire.

Los animales asimilan oxígeno.

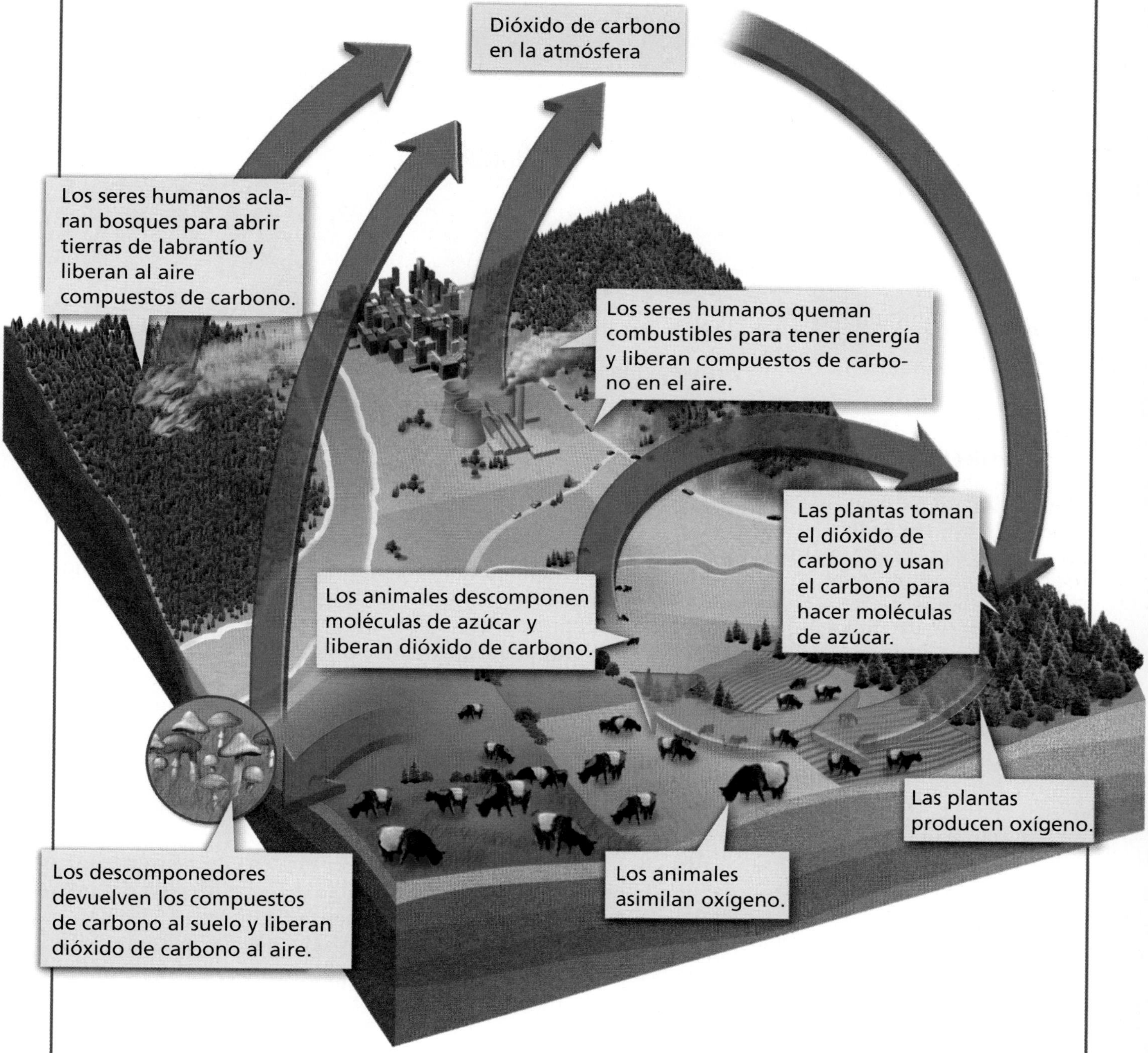

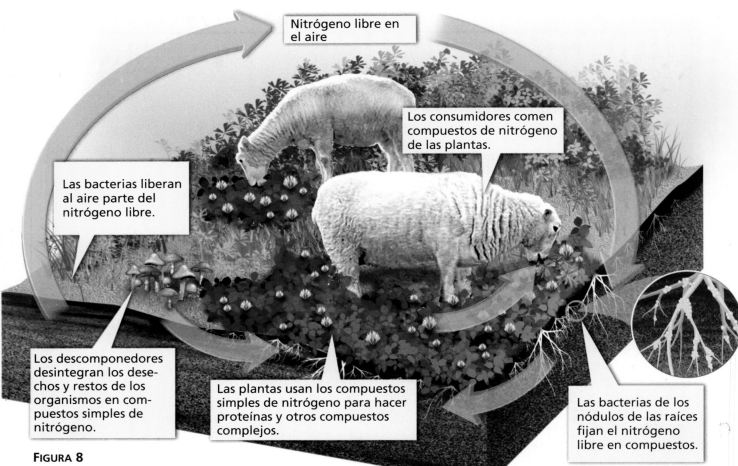

Nitrógeno libre en el aire

Los consumidores comen compuestos de nitrógeno de las plantas.

Las bacterias liberan al aire parte del nitrógeno libre.

Los descomponedores desintegran los desechos y restos de los organismos en compuestos simples de nitrógeno.

Las plantas usan los compuestos simples de nitrógeno para hacer proteínas y otros compuestos complejos.

Las bacterias de los nódulos de las raíces fijan el nitrógeno libre en compuestos.

FIGURA 8
Ciclo del nitrógeno
En el ciclo del nitrógeno, el nitrógeno libre del aire se fija en compuestos. Así los consumidores pueden aprovechar estos compuestos de nitrógeno para realizar sus procesos vitales.
Relacionar causa y efecto *¿Cómo vuelve el gas nitrógeno a la atmósfera?*

El ciclo del nitrógeno

Como el carbono, el nitrógeno es un componente necesario de la materia que compone los seres vivos. **En el ciclo del nitrógeno el nitrógeno pasa del aire al suelo, a los seres vivos y de vuelta al aire.** Sigue el proceso en la Figura 8.

Como el aire tiene aproximadamente 78 por ciento de nitrógeno, podríamos pensar que debería ser fácil que los seres vivos lo obtuvieran. Pero la mayoría de los organismos no pueden usar el gas nitrógeno. A este gas se le conoce como nitrógeno "libre" porque no se combina con otras clases de átomos.

Fijación del nitrógeno Casi todos los organismos usan el nitrógeno "fijado", es decir, combinado con otros elementos para formar compuestos de nitrógeno. El proceso de convertir nitrógeno libre en una forma aprovechable se llama **fijación del nitrógeno.** Ciertas clases de bacterias realizan casi toda la fijación del nitrógeno. Algunas de estas bacterias viven en protuberancias llamadas nódulos en las raíces de varias plantas. Estas plantas, las leguminosas, incluyen al trébol, frijoles, chícharos, alfalfa y cacahuates.

La relación entre las bacterias y las leguminosas es un ejemplo de mutualismo. Tanto las bacterias como las plantas se benefician de esta relación: las bacterias se alimentan de los azúcares de las plantas y las plantas obtienen el nitrógeno en una forma aprovechable.

Regreso del nitrógeno al ambiente

Cuando el nitrógeno se fija, los productores lo usan para formar proteínas y otros compuestos complejos. Por su parte, los descomponedores desintegran estos compuestos de los desechos y cuerpos de los organismos muertos. La descomposición devuelve al suelo compuestos simples de nitrógeno. El nitrógeno forma un ciclo muchas veces del suelo a los productores y luego a los consumidores. Sin embargo, en algún momento las bacterias desintegran completamente los compuestos de nitrógeno y lo liberan de vuelta al aire. El ciclo se repite desde ahí.

 Verifica tu lectura ¿Dónde viven algunas bacterias que fijan el nitrógeno?

FIGURA 9
El crecimiento en suelo sin nitrógeno
Las sarracenias purpúreas crecen en suelo sin nitrógeno porque tienen otra forma de obtenerlo. Los insectos quedan atrapados en las hojas de la planta (que tiene forma tubular), la cual los digiere y aprovecha sus compuestos de nitrógeno para sus funciones.

Sección 2 Evaluación

Destreza clave de lectura **Ordenar en serie** Consulta tu diagrama del ciclo del agua para responder a la pregunta 1.

Repasar los conceptos clave

1. a. Definir Nombra y define los tres principales procesos que se dan durante el ciclo del agua.
  b. Hacer generalizaciones Defiende este enunciado: el Sol es el motor del ciclo del agua.

2. a. Repasar ¿Cuáles son las dos sustancias que se relacionan en un proceso de reciclaje?
  b. Comparar y contrastar ¿Qué función cumplen los productores en los ciclos del carbono y el oxígeno? ¿Y los consumidores?
  c. Desarrollar hipótesis ¿Qué pasaría si murieran los productores de una comunidad en los ciclos del carbono y el oxígeno?

3. a. Repasar ¿Por qué los organismos necesitan nitrógeno?
  b. Ordenar en serie Resume las principales etapas del ciclo del nitrógeno.
  c. Predecir ¿Qué pasaría en una comunidad si se murieran todas las bacterias que fijan el nitrógeno?

Escribir en ciencias

Tira cómica Escoge uno de los ciclos que estudiamos en la sección. Luego dibuja una tira cómica con cinco recuadros en los que ilustres los sucesos importantes del ciclo. Recuerda que el último recuadro debe terminar con el mismo acontecimiento con el que inicia el primer recuadro.

Biogeografía

Avance de la lectura

Conceptos clave
- ¿Qué efecto ha tenido el movimiento de los continentes en la distribución de las especies?
- ¿De qué tres maneras se dispersan los organismos?
- ¿Qué factores limitan la dispersión de una especie?

Términos clave
- biogeografía
- deriva continental • dispersión
- especie exótica • clima

Destreza clave de lectura
Relacionar causa y efecto
Mientras lees, identifica tres causas de la dispersión. Escribe la información en un organizador gráfico como el que sigue.

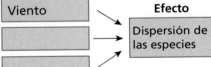

Causas

Viento	→	**Efecto**
	→	Dispersión de las especies
	→	

Lab zone | **Actividad Descubre**

¿Cómo se mueve una semilla?

1. Coloca algunos granos de maíz en el extremo de una bandeja poco profunda.
2. Haz una lista de las maneras en que puedes mover los granos al otro lado de la bandeja. Usa los materiales simples que te dio tu maestro.
3. Ahora prueba todos los métodos. Anota cuáles sirven para mover los granos por la bandeja.

Reflexiona
Predecir ¿Cómo se moverían las semillas de un lugar a otro?

Imagínate lo que habrán pensado los exploradores europeos cuando vieron Australia por primera vez. En lugar de los animales herbívoros comunes, como caballos y venados, vieron animales que parecían conejos gigantes con colas largas. Al mirar entre los eucaliptos, vieron koalas parecidos a osos. ¿Y quién hubiera podido soñar un animal ovíparo con cola de castor, pico de pato y grueso pelambre? Por eso quienes oían las primeras descripciones del ornitorrinco acusaban de mentirosos a los exploradores.

Como aprendieron los exploradores, en las diversas partes del mundo viven especies distintas. El estudio de dónde viven los organismos se llama **biogeografía.** La palabra *biogeografía* está compuesta de tres raíces griegas: *bio,* que significa "vida"; *geo,* "Tierra", y *grafía,* "descripción de". Juntas estas raíces explican lo que hacen los biogeógrafos: describir en qué parte de la Tierra se encuentran los seres vivos.

Koala en un ▶
árbol de
eucalipto en
Australia

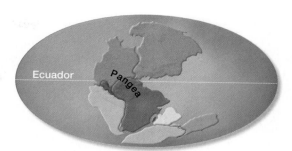

FIGURA 10

Deriva continental

El movimiento de los continentes es un factor que afecta la distribución de los organismos. **Interpretar mapas** *¿Cómo cambió la ubicación de Australia?*

Hace 225 millones de años

Deriva continental

Además de estudiar dónde viven las especies, los biogeógrafos también investigan qué produjo la disposición de especies que vemos hoy. **Un factor que ha afectado la distribución de las especies es el movimiento de los continentes de la Tierra.** Los continentes son partes de enormes bloques de roca sólida llamadas placas, que componen la superficie terrestre. Los científicos han descubierto que las placas se han movido lentamente por millones de años. A medida que se mueven las placas, los continentes se mueven con ellas en un proceso llamado **deriva continental.**

En la Figura 10 se muestra cuánto se han movido los continentes con el tiempo. Hace aproximadamente 225 millones de años todos los continentes actuales eran parte de una gran masa de tierra que ahora llamamos Pangea; pero después de millones de años de deriva lenta, llegaron a su lugar actual.

La deriva continental ha tenido un gran efecto en la distribución de las especies. Tomemos por ejemplo Australia. Hace millones de años Australia se separó de las otras masas. Organismos de otras partes del mundo no pudieron llegar a la isla aislada. Canguros, koalas y otras especies únicas se desarrollaron en ese aislamiento.

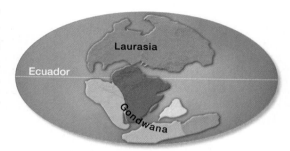

Hace 180 a 200 millones de años

 Verifica tu lectura ¿Qué era Pangea?

Hace 135 millones de años

Medios de dispersión

El movimiento de los organismos de un lugar a otro se llama **dispersión** y se da de varias maneras. **La dispersión puede ser causada por viento, agua o seres vivos, incluyendo a los humanos.**

Viento y agua Muchos animales se mueven a zonas nuevas por sus propios medios. Pero las plantas y los organismos pequeños necesitan ayuda para moverse de un lugar a otro. El viento puede dispersar semillas, esporas de hongos, arañas y otros organismos pequeños y ligeros. El agua transporta objetos que flotan, como cocos y hojas. Los animales pequeños pueden lograr un pasaje gratuito a un nuevo hogar encima de esas balsas.

La Tierra actual

Go Online *active art*

Para: Actividad sobre la deriva continental, disponible en inglés.
Visita: PHSchool.com
Código Web: cfp-1015

Capítulo 2 E ◆ 55

FIGURA 11

Medios de dispersión
Las semillas de bayas pueden ser dispersadas por animales, como picotera del cedro (arriba a la izquierda), que comen las bayas y dejan las semillas con sus desechos. Las esporas de la carbonera (arriba al centro) y las semillas del algodoncillo (arriba a la derecha) son dispersadas por el viento.
Inferir ¿Cuáles son las dos formas en que se dispersan las semillas?

Otros seres vivos También otros seres vivos dispersan a los organismos. Por ejemplo, un pájaro puede comer bayas en una zona y depositar en otra las semillas con sus desechos. Si tu perro o tu gato ha vuelto alguna vez cubierto de erizos de plantas, ya conoces otra manera en que las semillas se trasladan.

Los seres humanos también son importantes para dispersar a los organismos. Cuando las personas recorren el mundo, se llevan organismos. A veces esta dispersión es intencional, como cuando los europeos que exploraron América Central y del Sur en el siglo XVI llevaron plantas de maíz y tomate a Europa. En otras ocasiones no es deliberada, como cuando el pasajero de un avión lleva insectos de un lugar a otro. El organismo que es llevado a un nuevo lugar por personas se llama **especie exótica.**

 Verifica tu lectura | **¿De qué dos maneras puede un animal dispersar una especie?**

Límites a la dispersión

Con todos estos medios de dispersión, uno esperaría encontrar las mismas especies en todo el mundo. Desde luego, no sucede así. **Tres factores que limitan la dispersión de una especie son las barreras físicas, la competencia y el clima.**

Barreras físicas Las barreras como el agua, las montañas y los desiertos son difíciles de cruzar. Estas características limitan el movimiento de los organismos. Por ejemplo, cuando Australia se separó de los demás continentes, el océano sirvió como barrera a la dispersión. Los organismos no pueden entrar ni salir fácilmente de Australia.

Competencia Cuando un organismo llega a una zona nueva, debe competir por los recursos con las especies que ya viven ahí. Para sobrevivir, un organismo debe encontrar un nicho exclusivo. Las especies locales pueden desplazar a la nueva. En este caso la competencia es una barrera a la dispersión. Sin embargo, a veces la especie nueva vence en la competencia a las especies locales y las desplaza.

Clima El estado del tiempo que caracteriza una zona durante un período prolongado se llama **clima.** Las diferencias climáticas pueden limitar la dispersión. Por ejemplo, las condiciones en la cumbre de la montaña mostrada en la Figura 12 son muy diferentes que al pie. El pie de la montaña es cálido y seco. Crecen arbustos de poca altura y cactos. Más arriba el clima se vuelve frío y húmedo y comienzan a crecer árboles más grandes, como robles y abetos. Cerca de la cumbre hace mucho frío y sopla el viento. En esa zona sólo pueden crecer plantas bajas.

En lugares con climas semejantes hay especies que ocupan nichos parecidos. Por ejemplo, casi todos los continentes tienen una región grande de planicies llanas y con pastos. Así, esos continentes tienen organismos que ocupan el nicho de "mamífero herbívoro grande". En América del Norte los mamíferos herbívoros grandes de las praderas son los búfalos. En África son ñúes y antílopes. En Australia son canguros.

 Verifica tu lectura ¿En qué se diferencia el clima del pie de la montaña del clima de la cumbre?

FIGURA 12
Diferencias de clima y dispersión
El clima cambia mucho cuando uno asciende por una montaña alta. Esto determina la distribución de las especies de la montaña.

Alpino

Píceas y abetos

Coníferas variadas

Pinos y robles

Bosque de robles

Praderas

Matorrales del desierto

Sección 3 Evaluación

Destreza clave de lectura

Relacionar causa y efecto Consulta tu organizador gráfico sobre los medios de dispersión para responder a la pregunta 2.

Repasar los conceptos clave

1. **a. Definir** ¿Qué es la deriva continental?
   b. Explicar ¿Cómo ha afectado la deriva continental la dispersión de los organismos?
   c. Relacionar causa y efecto ¿Cómo explica la deriva continental por qué en las islas se encuentran especies únicas?

2. **a. Hacer una lista** ¿Cuáles son las tres formas en que se dispersan los organismos?
   b. Explicar ¿Qué función cumplen los seres humanos en la dispersión de las especies?
   c. Predecir ¿Crees que la función de los seres humanos en la dispersión aumentará o disminuirá en los próximos 50 años? Defiende tu respuesta.

3. **a. Identificar** ¿Cuáles son los tres factores que limitan la dispersión de las especies?
   b. Aplicar conceptos Supongamos que se introduce una nueva especie de insectos en tu región. ¿Cómo limita la competencia su dispersión?

Lab zone **Actividad** En casa

Paseo en calcetines Llévate a un familiar a un "paseo en calcetines" para aprender sobre la dispersión de las semillas. Cada uno llevará un calcetín blanco grueso sobre un zapato. Den un paseo por un bosque, campo o parque. Ya en casa, observen cuántas semillas reunieron. Luego planten los calcetines en bandejas con tierra, colóquenlas en un lugar soleado y riéguenlas continuamente. ¿Cuántas especies se dispersaron?

Biomas

Avance de la lectura

Conceptos clave

- ¿Cuáles son los seis principales biomas de la Tierra?
- ¿Qué factores determinan el tipo de bioma que se encuentra en una zona?

Términos clave

- bioma • bóveda arbórea
- sotobosque • desierto
- pradera • sabana
- árbol caducifolio
- árbol conífero • tundra
- permagélido

Destreza clave de lectura

Comparar y contrastar Mientras lees, compara y contrasta los biomas. Llena una tabla como la siguiente.

Características	Bosque tropical	Tundra
Temperatura	Calor todo el año	
Precipitación		
Organismos característicos		

Discovery CHANNEL SCHOOL

Ecosystems and Biomes

Video Preview
▶ Video Field Trip
Video Assessment

Lab zone · Actividad Descubre

¿Cuánta lluvia es ésa?

En la tabla se muestran las cantidades habituales de precipitación que caen cada año en cuatro regiones. Con tus compañeros, vas a trazar una gráfica de barras de tamaño grande en una pared para representar estas cantidades.

Localidad	Precipitación (cm)
Desierto de Mojave	15
Praderas de Illinois	70
Montes Smoky	180
Bosque lluvioso de Costa Rica	350

1. Con un metro, mide una tira de papel de sumadora de 15 centímetros. Escribe en la tira "Desierto de Mojave"
2. Repite el paso 1 con las otras localidades. Rotula las tiras.
3. Sigue las instrucciones de tu maestro para colgar las tiras.

Reflexiona

Desarrollar hipótesis ¿Qué efecto tiene la cantidad de precipitación en las especies que viven en una localidad?

¡Felicidades! Tus compañeros y tú fueron elegidos para tomar parte en una expedición científica alrededor del mundo. En esta expedición vas a recoger datos sobre el clima y los organismos característicos de los biomas de la Tierra. Un **bioma** es un grupo de ecosistemas terrestres con climas y organismos semejantes.

Los ecólogos que encabezan tu expedición acordaron concentrarse en seis biomas fundamentales. **Los seis biomas que más estudian los ecólogos son bosque lluvioso, desierto, pradera, bosque caducifolio, bosque boreal y tundra.**

Asegúrate de empacar ropas variadas para tu expedición. Vas a visitar lugares que van de las selvas tropicales húmedas a las planicies congeladas del Ártico. **Lo que determina el bioma de una zona es principalmente su clima (temperatura y precipitación).** Esto se debe a que el clima limita las especies de plantas que pueden crecer en una zona. A cambio, estas especies de plantas determinan los animales que viven ahí.

Apresúrate a empacar. ¡Es casi la hora de irnos!

Biomas de bosque lluvioso

El primer alto en tu expedición es el bosque lluvioso. Este bioma es verdaderamente lluvioso. Por fortuna, te acordaste de empacar tu impermeable; pero después de un baño breve el sol vuelve a salir, aunque, sorprendentemente, poca luz pasa hasta ti por entre las hojas espesas altas.

Hay plantas en todas partes del bosque lluvioso. Algunas, como helechos, flores y enredaderas, cuelgan de las ramas de los árboles y hasta crecen en otras plantas. Los animales vuelan, se arrastran y se deslizan por todos lados.

Bosques lluviosos templados Cuando oyes el término *bosque lluvioso* quizá piensas en una "jungla" cálida y húmeda en los trópicos. Pero hay otra forma de bosque lluvioso. La costa noroeste de Estados Unidos recibe más de 300 centímetros de lluvia al año. Ahí crecen árboles enormes, como cedros, secoyas y abetos de Douglas. Sin embargo, es difícil clasificar la región. Muchos ecólogos llaman a este ecosistema bosque lluvioso templado. El término *templado* significa que tiene temperaturas moderadas.

Ecuador

Biomas de bosque lluvioso

- Bosque lluvioso tropical
- Bosque lluvioso templado

FIGURA 13
Bosque lluvioso templado
Los bosques lluviosos templados reciben mucha lluvia y tienen temperaturas moderadas. Los venados buras se encuentran por lo regular en el bosque lluvioso Olympic en el estado de Washington. **Interpretar mapas** *¿Dónde se encuentra un bosque lluvioso templado?*

◄ Pájaro carpintero

◄ Orangután

▲ Bromelia

FIGURA 14
Bosque lluvioso
Los bosques lluviosos son biomas húmedos y cálidos que contienen una variedad sorprendente de plantas y otros organismos. En la foto grande un río pasa por el exuberante bosque lluvioso de Indonesia.

Ecuador

Biomas de bosque lluvioso
▨ Bosque lluvioso tropical
▨ Bosque lluvioso templado

Bosques lluviosos tropicales Como se ve en el mapa, los bosques lluviosos tropicales se encuentran en regiones cercanas al ecuador. El clima es cálido y húmedo todo el año y llueve mucho. Por estas condiciones climáticas en los bosques lluviosos tropicales crece una asombrosa variedad de plantas. De hecho, científicos que estudiaron una zona de 100 metros cuadrados de un bosque lluvioso tropical identificaron ¡300 especies de árboles!

Los árboles del bosque lluvioso tropical forman varias capas distintivas. Los árboles altos forman un techo de hojas llamado **bóveda arbórea.** Algunos árboles gigantes sobresalen de esta bóveda arbórea. Debajo se encuentra una capa de árboles más bajos y enredaderas que forman el **sotobosque.** Las plantas del sotobosque crecen bien en la sombra que proyecta la bóveda arbórea. El suelo del bosque está casi a oscuras, por lo que sólo unas cuantas plantas viven ahí.

La abundante vida de la flora en los bosques lluviosos tropicales provee un hábitat para muchas especies de animales. Los ecólogos estiman que en esos bosques viven millones de especies de insectos, los cuales son fuente de alimentación para reptiles, aves y mamíferos. Por su parte, muchos de estos animales sirven de alimento para otros animales. Aunque los bosques lluviosos tropicales cubren únicamente una parte pequeña del planeta, contienen más especies de plantas y animales que todos los demás biomas juntos.

Verifica tu lectura ¿Cómo es el clima del bosque lluvioso tropical?

Biomas de desierto

La siguiente parada en tu expedición es un desierto. No podría ser más diferente del bosque tropical que acabas de dejar. Te bajas del autobús al calor sofocante del verano. A mediodía hace demasiado calor para caminar por el desierto.

Un **desierto** es una zona que recibe menos de 25 centímetros de lluvia al año. La evaporación en el desierto es mayor que la precipitación. Algunos de los desiertos más secos no reciben nada de precipitación en un año. Los desiertos pasan por grandes cambios de temperatura en el curso del día. Un desierto ardiente como el de Namibia, en África, se enfría rápidamente en cuanto se pone el sol. Otros desiertos, como el de Gobi en Asia central, son más fríos y en invierno pueden llegar a tener temperaturas de congelación.

Los organismos que viven en el desierto deben estar adaptados a la falta de lluvia y las temperaturas extremas. Por ejemplo, el tallo de un saguaro tiene pliegues que funcionan como las costillas de un acordeón. El tallo se expande para almacenar agua cuando llueve. Los monstruos de Gila pueden pasar semanas en sus refugios fríos subterráneos. Muchos otros animales del desierto son más activos de noche, cuando las temperaturas son más frescas.

Biomas de desierto
　Desierto

FIGURA 15
Desierto
El desierto de Mojave en el suroeste de Estados Unidos es un desierto caliente característico.
Hacer generalizaciones *Describe las condiciones climáticas de un desierto característico.*

Codorniz desértica

Lab zone **Actividad** Inténtalo

La supervivencia en el desierto

Observa atentamente con una lupa un cacto pequeño en una maceta. **PRECAUCIÓN:** *Ten cuidado con las espinas.* Con unas tijeras corta un pedazo de la punta del cacto. Observa el interior de la planta. Fíjate en cualquier característica que parezca diferente de otras plantas.

Observar ¿En qué es diferente el interior del cacto del exterior? Explica por qué las características que observas pueden ser adaptaciones al hábitat del desierto.

Guepardo

Ñúes en migración avanzan por la vasta sabana de Kenia. Una sabana es un tipo de bioma de pradera, una zona poblada por pastos y otras plantas no maderables.

Biomas de pradera

La siguiente parada en la expedición es una planicie de pastos llamada llanura. Las temperaturas son más cómodas que en el desierto. La brisa lleva el perfume de la tierra calentada por el sol. El suelo es fértil y sostiene pastos tan altos como tú. Asustados por tu llegada, unos gorriones se lanzan a sus escondites entre los tallos oscilantes de las hierbas.

Aunque la llanura recibe más lluvia que el desierto, no es suficiente para que crezcan árboles. Los ecólogos clasifican las llanuras, que generalmente se encuentran a latitudes medias, como praderas. Una **pradera** es una zona poblada principalmente por pastos y otras plantas no maderables. En general las praderas reciben de 25 a 75 centímetros de lluvia por año. Fuegos y sequías son comunes en este bioma. Las praderas que se encuentran más cerca del ecuador que las llanuras se conocen como sabanas. Una **sabana** recibe hasta 120 centímetros de lluvia al año. En las sabanas crecen algunos arbustos y árboles de poca altura, junto con los pastos.

Las praderas son el hogar de muchos de los animales más grandes de la Tierra: herbívoros como elefantes, bisontes, antílopes, cebras, rinocerontes, jirafas y canguros. El pastoreo de estos animales mantiene las praderas. Impiden que broten retoños de árboles y arbustos, que compitan con los pastos por el agua y la luz solar.

Ecuador

Biomas de pradera
Pradera

Verifica tu lectura ¿Qué tipo de pradera recibe más lluvia: la llanura o la sabana?

Biomas de bosque caducifolio

Tu viaje al siguiente bioma te lleva a otro bosque. Estamos a finales del verano. Las mañanas frescas dejan el paso a días cálidos. Varios miembros de la expedición se ocupan de registrar las numerosas especies de plantas. Otros miran por sus binoculares para identificar las aves canoras. Tu pisas con cuidado para evitar una pequeña salamandra.

Estás ahora en un bioma de bosque caducifolio. Muchos de los árboles del bosque son **árboles caducifolios,** es decir que todos los años tiran sus hojas y les salen nuevas. Robles y arces son ejemplos de árboles caducifolios. Los bosques caducifolios reciben suficiente lluvia para sostener el crecimiento de árboles y otras plantas; por lo menos 50 centímetros al año. Las temperaturas del bosque caducifolio varían mucho durante el año. La temporada de crecimiento dura de cinco a seis meses.

La variedad de plantas en un bosque caducifolio forma muchos hábitats diferentes. En diversas partes del bosque viven especies distintas de aves, que se alimentan de los insectos y las frutas de su zona. Mamíferos como ardillas listadas y zorrillos viven en bosques caducifolios. En un bosque caducifolio de América del Norte también se ven zorzales maculados, venados cola blanca y osos negros.

Si volvieras a este bioma en invierno, no verías mucha fauna. La mayoría de las aves emigran a zonas más cálidas. Algunos mamíferos hibernan, que consiste en entrar en un estado de menor actividad corporal parecido al sueño. Los animales que hibernan aprovechan la grasa que almacenaron en su cuerpo durante los meses de primavera a otoño.

Verifica tu lectura ¿Qué son los árboles caducifolios?

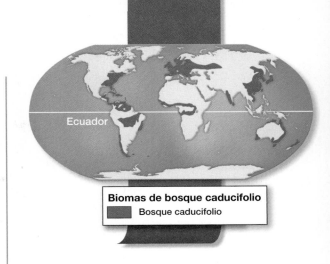

Biomas de bosque caducifolio
◼ Bosque caducifolio

FIGURA 17
Bosque caducifolio
Este bosque es un ejemplo hermoso de un bosque caducifolio en otoño. En esa época, las hojas de casi todos los árboles de este bosque cambian de color y caen.
Comparar y constrastar *¿En que se distinguen los bosques caducifolios de los bosques lluviosos?*

▼ Ardilla voladora

▼ Zorro rojo

Lince

FIGURA 18
Bosque boreal
Este bosque boreal del Parque Nacional Denali en Alaska es hogar de árboles coníferos y animales como los alces. El bosque boreal se llama a veces bosque de "píceas y alces".

Biomas de bosque boreal

Ahora la expedición se dirige al norte, hacia un clima más frío. Los dirigentes de la expedición dicen que pueden identificar el siguiente bioma (el bosque boreal) por su olor. Cuando llegas, hueles con gusto las píceas y abetos que tapizan las laderas. Como sientes el aire frío de comienzos de otoño, sacas de tu bolsa una chamarra y un sombrero.

Plantas del bosque boreal Casi todos los árboles del bosque boreal son **árboles coníferos,** árboles que producen sus semillas en conos y que tienen hojas en forma de aguja. A veces se designa al bosque boreal por su nombre ruso, *taiga.* En estos bosques los inviernos son muy fríos. La nieve alcanza grandes alturas, muy por encima de tu cabeza. Pero los veranos son cálidos y lluviosos y derriten la nieve.

Tres especies del bosque boreal están bien adaptadas para el clima frío. Puesto que el agua está congelada la mayor parte del año, los árboles del bosque deben tener adaptaciones que impidan la pérdida del líquido. Abetos, píceas, pinabetes y otros árboles coníferos tienen agujas cerosas y gruesas que impiden que el agua se evapore.

Animales del bosque boreal Muchos de los animales del bosque boreal se comen las semillas de los árboles coníferos: ardillas rojas, insectos y aves como pinzones y paros carboneros. Algunos herbívoros, como las liebres nivales, alces y castores, se comen las cortezas de los árboles y los retoños. La variedad de herbívoros en el bosque boreal sostiene a muchos depredadores, como lobos, osos, búhos cornudos y linces.

Verifica tu lectura ¿Por qué las agujas son una ventaja para los árboles del bosque boreal?

Lab zone Actividad Destrezas

Inferir

Observa el mapa que muestra la localización de los bosques boreales. ¿Dónde se encuentran estos bosques? ¿Por qué no hay bosques boreales en el hemisferio sur?

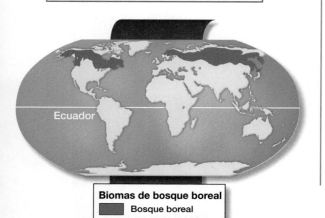

Ecuador

Biomas de bosque boreal
Bosque boreal

Biomas de tundra

Cuando llegas a la siguiente parada, la intensidad del viento te da una sensación inmediata del bioma. La **tundra** es un bioma extremadamente frío y seco. Muchos, que esperaban nieves profundas, se sorprenden de saber que la tundra no recibe más precipitación que el desierto.

Casi todo el suelo de la tundra está congelado todo el año. Este suelo congelado se llama **permagélido.** Durante el breve verano, la parte superior del suelo se derrite pero la parte inferior permanece congelada. Como el agua de la lluvia no puede penetrar el permagélido, hay muchas lagunas someras y zonas pantanosas en la tundra durante el verano.

Plantas de la tundra Las plantas de la tundra son musgos, pastos, arbustos y formas de baja altura de algunos árboles, como sauces. Casi todo el crecimiento de las plantas tiene lugar durante los largos días de la breve estación veraniega. Al norte del círculo ártico el sol no se pone a mediados de verano.

Animales de la tundra En verano, los animales que más recordamos son los insectos. Las aves insectívoras se aprovechan de la abundancia de comida y de los días largos para comer tanto como pueden. Pero cuando se acerca el invierno, estas aves emigran al sur. Los mamíferos de la tundra son caribúes, zorros, lobos y liebres árticas. Los mamíferos que se quedan en la tundra durante el invierno adquieren pelambres gruesas. ¿Qué encuentran para comer estos animales en la tundra durante el inverno? El caribú escarba la nieve en busca de líquenes. Los lobos siguen a los caribúes y cazan a los miembros débiles de la manada.

Verifica tu lectura ¿Qué es el permagélido?

Ecuador

Biomas de tundra

Tundra

FIGURA 19
Tundra
Aunque está congelada y al parecer árida durante el inverno, la tundra de Alaska se reviste de colores en el otoño. **Relacionar causa y efecto** *¿Por qué no hay árboles altos en la tundra?*

Buey ▲
almizclero

FIGURA 20
Montañas
Las montañas, como éstas del Parque Nacional de Banff, en Canadá, no son parte de ninguno de los principales biomas, pero sostienen ecosistemas. **Clasificar** *¿Por qué una montaña no puede ser considerada parte de un bioma específico?*

▲ Una pika reúne plantas de la montaña para alimentarse

Ecuador

Montañas y hielo
███ Montañas
☐ Hielo

Montañas y hielo

Algunas zonas terrestres no son parte de ningún bioma. Estas zonas incluyen las cadenas montañosas y las tierras cubiertas de capas de hielo.

En la Sección 3 leíste que el clima de una montaña cambia de su pie a la cumbre. Si escalaras una montaña elevada, pasarías por varios biomas. En el pie encontrarías praderas. Al subir, pasarías por un bosque caducifolio y luego por uno boreal. Y cuando llegaras a la cima, los alrededores te recordarían a la tundra sin árboles.

Otros lugares están cubiertos todo el año de gruesas capas de hielo. Casi toda la isla de Groenlandia y el continente de Antártida se encuentran en esta categoría. Entre los organismos adaptados para la vida en el hielo se encuentran los pingüinos emperador, osos polares y focas leopardo.

 Verifica tu lectura ¿Cuáles son las dos masas de tierra cubiertas por hielo todo el año?

Matemáticas — Analizar datos

Climas de los biomas

Un ecólogo reunió datos sobre el clima de dos lugares. En la gráfica se muestra el promedio de la temperatura en las dos localidades. La precipitación anual total en la Localidad A es de 250 cm. En la Localidad B, la precipitación anual total es de 14 cm.

1. **Leer gráficas** ¿Qué variable se grafica en el eje horizontal? ¿Y en el eje vertical?

2. **Interpretar datos** Repasa la gráfica. ¿Cómo describirías la temperatura en el curso de un año en la Localidad A? ¿Y en la Localidad B?

3. **Sacar conclusiones** Dados los datos de precipitación y temperatura de estas localidades, ¿en qué bioma esperarías encontrarte? Explica tus respuestas.

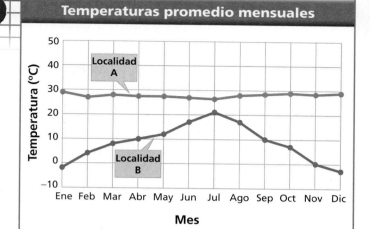

Temperaturas promedio mensuales

4. **Predecir** ¿Cuál esperarías que fuera la gráfica de la temperatura en tu bioma? Dibuja una gráfica de la temperatura en el bioma donde vives.

Sección 4 Evaluación

Destreza clave de lectura Comparar y contrastar
Toma la información de tu tabla sobre los biomas para responder a la pregunta 1.

Repasar los conceptos clave

1. a. **Hacer una lista** ¿Cuáles son los seis principales biomas de la Tierra?
   b. **Comparar y contrastar** ¿En qué se parecen los tres biomas de bosque (lluvioso, caducifolio y boreal)? ¿En qué se diferencian?
   c. **Inferir** ¿En qué bioma estarías si te encontraras en una llanura muy fría y seca con unas pocas plantas bajas en el entorno?

2. a. **Repasar** ¿Cuáles son los dos factores más importantes para determinar la zona de un bioma?
   b. **Relacionar causa y efecto** Si los desiertos y las tundras reciben la misma cantidad de lluvia, ¿por qué son tan diferentes?
   c. **Aplicar conceptos** ¿Por qué escalar una montaña es una buena manera de observar cómo el clima determina el bioma de una zona?

Escribir en ciencias

Crónica de primera mano Escoge uno de los biomas y escribe una entrada de diario en la que detalles las observaciones que hiciste durante tu expedición. Incluye descripciones de vistas, sonidos y olores que percibiste, además de detalles sobre los organismos observados. Concluye tu entrada con un hecho sorprendente que hayas aprendido sobre el bioma que visitaste.

Biomas en miniatura

Problema

¿Qué factores abióticos crean los biomas del mundo?

Destrezas aplicadas

observar, hacer modelos

Materiales

- tijeras
- envoltura de plástico transparente
- tarjetas (fichas)
- lámpara
- cinta adhesiva
- bote de leche de cartón, vacío y lavado
- engrapadora
- unas 30 semillas de centeno
- 10 semillas de alegría del hogar
- 5 semillas de lima
- suelo arenoso o tierra para macetas

Procedimiento

A. Tu maestro asignará un bioma a tu grupo. También vas a observar los modelos de biomas de otros grupos. Sobre la base de la tabla inferior, predice cómo crees que crecerá cada semilla en cada conjunto de condiciones. Anota estas predicciones en tu cuaderno. Luego copia los datos en la tabla de la página siguiente cuatro veces, una para cada bioma.

B. Engrapa la punta del bote de leche para cerrarlo. Recorta completamente uno de los lados del bote. Perfora algunos orificios en el lado opuesto para que drenen y coloca ese lado para abajo.

C. Llena el bote por la parte superior, con tres centímetros de tierra dado en la tabla. Divide la superficie del suelo en tres secciones trazando dos líneas con un lápiz.

D. En la sección cerca de la boca, planta las semillas de alegría del hogar. En la sección central planta las semillas de lima y en la tercera sección reparte por la superficie las semillas de centeno.

E. Riega bien las semillas. Luego cubre la parte abierta del bote con envoltura de plástico.

F. En una tarjeta escribe el nombre de tu bioma, los nombre de las tres clases de semillas en el orden en que las plantaste y los nombres de los integrantes de tu grupo. Pega la tarjeta al bote. Pon el bote en un lugar cálido donde no lo toquen.

G. Cuando las semillas broten, dale a tu bioma luz y agua según se especifica en la tabla. Deja cubierto el bote con la envoltura de plástico, excepto para regarlo.

H. Observa los modelos de biomas diariamente durante por lo menos una semana. Anota tus observaciones.

Condiciones de crecimiento			
Bioma	**Tipo de suelo**	**Horas de luz por día**	**Instrucciones de regado**
Bosque	Tierra para macetas	1 a 2 horas de luz directa	Deja secar la superficie; luego riega.
Desierto	Tierra arenosa	5 a 6 horas de luz directa	Deja que la tierra se seque a una profundidad de 2.5 cm.
Pradera	Tierra para macetas	5 a 6 horas de luz directa	Deja secar la superficie; luego riega.
Bosque lluvioso	Tierra para macetas	Sin luz directa; 5 a 6 horas de luz indirecta	Mantén húmeda la superficie de la tierra.

Datos de la tabla

Nombre del bioma: _____

Día	Alegría del hogar	Semilla de lima	Semilla de centeno
1			
2			
3			
4			
5			
6			
7			

Analiza y concluye

A. Observar ¿En qué modelo de bioma creció mejor cada tipo de semilla? ¿En qué modelo de bioma creció peor cada tipo de semilla?

B. Hacer modelos En este experimento, ¿cómo representaste los siguientes factores abióticos: luz, agua y temperatura?

C. Inferir ¿Qué efecto tuvo en cada clase de semilla el tipo de tierra, la cantidad de luz y la disponibilidad de agua?

D. Clasificar ¿Por qué crees que los ecólogos que estudian los biomas se enfocan en identificar las factores abióticos clave y las plantas características de una región?

E. Comunicar Explica en un párrafo cómo representan los biomas en miniatura a los biomas reales. ¿Qué características de los biomas reales representaste bien? ¿Qué características de los biomas reales fueron más difíciles de representar?

Diseña un experimento

Escribe un plan para preparar un modelo de un bosque tropical o un terrario de desierto. Incluye las plantas características que se encuentran en ese bioma. *Pide la aprobación de tu maestro antes de realizar tu investigación.*

Ecosistemas acuáticos

Avance de la lectura

Concepto clave

- ¿Cuáles son los dos principales ecosistemas acuáticos?

Términos clave

- estuario • zona intermareal
- zona nerítica

 Destreza clave de lectura

Hacer un esquema Mientras lees, haz un esquema sobre los tipos de ecosistema acuático. Usa los encabezados en rojo para las ideas principales y los azules para los detalles de apoyo.

Ecosistemas acuáticos
I. Ecosistemas de agua dulce
A. Arroyos y ríos
B.
II. Ecosistemas marinos
A.

FIGURA 21

Ecosistema de un río
Arroyos y ríos son ecosistemas de agua dulce en los que el agua fluye en una corriente. El oso y las gaviotas disfrutan de la abundancia de peces del río.

Actividad Descubre

¿Dónde vive?

1. El organismo de la foto vive en una laguna. Mira atentamente su cuerpo.
2. Piensa en cómo se mueve el organismo y de qué manera come.

Reflexiona

Observar Haz una lista de las características de un organismo con las que sobreviva en su hábitat. Con cada característica, describe cómo sirve para su función.

Ninguna expedición alrededor del mundo estaría completa sin explorar las aguas de la Tierra. Como casi tres cuartas partes de la superficie de la Tierra están cubiertas de agua, no causa sorpresa cuánto haya para ver. Muchos seres vivos tienen su hogar en el agua o en las cercanías. **Tus viajes te llevarán a dos tipos de ecosistemas acuáticos: ecosistemas de agua dulce y ecosistemas marinos (de agua salada).**

Todos los ecosistemas acuáticos sufren la influencia de los mismos factores abióticos: luz solar, temperatura, oxígeno y contenido de sal. La luz solar es un factor especialmente importante en los ecosistemas acuáticos. La luz del Sol es necesaria para la fotosíntesis en el agua tanto como en la tierra. Sin embargo, como el agua absorbe la luz solar, sólo cerca de la superficie o en aguas someras hay luz suficiente para hacer la fotosíntesis. Los productores más comunes de los ecosistemas acuáticos no son plantas, sino algas.

Ecosistemas de agua dulce

Aunque la mayor parte de la superficie terrestre está cubierta de agua, sólo una pequeña fracción es agua dulce. Los ecosistemas de agua dulce comprenden arroyos, ríos, lagunas y lagos. En esta parte de tu expedición descubrirás que los ecosistemas de agua dulce son hábitats de una sorprendente variedad de organismos, desde algas microscópicas hasta osos enormes.

Arroyos y ríos Tu primera parada es un arroyo de montaña. Donde el arroyo comienza, el agua fresca y transparente fluye rápidamente. Los animales que viven ahí están adaptados a la corriente fuerte. Por ejemplo, los insectos y otros animales pequeños tienen ganchos o ventosas para aferrarse a las rocas. Las truchas tienen cuerpos aerodinámicos que les permiten nadar a pesar del empuje del agua. Pocas plantas o algas crecen en estas aguas rápidas. Entonces, los consumidores de primer nivel aprovechan las hojas y semillas que caen en la corriente.

A medida que fluye el arroyo se le suman otros arroyos. La corriente se desacelera y el agua se enturbia. Las aguas más lentas son tibias y contienen menos oxígeno. Ahora el arroyo grande puede llamarse río. Muchos organismos están adaptados a la vida en un río. Las plantas arraigan entre los guijarros del fondo del río. Estos productores son el alimento de insectos jóvenes y hogar para ranas y sus renacuajos. Estos consumidores proveen alimento a muchos consumidores más grandes.

Lagos y lagunas Tu siguiente parada es una laguna. Lagos y lagunas son masas inmóviles de agua dulce. Los lagos son más grandes y profundos que las lagunas. Las lagunas son tan someras que la luz llega al fondo incluso en el centro, de modo que ahí pueden crecer plantas. En cambio, en la mayoría de los lagos y las lagunas grandes las algas que flotan en la superficie son los principales productores.

Muchos animales están adaptados para la vida en las aguas inmóviles. En la orilla de las lagunas se observan libélulas, tortugas, caracoles y ranas. Los peces luna viven dentro del agua y se alimentan de insectos y algas de la superficie. Carroñeros como los bagres viven cerca del fondo. Bacterias y otros descomponedores también se alimentan de los restos de otros organismos.

Verifica tu lectura ¿Cuáles son los dos factores abióticos que afectan a los organismos de un arroyo?

FIGURA 22
Un ecosistema de laguna
Las lagunas y lagos son ecosistemas de agua dulce caracterizados por aguas inmóviles. Flores de agua y garzas son organismos característicos de las lagunas.
Interpretar fotografías *¿Por qué la garza está bien adaptada para su ambiente acuático?*

◄ Garceta tricolor

FIGURA 23
Ecosistemas marinos

El océano es hogar de varios ecosistemas. Factores como la temperatura del agua y la cantidad de luz determinan qué organismos viven en cada zona.

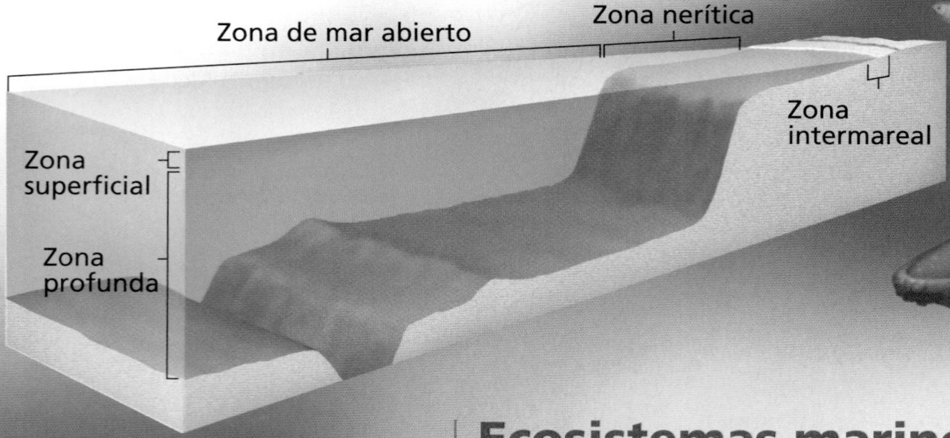

Zona de mar abierto

Zona de mar abierto

Zona nerítica

Zona intermareal

Zona superficial

Zona profunda

Ecosistemas marinos

La expedición ahora se dirige a la costa para explorar ecosistemas marinos. De camino, pasas por un estuario. Un **estuario** es un lugar donde el agua dulce de un río desemboca en el agua salada del mar. Algas y plantas como hierbas de las marismas dan alimento y refugio a numerosos animales, como cangrejos, gusanos, almejas y peces. Muchos animales toman como territorio de cría las aguas tranquilas de los estuarios.

Zona intermareal Luego das un paseo por la costa rocosa. Aquí, entre la línea superior de la marea alta y la línea inferior de la marea baja está la **zona intermareal.** Los organismos deben ser capaces de sobrevivir al azote de las olas y a los cambios en el nivel del agua y de temperatura que sobrevienen con las mareas altas y bajas. Observas animales como percebes y estrellas de mar aferradas a las rocas. Otros, como almejas y cangrejos se entierran en la arena.

Zona nerítica Ahora es tiempo de salir al mar. La orilla de un continente se extiende hacia el océano por una distancia corta, como una concha. Debajo de la línea de la marea baja hay una región de agua somera llamada **zona nerítica,** que se extiende sobre la corteza continental.

Como la luz solar pasa por el agua somera de la zona nerítica, puede ocurrir la fotosíntesis. Por tanto, esta zona es particularmente abundante en seres vivos. Muchos bancos de peces, como sardinas, se alimentan de algas. En aguas marinas cálidas se llegan a formar arrecifes de coral. Los arrecifes de coral proveen hogares para una gran variedad de organismos.

Zona nerítica

Zona intermareal

Mar abierto En el mar abierto, la luz penetra sólo a una profundidad de pocos cientos de metros. Las algas realizan la fotosíntesis en esta región del mar abierto que se llama zona superficial. Los animales marinos, como atunes, peces espada y algunas ballenas, dependen de la comida de las algas.

La zona profunda se encuentra por debajo de la zona superficial. La zona profunda está casi totalmente a oscuras. La mayoría de los animales de esta zona de alimentan de los restos de organismos que se hunden de la superficie. Las partes más hondas de la zona profunda son el hogar de animales de aspecto extraño, como calamares gigantes con ojos que brillan en la oscuridad.

Go Online

SciLINKS NSTA

Para: Vinculos sobre ecosistemas acuáticos, disponible en inglés.
Visita: www.SciLinks.org
Código Web: scn-0525

 Verifica tu lectura | **¿Qué dos diferencias hay entre la zona superficial y la zona profunda?**

Sección 5 Evaluación

Destreza clave de lectura Hacer un esquema
Usa la información de tu esquema sobre los ecosistemas acuáticos para responder a las preguntas.

Repasar los conceptos clave

1. a. Repasar Señala los dos tipos principales de ecosistemas acuáticos.
b. Explicar ¿Por qué la luz solar es un factor abiótico importante en todos los ecosistemas acuáticos?
c. Predecir ¿Esperarías encontrar muchos organismos en el fondo de un lago profundo? Explica.

Lab zone Actividad En casa

Fotos acuáticas Busca fotos de dos ecosistemas acuáticos. Toma notas de semejanzas y diferencias entre los ecosistemas y los organismos que viven ahí. Luego explica esas características a un familiar.

Laboratorio de destrezas

El cambio en una comunidad diminuta

Problema

¿Cómo cambia con el tiempo la comunidad de una laguna?

Destrezas aplicadas

observar, clasificar

Materiales

- solución de heno
- agua de laguna
- frasco pequeño de comida para bebé
- lápiz de cera
- gotero de plástico
- portaobjetos
- cubreobjetos
- microscopio

Procedimiento

1. Con un lápiz de cera anota tu nombre en un frasco pequeño.

2. Llena tres cuartas partes del frasco con la solución de heno. Añade agua de laguna hasta que esté casi lleno. Examina la mezcla y anota tus observaciones en tu cuaderno.

3. Coloca el frasco en un lugar seguro fuera de la luz directa, donde nadie lo toque. Siempre lávate muy bien las manos con jabón después de manejar el frasco o su contenido.

4. Después de dos días, examina el contenido del frasco y anota tus observaciones.

5. Con un gotero de plástico toma unas gotas de la superficie de la solución en el frasco. Haz una preparación siguiendo los procedimientos del recuadro de la derecha. **PRECAUCIÓN:** *Los portaobjetos y cubreobjetos son frágiles y sus bordes están afilados. Manéjalos con cuidado.*

6. Examina el portaobjetos bajo un microscopio, usando las dos resoluciones y sigue los procedimientos del recuadro de la derecha. Dibuja los organismos que observes. Calcula el número de organismos que hay en tu muestra. En la ilustración inferior se muestran algunos de los organismos que quizá veas.

7. Repite los pasos 5 y 6 con una gota de solución tomada de un lado del frasco, debajo de la superficie.

8. Repite los pasos 5 y 6 con una gota de solución tomada del fondo del frasco. Cuando termines, sigue las instrucciones del maestro sobre la limpieza.

9. Después de tres días, repite los pasos 5 a 8.

10. Después de otros tres días, repite una vez más los pasos 5 a 8. Luego sigue las instrucciones del maestro para desechar la solución.

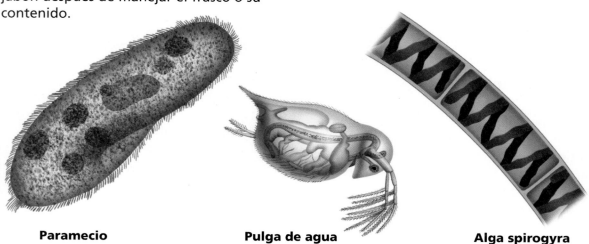

Paramecio   **Pulga de agua**   **Alga spirogyra**

Prepara y ve un portaobjetos

A. Coloca una gota de la solución que vas a examinar en medio de un portaobjetos. Coloca un borde del cubreobjetos al borde de la gota, como se muestra en la foto. Baja suavemente el cubreobjetos sobre la gota. Trata de no atrapar burbujas de aire.

B. Coloca el portaobjetos en la platina del microscopio de modo que la gota esté sobre el orificio de la platina. Ajusta las pinzas para sostener el portaobjetos.

C. Mira de lado el microscopio y usa la perilla de ajuste rápido para acercar el objetivo de baja potencia, pero no toques el portaobjetos.

D. Mira por el ocular y usa la perilla de ajuste rápido para elevar el tubo y acercar la preparación. Enfoca el portaobjetos con la perilla de ajuste fino.

E. Para ver la preparación con la mayor resolución, mira de lado el microscopio y gira el portaobjetivos hasta que el objetivo de alta potencia quede justo encima de la preparación, pero sin tocarla.

F. Mientras ves por el ocular, usa la perilla de ajuste fino para enfocar la preparación.

Analiza y concluye

1. **Clasificar** Identifica todos los organismos posibles, de los que observaste. Usa los diagramas de la página de al lado y todos los recursos que te dé el maestro.

2. **Observar** ¿Cómo cambió la comunidad con el tiempo en que hiciste tus observaciones?

3. **Inferir** ¿Qué factores bióticos y abióticos influyeron en los cambios de esta comunidad? Explica.

4. **Desarrollar hipótesis** ¿De dónde proceden los organismos que observaste en el frasco?

5. **Comunicar** Sobre la base de lo que observaste en esta práctica de laboratorio, explica en un párrafo por qué cambian gradualmente los ecosistemas. No te olvides de comentar los factores importantes que produjeron los cambios del sistema.

Diseña un experimento

Escribe una hipótesis sobre lo que sucedería si cambiaras un factor biótico o abiótico en esta actividad. Diseña un plan para comprobar tu hipótesis. *Pide permiso a tu maestro antes de realizar la investigación.*

1 El flujo de energía en los ecosistemas

Conceptos clave

- Todos los organismos de un ecosistema cumplen la función energética de productor, consumidor o descomponedor.
- El movimiento de energía por un ecosistema se indica en diagramas llamados cadenas y redes alimentarias.
- La mayor parte de la energía está disponible en el nivel del productor de la pirámide de la energía. A medida que se asciende en la pirámide, cada nivel tiene menos energía disponible que el anterior.

Términos clave

productor
consumidor
herbívoro
carnívoro
omnívoro
carroñero
descomponedor
cadena
    alimentaria
red alimentaria
pirámide
    de la energía

2 Ciclos de la materia

Conceptos clave

- Los procesos de evaporación, condensación y precipitación forman el ciclo del agua.
- En los ecosistemas, los procesos por los que se reciclan el carbono y el oxígeno están unidos. Los productores, consumidores y descomponedores cumplen funciones en el reciclaje del carbono y el oxígeno.
- En el ciclo del nitrógeno, el nitrógeno pasa del aire al suelo, a los seres vivos y de vuelta.

Términos clave

ciclo del agua
evaporación
condensación
precipitación
fijación del nitrógeno

3 Biogeografía

Conceptos clave

- Un factor que ha afectado la distribución de las especies es el movimiento de los continentes de la Tierra.
- La dispersión puede ser causada por viento, agua o seres vivos, incluyendo a los humanos.
- Tres factores que limitan la dispersión de una especie son las barreras físicas, la competencia y el clima.

Términos clave

biogeografía   especie exótica
deriva continental   clima
dispersión

4 Biomas

Conceptos clave

- Los seis biomas que más estudian los ecólogos son bosque lluvioso, desierto, pradera, bosque caducifolio, bosque boreal y tundra.
- Lo que determina el bioma de una zona es principalmente su clima (temperatura y precipitación).

Términos clave

bioma   sabana
bóveda arbórea   árbol caducifolio
sotobosque   árbol conífero
desierto   tundra
pradera   permagélido

5 Ecosistemas acuáticos

Concepto clave

- Hay dos clases de ecosistemas acuáticos: ecosistemas de agua dulce y ecosistemas marinos (de agua salada).

Términos clave

estuario
zona intermareal
zona nerítica

Repaso y evaluación

Go Online
PHSchool.com
Para: Una autoevaluación, disponible en inglés.
Visita: PHSchool.com
Código Web: cea-5020

Organizar la información

Ordenar en serie Copia el diagrama de ciclos sobre el ciclo del nitrógeno en una hoja aparte y complétalo. (Para más información sobre ordenar en serie, consulta el Manual de destrezas.)

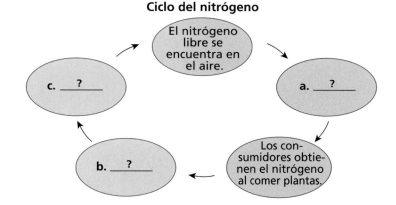

Ciclo del nitrógeno

- El nitrógeno libre se encuentra en el aire.
- a. ___?___
- Los consumidores obtienen el nitrógeno al comer plantas.
- b. ___?___
- c. ___?___

Repasar los términos clave

Elige la letra de la mejor respuesta.

1. ¿Cuáles de los siguientes organismos son descomponedores característicos?
   a. pastos y helechos
   b. hongos y bacterias
   c. ratones y venados
   d. leones y serpientes

2. Un diagrama en el que se indica cuánta energía hay en cada nivel trófico de un ecosistema se llama
   a. cadena alimentaria.
   b. red alimentaria.
   c. ciclo del agua.
   d. pirámide de la energía.

3. Cuando las gotas de agua de una nube se vuelven pesadas, caen a la Tierra como
   a. condensación.
   b. evaporación.
   c. permagélido.
   d. precipitación.

4. Los organismos se dispersan de las siguientes maneras *excepto* por
   a. viento.
   b. agua.
   c. temperatura.
   d. otros organismos.

5. Buena parte de Canadá está cubierta de bosques de abetos y píceas. El invierno es frío y largo. ¿Cuál es este bioma?
   a. tundra
   b. bosque boreal
   c. bosque caducifolio
   d. pradera

Si la oración es verdadera, escribe *verdadera.* Si es falsa, cambia la palabra o palabras subrayadas para hacer verdadera la oración.

6. Un organismo que come los restos de organismos muertos se llama herbívoro.

7. El estudio del lugar donde viven los organismos se llama deriva continental.

8. La precipitación y la temperatura son los dos principales factores abióticos que determinan qué plantas crecen en una zona.

Escribir en ciencias

Entrada de la enciclopedia Escribe una entrada de enciclopedia de media página sobre la vida en el desierto. Describe por lo menos dos plantas y animales que vivan en el desierto. Concéntrate en las adaptaciones con las que estos organismos prosperan en el ambiente difícil.

DiSCOVery CHANNEL **SCHOOL**

Ecosystem and Biomes
Video Preview
Video Field Trip
▶ **Video Assessment**

Repaso y evaluación

Verificar los conceptos

9. Nombra y describe las tres funciones energéticas que cumplen los organismos de un ecosistema.

10. ¿En qué se diferencian las cadenas y las redes alimentarias?

11. ¿Cuál es la fuente de energía de la mayoría de los ecosistemas? Explica.

12. Describe la función de las bacterias fijadoras de nitrógeno en el ciclo del nitrógeno.

13. Explica el efecto de la competencia en la dispersión de las especies.

14. ¿Por qué el bosque lluvioso tropical sostiene tantas especies?

15. ¿En qué bioma se encuentran herbívoros grandes como elefantes y cebras? Explica.

16. ¿Qué factores abióticos son importantes en los ecosistemas acuáticos?

Pensamiento crítico

17. **Inferir** Los osos polares están muy bien adaptados a la vida en el océano Ártico. Su pelaje blanco los oculta en la nieve. Soportan temperaturas de congelamiento durante mucho tiempo. Pueden nadar y cazar en aguas muy frías. ¿La distribución de los osos polares está limitada por barreras físicas, competencia o clima? Explica tu respuesta.

18. **Comparar y constrastar** ¿En qué se parecen el bosque lluvioso tropical y el bosque lluvioso templado? ¿En qué se diferencian?

19. **Predecir** Un derrame químico ha acabado con las algas en una parte de la zona superficial del mar abierto. ¿Qué efecto tendrá este accidente en las redes alimentarias de esa zona?

20. **Clasificar** ¿Qué organismos de la ilustración son productores? ¿Cuáles son consumidores?

Aplicar destrezas

Usa la siguiente ilustración de una red alimentaria para responder a las preguntas 21 a 24.

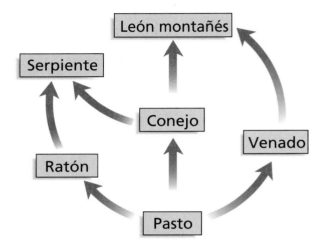

21. **Interpretar diagramas** ¿Qué organismo de la red alimentaria cumple el papel de productor?

22. **Clasificar** Especifica si los consumidores de esta red alimentaria son de primero, segundo o tercer nivel.

23. **Inferir** ¿Qué nivel de la red alimentaria dispone de más energía?

24. **Predecir** Si una enfermedad matara a la mayoría de los conejos de la zona, predice el efecto que tendría en serpientes, venados y leones.

Lab zone · Proyecto del capítulo

Evaluación del desempeño Prepara un informe, cartel u otro producto en el que presentes claramente tus datos y conclusiones de tu experimento de descomposición. En tu cuaderno, compara tus resultados con tus predicciones sobre los diversos materiales de desecho de la mezcla de abono. ¿Te sorprendieron los resultados? A partir de lo que aprendiste en tu proyecto y los de tus compañeros, haz una lista de las condiciones ideales para la descomposición.

Sugerencia para hacer la prueba

Interpretar un diagrama

Cuando respondas a preguntas sobre un diagrama, examínalo atentamente incluyendo los nombres. Pregúntate de qué trata el diagrama y qué indica. Asegúrate de que entiendes el significado de las flechas. Por ejemplo, las flechas del diagrama indican la dirección del flujo de energía de los productores a los consumidores en una cadena alimentaria.

Pregunta de ejemplo

En la cadena alimentaria que se muestra en el diagrama, ¿cuál de los siguientes organismos obtiene su energía directamente de las ranas?

A el pasto   **B** el saltamontes

C la serpiente   **D** el búho

Respuesta

La respuesta correcta es **C**. Si se observan las flechas del diagrama, se ve que la energía fluye en la cadena directamente de la rana a la serpiente.

Elige la letra de la mejor respuesta.

1. Te encuentras en una zona de Maryland donde el agua dulce de la bahía de Chesapeake se encuentra con el océano Atlántico. ¿En qué hábitat te encuentras?

A una zona nerítica   **B** una zona intermareal

C un estuario   **D** la tundra

2. ¿Qué dos términos se aplicarían al mismo organismo?

F carnívoro y productor

G descomponedor y consumidor

H carroñero y herbívoro

J carnívoro y consumidor

3. Tus compañeros y tú acaban de preparar un terrario en un frasco con grava, tierra húmeda, plantas de hojas y musgo. Al día siguiente de que sellaron el frasco, observaron unas gotitas de agua en el interior. ¿Qué proceso habría formado las gotas?

A evaporación   **B** condensación

C precipitación   **D** escurrimiento superficial

Usa el diagrama de la pirámide de la energía y tus conocimientos de ciencias para responder a las preguntas 4 y 5.

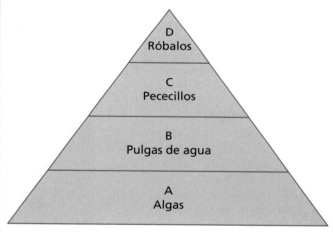

4. ¿Qué organismos son los productores en este ecosistema?

F algas   **G** olominas

H pulgas de agua   **J** róbalos

5. ¿En qué nivel de la pirámide se dispone de MENOS energía?

A nivel A   **B** nivel B

C nivel C   **D** nivel D

Respuesta estructurada

6. Explica cómo se interrelacionan los procesos por los que el carbono y el oxígeno circulan por la atmósfera.

Recursos vivientes

Los arrecifes de coral son los ecosistemas marinos más diversificados. ▶

Lab zone™ Proyecto del capítulo

El espectáculo de la variedad

En el proyecto de este capítulo vas a convertirte en ecólogo cuando estudies la diversidad de la vida en una pequeña parcela. Recuerda que el área que estudiarás tiene apenas una muestra diminuta de la enorme variedad de organismos que viven en la Tierra.

Tu objetivo Observar la diversidad de organismos en una parcela

Para completar este proyecto debes
● delimitar una parcela de 1.5 por 1.5 metros
● llevar un registro de tus observaciones de las condiciones abióticas
● identificar las especies de organismos que observas
● seguir las reglas de seguridad del Apéndice A

Haz un plan Busca la ubicación de tu parcela. Con la aprobación de tu maestro, delimita una parcela que mida 1.5 metros por lado. Prepara un cuaderno para anotar tus observaciones incluyendo fecha, hora, temperatura ambiental y otras condiciones meteorológicas. También incluye espacio para dibujos o fotografías de los organismos de tu parcela.

Problemas en el medio ambiente

Avance de la lectura

Conceptos clave
- ¿Cuáles son las categorías generales de los problemas ambientales?
- ¿Cómo equilibran necesidades y preocupaciones quienes toman las decisiones?

Términos clave
- recurso natural
- recurso renovable • recurso no renovable • contaminación
- ciencias del medio ambiente

Destreza clave de lectura
Identificar ideas principales
Mientras lees la sección sobre Tipos de problemas ambientales, escribe la idea principal en un organizador gráfico como el que sigue. Luego escribe tres detalles de apoyo que den ejemplos de la idea principal.

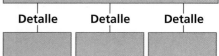

Idea principal

Tres tipos de problemas ambientales son...

Detalle	Detalle	Detalle

Actividad Descubre

¿Cómo decides?

1. En una hoja aparte, anota tres problemas ambientales que te parezcan muy importantes hoy en día.
2. Junto a cada problema que hayas anotado, escribe la razón para considerarlo importante.
3. Forma un grupo con tres compañeros. Intercambien sus listas. Decidan en grupo cuáles son los problemas más importantes.

Reflexiona
Formular definiciones operativas A partir del análisis en grupo, ¿cómo definirías *problema ambiental*?

Resuelve esta adivinanza: ¿Qué es mayor que Estados Unidos y México juntos, está cubierto por más de dos kilómetros de hielo, es el único hábitat de muchos animales y es una fuente de petróleo, carbón y hierro? La respuesta es la Antártida. Algunas personas creen que la Antártida es una tierra baldía y helada. Pero ahí hay hábitats de fauna exclusivos, además de minerales valiosos bajo la gruesa capa de hielo.

Entonces, la pregunta es cuál es el mejor aprovechamiento de la Antártida. Muchas personas quieren llegar a los ricos yacimientos de minerales y petróleo. Otros temen que la extracción dañe sus delicados ecosistemas. Diversas personas proponen construir hoteles, parques y estaciones de esquí, pero otras piensan que la Antártida debe permanecer intacta. Ni siquiera está claro quién debe decidir el futuro de la Antártida.

En 1998, 26 naciones acordaron prohibir la extracción y la exploración petrolera en la Antártida por lo menos durante 50 años. De seguro continuará el debate, pues los recursos se hacen escasos en otras partes.

1000 a. C. Aproximadamente 50 millones

1 d. C. Aproximadamente 285 millones

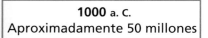

Tipos de problemas ambientales

El debate sobre el futuro de la Antártida es uno de los problemas ambientales que enfrentamos en la actualidad. **Los problemas ambientales se dividen en tres categorías generales: aprovechamiento de recursos, crecimiento demográfico y contaminación.** Como están relacionados, es muy difícil estudiar y resolver estos tres problemas.

Aprovechamiento de recursos Todos los elementos del ambiente que aprovechamos se llaman **recursos naturales.** Algunos recursos son renovables. Los **recursos renovables** siempre están disponibles o se renuevan en un plazo relativamente breve. Los recursos renovables son la luz solar, el viento, el agua dulce y los árboles. Algunas personas piensan que los recursos renovables son inagotables, pero en el caso de algunos no es verdad. Por ejemplo, si se talan árboles más rápidamente de lo que vuelven a crecer, el suministro de este recurso disminuye y puede llegar a terminarse.

Los recursos naturales que no se sustituyen en un plazo útil se llaman **recursos no renovables.** Cuando se consumen recursos no renovables, como el carbón y el petróleo, el suministro mengua.

Crecimiento demográfico En la Figura 1 se muestra cómo ha cambiado la población en los últimos 3,000 años. Se observa que la población creció muy lentamente hasta alrededor del año 1650 d. C., cuando los avances en la medicina, agricultura y eliminación de desechos comenzaron a alargar la vida de las personas. Desde entonces, la población humana ha crecido cada vez más rápido. Sin embargo, los científicos no esperan que lo haga tan deprisa en el futuro.

Cuando una población crece, la demanda de recursos también se incrementa. ¿Ha habido en tu localidad escasez de agua? Si es así, habrás notado que se pidió a la gente que restringiera su consumo de agua. Esto pasa a veces en las zonas de crecimiento demográfico acelerado. El suministro de agua en estas zonas se había diseñado pensando en menos personas de las que hay, así que a veces se da una escasez cuando el tiempo es anormalmente cálido o seco.

> **2000 d. C.**
> Aproximadamente 6 mil millones

FIGURA 1
Crecimiento de la población humana
En la actualidad viven más de 6,000 millones de personas en la Tierra.
Hacer generalizaciones
¿Cómo ha cambiado la población humana en los últimos 1,000 años?

> **1000 d. C.**
> Aproximadamente 300 millones

Para: Enlaces sobre el ambiente, disponible en inglés.
Visita: www.SciLinks.org
Código Web: scn-0531

Contaminación La polución del suelo, agua o aire de la Tierra se llama **contaminación.** La contaminación es causada por varios factores, como sustancias químicas, desechos, ruido, calor y luz. La contaminación destruye la fauna y trae problemas de salud a los seres humanos.

La contaminación se relaciona con el aprovechamiento de los recursos. Como quizá sabes, la combustión de la gasolina libera contaminantes al aire. Si hay más autos en las calles, se quema más gasolina, así que hay más contaminantes al aire.

La contaminación también se relaciona con el crecimiento demográfico. Por ejemplo, cuando las poblaciones crecen y hay que alimentar a más personas, se usan más fertilizantes y otras sustancias químicas para producir esos alimentos. Cuando las sustancias químicas escurren del terreno, pueden contaminar las masas de agua.

 Verifica tu lectura ¿Qué tres factores causan contaminación?

Ciencias e **historia**

Marcar la diferencia
¿Puede una persona cambiar lo que piensa la gente? Los líderes de esta línea cronológica han influido en la manera como pensamos sobre los temas ambientales.

1905 Gifford Pinchot
El científico forestal Gifford Pinchot fue nombrado el primer director del Servicio Forestal de Estados Unidos. Su meta es administrar científicamente los bosques para satisfacer las necesidades de madera actuales y futuras.

1890 John Muir
Las acciones de John Muir, escritor de la naturaleza de California, llevan al establecimiento del Parque Nacional de Yosemite.

1903 Theodore Roosevelt
El presidente Theodore Roosevelt establece el primer Refugio Nacional de la Fauna en la isla Pelícano de Florida, para proteger al pelícano pardo.

| 1880 | 1900 | 1920 |

Las decisiones ambientales

Ocuparse de los temas ambientales significa tomar decisiones. Estas decisiones pueden hacerse en los planos personal, local, nacional o mundial. Tu decisión de caminar a la casa de tu amigo en lugar de ir en auto la tomas en el plano personal. La decisión de un ayuntamiento sobre cómo disponer la basura se hace en el plano local. La decisión sobre si Estados Unidos deben extraer petróleo de un refugio de la fauna es una decisión tomada en el plano nacional. Las decisiones sobre cómo proteger la atmósfera de la Tierra se dan en el plano mundial.

Todas las decisiones tienen algún efecto en el ambiente. Tus decisiones personales sobre qué comer o cómo viajar tienen un efecto pequeño, pero cuando las decisiones personales de millones de individuos se combinan, tienen una consecuencia enorme en el ambiente.

Escribir en ciencias

Analizar y escribir Averigua más sobre una de las personas de este cronograma. Escribe una breve biografía de esa persona para explicar cómo se introdujo en los temas ambientales. ¿Qué obstáculos superó para alcanzar su meta?

1962 Rachel Carson
La bióloga Rachel Carson escribe *Silent Spring* (Fuente silenciosa) en el que describe los efectos nocivos de los pesticidas en el ambiente. El libro aumenta la conciencia sobre cómo las actividades humanas afectan al ambiente.

1969 Marjory Stoneman Douglas
A los 79 años, la periodista Marjory Stoneman Douglas funda Amigos de los Everglades. Esta organización popular se dedica a conservar el ecosistema único de Florida. Stoneman siguió trabajando por los Everglades hasta su muerte en 1998.

1949 Aldo Leopold
Se publica, *A Sand County Almanac* (Almanaque del condado Sand) poco después de la muerte de su autor, Aldo Leopold. En este libro clásico se vincula la administración de la fauna con la ciencia de la ecología.

1977 Wangari Maathai
La bióloga Wangari Maathai fundó el Movimiento del Cinturón Verde para alentar la reforestación de los bosques de Kenia y otras naciones africanas.

1940   1960   1980

FIGURA 2

Aprovechamiento de recursos

En las decisiones sobre los terrenos sin urbanizar se deben sopesar los costos y los beneficios. Aquí se muestran algunos beneficios de los parques.

Beneficios escénicos El parque es un lugar hermoso y apacible donde podemos hacer excursiones y observar aves.

Beneficios económicos Los árboles y otros recursos del parque dan trabajo a taladores y constructores.

El equilibrio de las necesidades Los legisladores trabajan con muchos grupos para tomar las decisiones ambientales. Uno de esos grupos es el de los científicos ambientales. Las **ciencias del medio ambiente** abarcan el estudio de los procesos naturales del entorno y del efecto que causan en ellos los seres humanos. Pero los datos que ofrecen los ecólogos son sólo parte del proceso de toma de decisiones.

Las decisiones ambientales requieren establecer un equilibrio delicado entre las necesidades del ambiente y las necesidades de las personas. **Para equilibrar las diversas opiniones sobre un tema ambiental, quienes toman las decisiones tienen que sopesar los costos y beneficios de una propuesta.**

Tipos de costos y beneficios Los costos y los beneficios suelen ser económicos. ¿Creará empleos una propuesta? ¿Costará demasiado dinero? Pero los costos y beneficios no se miden sólo en términos de dinero. Por ejemplo, supongamos que un estado tiene que decidir si permite la tala en un parque. Derribar árboles cambia el ecosistema, lo cual es un costo ecológico. Pero dar empleos y satisfacer la necesidad de madera, tiene un beneficio económico.

También es importante considerar los costos y beneficios a corto y largo plazo de una decisión ambiental. Los beneficios a largo plazo pueden superar los costos a corto plazo de un plan.

Sopesar costos y beneficios Ya que se identificaron los posibles costos y beneficios de una decisión, hay que analizarlos. Consideremos los costos y beneficios de extraer petróleo en la Antártida. Habría muchos costos. Sería muy caro iniciar las perforaciones en un lugar tan frío y remoto. Transportar el petróleo también sería difícil y costoso. Un derrame en el mar de la Antártida dañaría a los peces, pingüinos y focas de la región.

Sendero de la Vista al Valle

Lago del
Águila

Sendero del
Pico del Monte

• Pico Calvo
1,530 pies
466 m

Beneficios recreativos Los ríos del parque son ideales para pescar.

Beneficios ecológicos El parque tiene hábitats para muchos animales, plantas y otros organismos.

Por otro lado, habría beneficios de extraer petróleo en la Antártida. La extracción proveería un nuevo suministro de petróleo para producir calor, electricidad y transporte. Si el suministro de petróleo mundial fuera mayor, el precio caería y el petróleo estaría al alcance de más personas. El plan también crearía muchos trabajos nuevos. ¿Los beneficios de extraer petróleo en la Antártida superarían los costos? Ésta es la pregunta que deben hacerse los legisladores antes de tomar decisiones ambientales.

 Verifica tu lectura ¿Cuáles son los dos tipos de costos y beneficios?

Sección 1 Evaluación

Destreza clave de lectura Identificar ideas principales Usa tu organizador gráfico sobre los problemas ambientales para responder a la pregunta 1.

Repasar los conceptos clave

1. a. Identificar ¿Cuáles son los tres tipos principales de problemas ambientales?
   b. Explicar ¿Por qué el crecimiento demográfico es un problema ambiental?
   c. Relacionar causa y efecto ¿Qué efecto tendría el crecimiento de la población en el suministro de árboles, que son un recurso renovable? Explica tu respuesta.
2. a. Repasar ¿Por qué es útil para quienes toman decisiones sopesar los costos y beneficios?

b. Clasificar Nombra un costo económico y uno no económico de extraer petróleo en la Antártida. Menciona un beneficio.
c. Emitir un juicio Supongamos que eres un líder del mundo y que enfrentas el asunto de extraer petróleo en la Antártida. ¿Qué decisión tomarías? Da las razones de tu decisión.

Escribir en ciencias

Carta convincente Escribe una carta al director en la que expreses tu punto de vista sobre si deben permitirse los botes de motor en un lago de tu localidad. En tu carta debes mostrar claramente cómo sopesaste los costos y los beneficios para llegar a tu punto de vista.

El reciclaje del papel

Problema

¿Es el papel un recurso renovable?

Destrezas aplicadas

observar, predecir

Materiales

- periódico
- microscopio
- agua
- batidor de huevos
- bandeja cuadrada
- colador
- envoltura de plástico
- tazón para mezclar
- libro pesado
- portaobjetos

Procedimiento

1. Arranca un trozo pequeño de periódico. Colócalo en el portaobjetos y examínalo bajo el microscopio. Anota tus observaciones.

2. Rompe una hoja de periódico en trozos del tamaño de un timbre postal. Mete los trozos en el tazón. Añade suficiente agua para cubrir el tazón y deja la mezcla reposar toda la noche.

3. Al día siguiente, añade más agua para cubrir el papel, si fuera necesario. Con la batidora, mezcla el papel húmedo hasta que se sienta uniforme. Este líquido espeso se llama pulpa de papel.

4. Coloca el colador en el fondo de la bandeja. Vierte la pulpa en el colador, repartiendo uniformemente. Luego levanta el colador sobre la bandeja para que escurra la mayor parte del agua.

5. Coloca el colador y la pulpa sobre varias capas de periódico para que absorba el resto del agua. Coloca una hoja de envoltura de plástico sobre la pulpa. Pon un libro pesado sobre la envoltura de plástico para sacar más agua de la pulpa.

6. Después de 30 minutos, quita el libro. Voltea con cuidado el colador, la envoltura de plástico y la pulpa. Quita el colador y la envoltura de plástico. Deja la pulpa en el periódico uno o más días para que se seque. Si es necesario, cambia las capas de periódico.

7. Cuando la pulpa esté seca, obsérvala de cerca. Anota tus observaciones.

Analiza y concluye

1. **Observar** ¿Qué estructuras observaste cuando examinaste el periódico rasgado bajo el microscopio?

2. **Inferir** ¿De qué están hechas esas estructuras? ¿De dónde vienen?

3. **Predecir** ¿Qué crees que pase con las estructuras que observaste cuando se recicla el papel? ¿Qué efecto crees que tiene en el número de veces que el papel puede reciclarse?

4. **Comunicar** A partir de lo que aprendiste en esta actividad de laboratorio, ¿crees que el papel debe clasificarse como recurso renovable o no renovable? Defiende tu respuesta con pruebas y razonamientos lógicos.

Diseña un experimento

Con procedimientos semejantes a los de esta práctica de laboratorio, diseña un experimento para reciclar tres tipos de papel, como papel brillante de revistas, servilletas y cartulina. *Pide permiso a tu maestro antes de hacer tu investigación.* ¿En qué difieren los papeles resultantes?

Bosques y pesquerías

Avance de la lectura

Conceptos clave
- ¿Cómo se administran los bosques como recursos renovables?
- ¿Cómo se administran las pesquerías para que den un rendimiento sostenible?

Términos clave
- tala total
- tala selectiva
- rendimiento sostenible
- pesquería • acuicultura

Destreza clave de lectura

Usar el conocimiento previo
Antes de leer, escribe lo que sabes sobre los recursos forestales y oceánicos en un organizador gráfico. Mientas lees, escribe lo que aprenda.

Lo que sabes
1. Los bosques dan madera y papel.
2.

Lo que aprendiste
1.
2.

◄ **Periódicos listos para reciclar**

Lab zone **Actividad** Descubre

¿Qué pasó con el atún?

1. Usa los datos de la gráfica para hacer una gráfica lineal. Anota los ejes de la gráfica y escribe un título. (Para repasar las gráficas, consulta el Manual de destrezas.)
2. Marca los puntos superior e inferior de la gráfica.

Reflexiona
Inferir Describe los cambios en la población de atún durante este período. ¿Se te ocurre alguna razón para estos cambios?

Año	Población de atún rojo en el Atlántico occidental
1970	218,000
1975	370,000
1980	67,000
1985	58,000
1990	46,000
1995	63,000
2000	67,000

A primera vista, un roble y un atún rojo no tienen mucho en común. Uno es un vegetal y el otro un animal. Uno vive en tierra y el otro en el mar. Sin embargo, los robles y los atunes son recursos vivos. De los robles obtenemos muebles, madera y corcho. El atún es fuente de alimento para las personas.

Todos los días consumes muchos productos hechos de organismos vivos. En esta sección vas a leer sobre dos de los principales tipos de recursos vivos: bosques y pesquerías.

Recursos forestales

Los bosques contienen muchos recursos valiosos. Muchos productos están hechos de las frutas, semillas y otras partes de plantas de los bosques. Algunos de esos productos, como la miel de arce, el caucho y las nueces provienen de árboles vivos. Otros, como la madera y la pulpa para hacer papel, requieren talar árboles. Los árboles coníferos, como el pino y la pícea, se usan para construcción y para hacer papel. Las maderas duras, como roble, cerezo y arce, sirven para muebles por su fuerza y belleza.

Los árboles y las plantas producen oxígeno que los organismos necesitan para sobrevivir. También absorben el dióxido de carbono y muchos contaminantes del aire. Los árboles evitan inundaciones y controlan la erosión del suelo. Sus raíces absorben el agua de lluvia y retienen el suelo.

Administración de los bosques

En Estados Unidos hay aproximadamente 300 millones de hectáreas de bosques. Es casi un tercio de la superficie de todo el país. Muchos bosques se encuentran en terrenos públicos. Otros pertenecen a individuos o a compañías privadas de madera y papel. Las industrias forestales de Estados Unidos dan trabajo a más de un millón de personas.

Ya que es posible plantar árboles nuevos para sustituir a los que se talan, los bosques pueden ser recursos renovables. El Servicio Forestal de Estados Unidos y las organizaciones ambientales trabajan con las compañías forestales para conservar esos recursos. Tratan de crear métodos de tala para mantener los bosques como recursos forestales.

Métodos de tala Hay dos principales métodos de tala: tala total y tala selectiva. La **tala total** es el proceso de cortar de una vez todos los árboles de una zona. Derribar sólo algunos árboles de un bosque y dejar una combinación de tamaños y especies de árboles se llama **tala selectiva.**

Go Online
active art

Para: Actividad de métodos de tala, disponible en inglés.
Visita: PHSchool.com
Código Web: cep-5032

FIGURA 3
Métodos de tala

La tala total consiste en cortar de una vez todos los árboles de una zona.
Interpretar diagramas
¿Qué es la tala selectiva?

Bosque maduro

Tala total

Tala selectiva

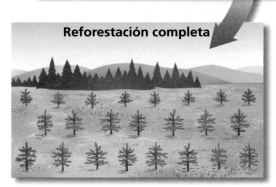

Reforestación completa

Reforestación diversificada

Cada método de tala tiene sus ventajas y desventajas. La tala total es más rápida y barata que la tala selectiva. También es más segura para los leñadores. En la tala selectiva, los leñadores deben mover equipo pesado y troncos entre los árboles que quedan del bosque. Pero la tala selectiva es menos dañina para el ambiente del bosque que la tala total. Cuando una zona del bosque se tala totalmente, el ecosistema cambia. Después de la tala total, el suelo queda expuesto al viento y la lluvia. Sin la protección de las raíces de los árboles, el viento o el agua acarrean el suelo, que al llegar a los arroyos daña a los peces y otros organismos que viven ahí.

Silvicultura sostenible Los bosques pueden administrarse para un rendimiento sostenible. Un **rendimiento sostenible** es una cantidad de un recurso renovable, como los árboles, que puede cosecharse periódicamente sin reducir el abastecimiento futuro. La silvicultura sostenible es como el intercambio de libros: si donas un libro cada vez que tomas uno, el volumen total de libros no se verá afectado. Plantar un árbol para sustituir uno que se cortó es como donar un libro para sustituir otro prestado.

En la silvicultura sostenible, después de retirar los árboles se plantan otros nuevos. Los árboles deben plantarse a menudo para mantener un suministro constante. Las especies crecen a ritmos distintos. Los bosques con especies de rápido crecimiento, como pinos, pueden explotarse y plantarse cada 20 ó 30 años. En cambio, algunos bosques de maderas duras, como nogal, roble y cerezo, se explotan cada 40 a 100 años. Un método sostenible es talar espacios pequeños del bosque. De esta manera, se pueden explotar secciones distintas cada año.

Madera certificada El Consejo del Cuidado de los Bosques es una organización internacional dedicada a la administración sostenible de los bosques. Esta organización vigila la certificación de los bosques que están bien administrados y ofrecen buenas condiciones laborales a los trabajadores. Cuando se certifica un bosque, su madera puede llevar la etiqueta "bien administrado". Esta etiqueta permite a empresas e individuos elegir madera de bosques administrados para tener rendimientos sostenibles.

 **Verifica tu lectura** ¿Qué es un rendimiento sostenible?

FIGURA 4
Silvicultura sostenible
Las prácticas de silvicultura sostenible abarcan la plantación de árboles jóvenes después de recoger los maduros.

Pesquerías

Una zona con una población grande de organismos marinos valiosos se llama **pesquería.** Algunas de las principales pesquerías son los Grandes Bancos de las costas de Terranova, el Banco Georges frente a Nueva Inglaterra y el Cañón Monterey en California. Estas pesquerías son recursos renovables valiosos.

Hasta hace poco las pesquerías parecían un recurso ilimitado. Las aguas tenían enormes bancos de peces y éstos se reproducían en cantidades increíbles. Un solo bacalao puede poner hasta nueve millones de huevos en un solo año. Pero se ha descubierto que este recurso es limitado. Después de muchos años de capturas grandes, el número de sardinas en las costas de California se redujo súbitamente. Lo mismo ocurrió con los enormes bancos de bacalao de Nueva Inglaterra. ¿Qué produjo estos cambios?

Los peces fueron capturados más rápidamente de lo que criaban, así que la población mermó. Esta situación se conoce como pesca excesiva. Los científicos estiman que el 70 por ciento de las principales pesquerías del mundo están sobreexplotadas. Pero si las poblaciones de peces se recuperan, otra vez se puede obtener un rendimiento sostenible. **Administrar las pesquerías para que den un rendimiento sostenible incluye aplicar estrategias como fijar límites a la pesca, cambiar los métodos de pesca, establecer técnicas de acuicultura y encontrar recursos nuevos.**

Límites a la pesca Las leyes pueden prohibir la pesca de ciertas especies. También pueden limitar el número o el tamaño de los peces que se puede capturar o exigir que se capturen peces de ciertos tamaños. Estas leyes aseguran que los peces jóvenes sobrevivan lo suficiente para reproducirse y que no se capturan todos los peces adultos. Sin embargo, si una pesquería ha sido muy explotada, el gobierno puede prohibir la pesca completamente hasta que las poblaciones se recuperen.

Calcular

En un año reciente, la captura total de peces en el mundo fue de 112.9 millones de toneladas métricas. Basándote en los datos siguientes, calcula el porcentaje de este total que capturó cada país.

País	Captura (millones de toneladas métricas)
China	24.4
Japón	6.8
Estados Unidos	5.6
Perú	8.9

FIGURA 5
Pesquerías
Aunque las pesquerías son recursos renovables, hay que administrarlas para que den rendimientos sostenibles o los peces podrían agotarse.

Métodos de pesca En la actualidad muchas tripulaciones pesqueras usan redes con mallas anchas para que los peces jóvenes, más pequeños, escapen. Además, las leyes regulan muchas otras prácticas. Algunos métodos de pesca están prohibidos, como el envenenamiento de peces con cianuro o aturdirlos haciendo explotar dinamita bajo el mar. Estas técnicas dañan a todos los peces de una zona, más que a los peces selectos.

Acuicultura La práctica de criar peces y otros organismos marinos con fines de alimentación se llama **acuicultura.** Los peces pueden criarse en estanques o bahías artificiales. Salmón, bagre y camarón se cultivan de esta manera en Estados Unidos.

Sin embargo, la acuicultura no es la solución perfecta. Los estanques y bahías artificiales reemplazan hábitats naturales como las marismas salinas. El mantenimiento de estas granjas contamina y propaga enfermedades entre las especies silvestres de peces.

Nuevos recursos En la actualidad, unas 9,000 especies de peces se capturan para fines de alimentación. Más de la mitad de las proteínas animales que se consumen en todo el mundo vienen de peces. Una manera de alimentar a la creciente población humana es pescar especies nuevas. Científicos y chefs colaboran para introducir especies de mares profundos, como el pejesapo y el blanquillo, así como peces de agua dulce fáciles de criar como el tilapia.

 ¿Qué es la acuicultura?

FIGURA 6
Acuicultura
La acuicultura ayuda a satisfacer la demanda de peces. En esta granja piscícola de Hawai se cría tilapia.
Aplicar conceptos ¿Qué costos y beneficios trae la acuicultura?

Sección 2 Evaluación

Destreza clave de lectura Usar el conocimiento previo Repasa tu organizador gráfico y corrígelo con lo que aprendiste en esta sección.

Repasar los conceptos clave

1. a. Repasar ¿Por qué los bosques se consideran recursos renovables?

b. Comparar y contrastar ¿En qué difiere la tala total de la tala selectiva?

c. Desarrollar hipótesis Caminas por una sección totalmente talada días después de una lluvia intensa. Un arroyo cercano está muy lodoso y tiene muchos peces muertos. ¿Qué pudo haber sucedido?

2. a. Hacer una lista Señala cuatro maneras de administrar las pesquerías para que den rendimientos sostenibles.

b. Explicar ¿Cuáles son las dos clases de leyes que regulan la pesca? ¿Cómo ayudan a garantizar la salud de una pesquería?

c. Predecir ¿Qué pasaría con la población de una pesquería al paso del tiempo si se capturaran todos los peces grandes? Explica.

Lab zone Actividad En casa

Estudio de los recursos renovables Con un familiar, realiza un estudio de "Silvicultura y pesquería" de tu hogar. Haz una lista de todas las cosas hechas de productos de madera o de pesquerías. Luego pide a otros familiares que predigan cuántos artículos hay en la lista. ¿Les sorprende la respuesta?

Tres cuentos de secciones

Problema

¿Qué revelan las secciones de los árboles sobre su pasado? Una sección de un árbol es un corte del tronco que contiene información sobre la edad del árbol, las condiciones meteorológicas y los incendios que pasó durante su vida.

Destrezas aplicadas

observar, inferir, interpretar datos

Materiales

- sección de árbol
- lápices de colores
- regla en centímetros
- calculadora (opcional)
- lupa

Procedimiento

1. Tu maestro te dará una sección de árbol. Examínala con una lupa. Haz un diagrama simple de tu sección. Anota el tronco, anillos y centro, o médula.

2. Observa los anillos claros y oscuros. El anillo claro es resultado del crecimiento acelerado en la primavera. El anillo oscuro, cuando las células son menores, es resultado del crecimiento más lento en verano. Cada par de anillos claro y oscuro representan un año de crecimiento, por lo que cada par se llama anillo anual. Observa y cuenta los anillos anuales.

3. Compara las partes de primavera y verano de los anillos anuales. Identifica los anillos más delgados y los más gruesos.

4. Mide la distancia del centro al borde externo del último anillo de verano. Este es el radio de tu sección. Anota tu medición.

5. Mide la distancia del centro al borde externo del décimo anillo de verano. Anota tu medición.

6. Examina tu sección en busca de otras evidencias de su historia, como daños en el tronco o marcas de fuego. Anota tus observaciones.

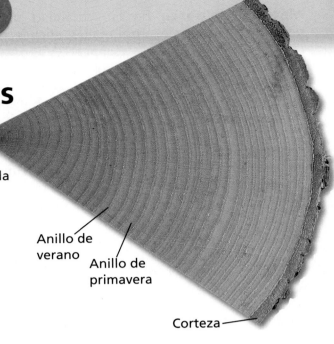

Médula

Anillo de verano

Anillo de primavera

Corteza

Analiza y concluye

1. **Inferir** ¿Qué edad tiene tu árbol? ¿Cómo lo sabes?

2. **Calcular** ¿Qué porcentaje del crecimiento del árbol tuvo lugar durante sus primeros diez años? *(Pista:* divide la distancia del centro al décimo anillo de crecimiento entre el radio y multiplica por 100. Esto da el porcentaje de crecimiento durante los primeros 10 años.)

3. **Observar** Compara los anillos de primavera y verano del mismo año. Postula una explicación.

4. **Interpretar datos** ¿Por qué los anillos anuales son más estrechos unos años que otros?

5. **Comunicar** Con las pruebas de tu sección, escribe un párrafo en el que resumas la historia del árbol. Asegúrate de incluir todos los detalles posibles en tu resumen.

Diseña un experimento

Supongamos que tienes secciones de otros dos árboles de la misma especie, que crecieron cerca de los tres anteriores. Escribe un plan para verificar las interpretaciones que hiciste en este laboratorio. *Pide permiso a tu maestro antes de hacer tu investigación.*

Avance de la lectura

Conceptos clave

- ¿En qué sentido es valiosa la biodiversidad?
- ¿Qué factores afectan la biodiversidad de una zona?
- ¿Qué actividades humanas amenazan la biodiversidad?
- ¿Cómo puede protegerse la biodiversidad?

Términos clave

- biodiversidad • especie clave
- gen • extinción
- especie en peligro de extinción
- especie amenazada
- destrucción del hábitat
- fragmentación del hábitat
- caza ilegal
- reproducción en cautiverio

Destreza clave de lectura

Desarrollar el vocabulario
Después de leer esta sección, vuelve a leer los párrafos que contienen las definiciones de los términos clave. Usa toda la información que hayas aprendido para escribir una oración significativa con cada término clave.

Lab zone **Actividad** Descubre

¿Cuánta variedad hay?

1. Te darán dos vasos de semillas y dos platos de papel. Las semillas del vaso A representan los árboles de una parte de un bosque tropical. Las semillas del vaso B representan los árboles en una zona de un bosque caducifolio.

2. Vacía las semillas del vaso A en un plato. Clasifícalas por tipo. Cuenta cuántas semillas diferentes hay. Este número representa el número de árboles diferentes del bosque.

3. Repite el paso 2 con las semillas del vaso B.

4. Muestra tus resultados a la clase. Con los resultados de toda la clase, calcula el número promedio de clases de árboles de cada bosque.

Reflexiona
Inferir ¿En qué difieren las variedades de árboles de los dos bosques? ¿Puedes pensar en las ventajas de tener una gran variedad de especies?

Nadie sabe exactamente cuántas especies viven en la Tierra. Como se observa en la Figura 7, hasta la fecha se han identificado más de 1.5 millones de especies. El número de especies diferentes de una zona se llama **biodiversidad.** Es difícil estimar la biodiversidad total de la Tierra porque muchas zonas del planeta no están estudiadas completamente. Algunos expertos piensan que en el fondo del mar puede haber 10 millones de especies nuevas. Proteger la biodiversidad es un tema ambiental importante de nuestros días.

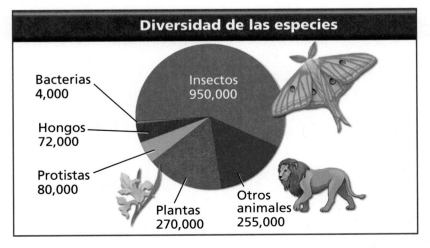

Diversidad de las especies

Bacterias
4,000

Insectos
950,000

Hongos
72,000

Protistas
80,000

Plantas
270,000

Otros animales
255,000

FIGURA 7
Organismos de muchas clases son parte de la biodiversidad de la Tierra. Interpretar datos ¿Qué grupo de organismos tienen el mayor número de especies?

El valor de la biodiversidad

Quizá te preguntes por qué es importante la biodiversidad. ¿Importa que en un bosque lluvioso remoto haya 50 ó 5,000 especies de helecho? ¿Es necesario proteger todas y cada una de esas especies?

Hay muchas razones de la importancia de conservar la biodiversidad. La razón más simple es que los organismos silvestres y los ecosistemas son fuente de belleza y recreación. **Además, la biodiversidad tiene valor económico y ecológico en un ecosistema.**

Valor económico Muchas plantas, animales y otros organismos tienen valor económico para los seres humanos. Además de proporcionar alimentos, estos organismos aportan materias primas para ropa, medicinas y otros productos. Nadie sabe cuántas especies útiles todavía no se identifican.

Los ecosistemas en los que viven los organismos también son económicamente valiosos. Por ejemplo, muchas compañías ofrecen recorridos de observación en bosques lluviosos, sabanas, cadenas montañosas y otros lugares. Este turismo de ecosistemas, o ecoturismo, es una fuente importante de trabajos y dinero para naciones como Brasil, Costa Rica y Kenia.

Figura 8
Valor económico de la biodiversidad
La biodiversidad de los bosques lluviosos y otros ecosistemas tiene un gran valor económico. Los organismos del bosque lluvioso son una fuente de muchos productos, como las pinturas de látex. El turismo de ecosistemas en países como Costa Rica abre muchos trabajos para la gente de las localidades.

Valor ecológico Todas las especies de un ecosistema están conectadas entre sí. Las especies dependen unas de otras para alimentarse y resguardarse. Un cambio que afecte a una especie afectará sin duda a las otras.

Algunas especies cumplen una función particularmente importante en sus ecosistemas. Una **especie clave** es una especie que influye en la supervivencia de muchas otras del ecosistema. Por ejemplo, las estrellas de mar de la Figura 9 se alimentan básicamente de los mejillones que viven en los estanques de las mareas. Cuando los científicos quitaron estrellas de mar de la zona, los mejillones comenzaron a competir con las otras especies de los estanques. Las estrellas de mar depredadoras mantienen controlada la población de mejillones, con lo que permiten que otras especies vivan. Si las estrellas de mar desaparecen, se destruye el equilibrio del sistema.

La nutria marina de la Figura 9 es otra especie clave. En el siglo XIX los cazadores mataron a casi todas las nutrias marinas de las costas del Pacífico para conseguir su piel. Como las nutrias estaban casi extintas, los erizos de mar que comían se reprodujeron incontrolablemente. La enorme población de erizos se comió todo el quelpo. Cuando se reintrodujeron nutrias en el ecosistema, depredaron a los erizos de mar. Al haber menos erizos, la población de quelpo se recuperó.

Verifica tu lectura ¿Qué es una especie clave?

FIGURA 10
Ecosistemas terrestres y marinos

Tres factores que afectan la biodiversidad de un ecosistema son la zona, las condiciones meteorológicas y la diversidad de nichos. **Hacer generalizaciones** *¿Qué factor es la causa más probable de la biodiversidad de los arrecifes de coral? ¿Y de los bosques lluviosos tropicales?*

Ecosistemas terrestres

Bosques lluviosos tropicales 7%

Aunque los bosques lluviosos tropicales comprenden apenas 7% de la superficie terrestre del planeta, son hogar de más del 50% de las especies del mundo.

Factores que influyen en la biodiversidad

La biodiversidad varía con los distintos lugares de la Tierra. **Los factores que afectan la biodiversidad de un ecosistema son la zona, el clima y la diversidad de los nichos.**

Zona En un ecosistema, una zona amplia contiene más especies que una pequeña. Por ejemplo, supongamos que cuentas las especies de árboles de un bosque. Encontrarás más especies en una zona de 100 metros cuadrados que en una de 10 metros cuadrados.

Clima En general, el número de especies aumenta de los polos al ecuador. Los bosques tropicales de América Latina, el sureste de Asia y el centro de África son los ecosistemas más diversos del mundo. Estos bosques cubren apenas el 7 por ciento de la superficie terrestre, pero contienen más de la mitad de las especies del mundo.

La razón de esta gran biodiversidad de los trópicos no se entiende completamente. Muchos científicos suponen que tiene que ver con el clima. Por ejemplo, los bosques tropicales tienen temperaturas constantes y grandes volúmenes de lluvia durante todo el año. Muchas plantas de esas regiones crecen todo el año. Esta temporada continua de crecimiento significa que siempre hay comida para otros organismos.

Ecosistemas marinos

Arrecifes de coral 1%

Aunque los arrecifes de coral abarcan menos del 1% de los mares de la Tierra, son hogar de aproximadamente el 20% de las especies marinas de peces.

Diversidad de los nichos Los arrecifes de coral comprenden menos de 1 por ciento del área oceánica, pero son el hogar de 20 por ciento de las especies marinas de peces del mundo. Los arrecifes de coral son el segundo ecosistema más diverso del mundo. Los arrecifes se encuentran en aguas someras y cálidas y a veces los llaman los bosques lluviosos del mar. Un arrecife sostiene muchos nichos para los organismos que viven bajo, en o entre los corales. Esto permite a más especies vivir en el arrecife que en un hábitat más uniforme, como un arenero llano.

Diversidad del reservorio génico

Así como la diversidad de las especies es importante en el ecosistema, también la diversidad es importante dentro de las especies. Los organismos de una población sana poseen una diversidad de rasgos. Características como el color, tamaño y la capacidad de combatir las enfermedades están determinadas por los genes. Los **genes** son las estructuras de las células de los organismos que transmiten la información hereditaria.

Los organismos reciben una combinación de genes de sus padres. Los genes determinan las características de un organismo, de su tamaño y apariencia para su capacidad de combatir las enfermedades.

Los organismos de una especie comparten muchos genes, pero cada organismo también tiene genes distintos de otros individuos. Estas diferencias individuales comprenden el "reservorio" génico total de las especies.

Las especies que no tienen un reservorio génico diverso son menos capaces de adaptarse a los cambios del ambiente. Por ejemplo, algunos cultivos alimenticios tienen poca diversidad. Una vez un hongo acabó con buena parte del cultivo de maíz de Estados Unidos. Por fortuna algunas variedades silvestres del maíz tenían genes que los hacían resistentes al hongo. Los científicos pudieron criar con esas variedades silvestres maíz que venciera al hongo. Una especie con un reservorio génico diverso es más capaz de sobrevivir a estas dificultades.

 **Verifica tu lectura** ¿Qué determinan los genes de un organismo?

FIGURA 11
Diversidad genética
Diversos genes dan a estas papas su variedad de colores. Tener un reservorio génico diverso ayuda a las especies a combatir las enfermedades y adaptarse a los cambios en su ambiente.

E ◆ 99

Extinción de las especies

La desaparición de todos los miembros de una especie de la Tierra se llama **extinción**. La extinción es un proceso natural, pero en los últimos siglos el número de especies extinguidas ha aumentado notablemente.

Cuando el tamaño de una población baja de cierto nivel, la especie ya no se recupera. Por ejemplo, en el siglo XIX había tres millones de palomas viajeras en Estados Unidos. La gente cazó cientos de miles de aves, que únicamente eran parte de la población total. Pero el resto no pudo reproducirse suficientemente para sostener la población. Hasta después de 1914, cuando la especie se extinguió, la gente se dio cuenta de que la especie no podía sobrevivir sin sus cifras enormes.

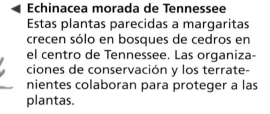

FIGURA 12

Especies en peligro de extinción

Una amplia gama de especies y hábitats se encuentran en la lista de especies en peligro de Estados Unidos.

◀ **Echinacea morada de Tennessee**
Estas plantas parecidas a margaritas crecen sólo en bosques de cedros en el centro de Tennessee. Las organizaciones de conservación y los terratenientes colaboran para proteger a las plantas.

Salamandra ▲ tigre de California
Los pueblos han desplazado buena parte del hábitat de esta salamandra. Las salamandras que quedan están en peligro de que las atropellen los autos o que las arrastre el desagüe.

◀ **Oso grizzly**
Este omnívoro necesita una zona grande para conseguir comida. La reducción de las zonas silvestres han limitado su número.

Las especies que están en riesgo de desaparecer pronto se llaman **especies en peligro de extinción.** Las especies que pueden ponerse en peligro en el futuro se llaman **especies amenazadas.** En todos los continentes y todos los mares se encuentran especies amenazadas y en peligro de extinción.

Algunas especies amenazadas o en peligro de extinción son animales muy conocidos, como el tigre o el panda gigante de China. Otras no se conocen, como las hutias, que son roedores que viven en algunas islas del Caribe. Garantizar la supervivencia de estas especies es una manera de proteger la biodiversidad de la Tierra.

Verifica tu lectura ¿Cómo ha cambiado en los últimos siglos el número de especies extintas?

▲ **Mariposa cola de golondrina**
Esta mariposa, amenazada por la pérdida del hábitat y la contaminación por pesticidas de los Cayos de Florida, casi fue exterminada en 1992 por el huracán Andrew.

Grulla blanca ▶
Amenazadas por la destrucción del hábitat y la enfermedad, la mitad de las grullas americanas que quedan están en zoológicos. Esta especie se recupera bien desde su punto más bajo en la década de 1940.

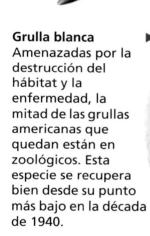

◀ **Chorlito silbador**
La población de esta ave costera se recupera gracias a que aumentó la protección de sus sitios de nidada en las dunas de arena.

León marino ártico ▶
El exceso de pesca ha reducido la fuente de alimentación de este mamífero. Otros factores también amenazan a la especie.

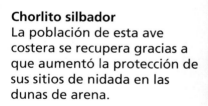

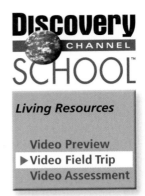

Causas de extinción

Un acontecimiento natural, como un terremoto o una erupción volcánica, puede dañar un ecosistema, acabar con poblaciones y aun especies. **Las actividades humanas también ponen en peligro la biodiversidad. Estas actividades son la destrucción de hábitats, caza ilegal, contaminación y la introducción de especies exóticas.**

Destrucción de hábitats La principal causa de la extinción es la **destrucción de los hábitats,** la pérdida de los hábitats naturales. Esto se da cuando los bosques se talan para construir pueblos o abrir zonas de pastoreo. Arar las praderas o secar los humedales cambia enormemente los ecosistemas. Algunas especies no consiguen sobrevivir a estos cambios de sus hábitats.

La **fragmentación de hábitats** consiste en dividir hábitats grandes en segmentos pequeños y aislados. Por ejemplo, construir un camino por un bosque trastorna los hábitats. Los árboles se vuelven más vulnerables al daño del viento. Las plantas tienen menos probabilidades de dispersar sus semillas. La fragmentación de hábitats también es muy nociva para los mamíferos grandes. Estos animales necesitan territorios grandes para encontrar suficiente comida para sobrevivir y quizá no encuentren bastantes recursos en una zona pequeña. También es posible que se lastimen al tratar de cruzar a otra zona.

Caza ilegal La muerte o sustracción furtiva de especies silvestres de su hábitat se llama **caza ilegal.** Muchos animales en peligro de extinción son cazados para tener su piel, pelaje, dientes, cuernos o garras. Los cazadores venden los animales que cazan. Las partes de los animales se usan para hacer medicinas, joyería, abrigos, cinturones y zapatos.

Las personas sacan ilegalmente a los organismos de sus hábitats para venderlos como mascotas exóticas. Peces tropicales, tortugas y pericos son mascotas muy populares, lo que las hace invaluables para los cazadores furtivos. A veces se excavan ilegalmente plantas en peligro de extinción y se venden como plantas de ornato o medicinales.

FIGURA 13
Caza ilegal
Estas guacamayas rojas en el zoológico de Costa Rica fueron rescatadas de cazadores furtivos que las pensaban exportar ilegalmente como mascotas. Los trabajadores del zoológico ayudan a devolver la salud a las aves para poder liberarlas en su hábitat.
Inferir ¿Por qué hay leyes que prohíben sacar de sus hábitats a las especies en peligro?

La recuperación del halcón peregrino de California

El halcón peregrino, el ave de presa más rápida del mundo, estaba casi extinta en Estados Unidos para 1970. El insecticida DDT había debilitado las cáscaras de los huevos del halcón, al grado de que casi nunca abrían. En 1972, el gobierno estadounidense prohibió el DDT. Usa la gráfica para responder a las preguntas sobre la población del halcón peregrino en California.

1. **Leer gráficas** ¿Qué variable está trazada en el eje x? ¿Qué variable está trazada en el eje y?

2. **Interpretar datos** ¿Cómo cambió la población del halcón peregrino de California de 1976 a 1998?

3. **Inferir** ¿Por qué crees que primero la población del halcón creció lentamente?

Población del halcón peregrino de California

Eje y: Número de parejas en cría (0–160)
Eje x: Año (1975–2000)

4. **Predecir** ¿Cómo sería esta gráfica si no se hubiera prohibido el DDT?

Contaminación Algunas especies están en peligro de extinción por la contaminación. Las sustancias que causan la contaminación, los contaminantes, llegan a los animales por el agua que beben o el aire que respiran. Los contaminantes también se asientan en el suelo. Ahí, los absorben las plantas y se acumulan en otros organismos de la cadena alimentaria. Los contaminantes matan o debilitan a los organismos o causan defectos congénitos.

Especies exóticas Introducir especies exóticas en un ecosistema amenaza la biodiversidad. Cuando los marineros europeos comenzaron a visitar Hawai hace cientos de años, los ratas de sus barcos escaparon a las islas. Sin depredadores locales, las ratas se multiplicaron rápidamente y se comieron los huevos de la barnacla hawaiana. Para proteger a estas aves, los pobladores trajeron mangostas de la India que se comieran las ratas y controlaran su población. Pero las mangostas prefirieron los huevos a las ratas. Como las ratas y las mangostas se comen los huevos, la barnacla hawaiana está ahora en peligro de extinción.

Verifica tu lectura ¿Qué es la caza ilegal?

FIGURA 14
Kudzu
El kudzu es una especie exótica llevada de Japón a Estados Unidos en 1876. Crece hasta 30 centímetros diarios, así que trepa rápidamente y estrangula árboles y arbustos locales nativos. También se apodera de construcciones abandonadas, como esta casa de Georgia.

FIGURA 15

Reproducción en cautiverio
Los programas de reproducción en cautiverio siguen un método científico para proteger a las especies en peligro. Los polluelos del cóndor de California criados en cautiverio tienen que aprender cómo son los cóndores adultos. Aquí, un científico alimenta y acicala a un polluelo con un muñeco. **Predecir** *¿Qué problemas enfrentan los animales criados por seres humanos cuando son liberados en la naturaleza?*

FIGURA 16
Una especie protegida
Las leyes que prohíben vender productos hechos de especies en peligro de extinción han servido para proteger animales como estos ocelotes. Alguna vez estos pequeños felinos quedaron al borde de la extinción por su pelaje.

La protección de la biodiversidad

Algunas personas que se esfuerzan por conservar la biodiversidad se enfocan en proteger a una especie en peligro de extinción. Otras tratan de proteger ecosistemas completos, como la Gran Barrera de Coral de Australia. **Tres métodos confiables para proteger la biodiversidad son la reproducción en cautiverio, leyes y tratados, y conservación del hábitat.**

Reproducción en cautiverio La **reproducción en cautiverio** consiste en aparear animales en zoológicos o reservas de la fauna. Los científicos cuidan a las crías y las liberan en la naturaleza cuando crecen.

La reproducción en cautiverio era la única esperanza para el cóndor de California, el ave más grande de América del Norte, que estuvo en peligro de extinción por la destrucción de su hábitat, caza ilegal y contaminación. En 1984 había sólo 15 cóndores de California. Los científicos los capturaron todos y los llevaron a los zoológicos para reproducirlos. En la actualidad existen más de 200 cóndores. Este programa fue exitoso, pero su costo ascendió a más de 20 millones de dólares. Es fácil ver cuáles son los inconvenientes de la reproducción en cautiverio.

Leyes y tratados Las leyes pueden proteger especies individuales. En Estados Unidos, la Ley de Especies en Peligro de Extinción prohíbe el comercio de productos hechos de especies amenazadas o en peligro y exige planes para salvar a estas especies. Los lagartos americanos y las tortugas marinas se recuperan gracias a la ley.

El más importante tratado internacional de protección de la fauna es la Convención sobre el Tráfico Internacional de Especies en Peligro de Extinción, que enumera más de 800 especies amenazadas y en peligro que no pueden ser vendidas. Tratados como éste son difíciles de aplicar. Sin embargo, el tratado ha servido para proteger a muchas especies en peligro de extinción, incluyendo los elefantes africanos.

Conservación del hábitat La manera más eficaz de conservar la biodiversidad es proteger ecosistemas completos. Proteger ecosistemas completos, además de que salva a las especies en peligro, también salva a las especies de las que éstas dependen y a las que dependen de ellas.

Desde 1872, con el Parque Nacional de Yellowstone, el primer parque nacional del mundo, muchos países han reservado hábitats silvestres como parques y refugios. Además, organizaciones privadas han comprado millones de hectáreas de hábitats en peligro de todo el mundo. En la actualidad hay aproximadamente 7,000 parques, reservas y refugios naturales en todo el mundo.

Para funcionar mejor, las reservas deben tener características de varios ecosistemas. Por ejemplo, deben ser bastante grandes para sostener a las poblaciones que viven ahí. Las reservas deben contener una variedad de nichos. Desde luego, también es necesario que el aire, tierra y agua estén limpios, controlar la caza ilegal y retirar las especies exóticas.

FIGURA 17
Conservación del hábitat
Conservar hábitats completos es una manera eficaz de proteger la biodiversidad. La conservación de los hábitats es el objetivo de parques nacionales como Yellowstone.

 Verifica tu lectura ¿Cuál es la manera más eficaz de conservar la biodiversidad?

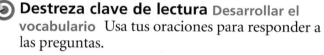

Sección 3 Evaluación

Destreza clave de lectura Desarrollar el vocabulario Usa tus oraciones para responder a las preguntas.

Repasar los conceptos clave

1. a. **Hacer una lista** ¿En qué dos sentidos es valiosa la biodiversidad?
   b. **Resolver un problema** ¿Qué razones económicas darías a los habitantes de un bosque lluvioso para conservar el ecosistema?

2. a. **Identificar** ¿Cuáles son los tres factores que afectan a la biodiversidad?
   b. **Explicar** ¿Cómo afectan la biodiversidad estos factores?
   c. **Desarrollar hipótesis** ¿Esperarías encontrar una gran diversidad en el bioma de tundra? ¿Por qué?

3. a. **Hacer una lista** Nombra cuatro actividades humanas que amenacen la biodiversidad.
   b. **Aplicar conceptos** Los osos negros pasan por una nueva urbanización en busca de comida, aunque el conjunto habitacional está rodeado por bosques. ¿Cómo explicarías el comportamiento de los osos?

4. a. **Repasar** ¿Cuáles son los tres métodos para proteger la biodiversidad?
   b. **Relacionar causa y efecto** Para cada método de protección de la biodiversidad, anota por lo menos un factor que pudiera limitar su éxito.
   c. **Emitir un juicio** Anota algunas maneras de enfrentar esas limitaciones.

Lab zone **Actividad En casa**

Refugios de las especies Consigue un mapa de tu comunidad o estado. Con un familiar, identifica cualquier parque, reserva o refugio municipal, estatal o nacional de tu localidad. Escoge un lugar y averigua si viven ahí especies amenazadas o en peligro de extinción. Luego prepara con lo que has aprendido una presentación de cinco minutos para tu clase.

Búsqueda de nuevos medicamentos

Avance de la lectura

Conceptos clave

- ¿Por qué los investigadores médicos quieren proteger la biodiversidad?
- ¿Cuáles son las principales fuentes vegetales de medicinas de los bosques tropicales?

Término clave

- taxol

Destreza clave de lectura

Formular preguntas Antes de leer repasa los encabezados. En un organizador gráfico como el que sigue, formula preguntas con *qué, cómo y por qué* sobre cada encabezado. Mientras lees, escribe las respuestas a tus preguntas.

La búsqueda de nuevas medicinas

Pregunta	Respuesta
¿Por qué es importante la biodiversidad para la medicina?	La biodiversidad es importante para la medicina porque...

Go Online
SciLINKS NSTA

Para: Vínculos sobre medicinas de las plantas, disponible en inglés.
Visita: www.SciLinks.org
Código Web: scn-0534

Lab zone **Actividad Descubre**

¿Cómo se extraen las sustancias químicas de las plantas?

1. Con un marcador negro dibuja un punto a unos 2 centímetros del extremo de una tira de papel de filtro.
2. Vierte unos centímetros de agua en un vaso de plástico transparente.
3. Pega el borde del papel de filtro a un lápiz. Coloca el lápiz atravesado sobre el vaso de modo que el punto quede por debajo de la superficie del agua. Si es necesario, gira el lápiz para ajustar la longitud del papel.
4. Observa lo que pasa con el punto negro.

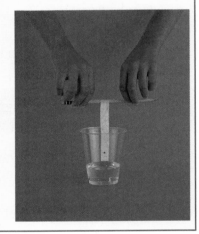

Reflexiona

Observar ¿Cuántos colores de tinta separaste de la tinta negra? Este proceso es un modelo de cómo se separan las sustancias químicas de las plantas.

Te calzas las botas de excursión y cargas en hombros tu bolsa de recolección. Es hora de emprender otra jornada de búsqueda en el bosque frío y húmedo. Pisas con cuidado para evitar el lodo y avanzas entre árboles gigantes de hojas perennes. Las ramas cubiertas de agujas forman un techo espeso sobre tu cabeza. Troncos podridos cubiertos de helechos, brotes y hongos de colores brillantes revisten tu camino. Escudriñas la zona en busca de signos reveladores de lo que quieres. ¿Qué buscas? Una planta que puede salvar vidas.

Están en el bosque lluvioso templado del noroeste del Pacífico. Muchos de sus árboles gigantes tienen más de 200 años. Como los bosques lluviosos tropicales, los lluviosos templados son ecosistemas diversos. Contienen muchas especies que no se encuentran en ninguna otra parte. Algunas son raras o están en peligro, como la trucha toro, la salamandra olímpica y la planta, capaz de salvar vidas, que buscas: el árbol tejo del Pacífico.

Biodiversidad y medicina

Siempre se han estudiado las plantas por su capacidad de curar heridas, combatir enfermedades y aliviar el dolor. Por ejemplo, la aspirina procedía originalmente de la corteza del sauce. En la actualidad, la sustancia activa de la aspirina puede sintetizarse en el laboratorio.

Casi la mitad de todas las medicinas que se venden hoy en día contienen sustancias químicas que se encontraban originalmente en organismos silvestres. Por ejemplo, la digitalina, una sustancia para tratar ciertos problemas cardiacos, viene de las hojas de la dedalera, una planta de jardín ordinaria. El estudio de otra planta, la vicaria blanca, ha producido dos tratamientos eficaces contra el cáncer. A partir de esta planta con flores, los investigadores han producido vincristina, un medicamento para la leucemia infantil, y vinblastina, un medicamento para la enfermedad de Hodgkin.

¿Qué otras medicinas quedan por descubrir en los bosques, mares y otros lugares de la Tierra? **En 1995, la Asociación Médica Americana convocó a proteger la biodiversidad de la Tierra. Su objetivo es conservar las medicinas que estén sin descubrir en la naturaleza.** Gobiernos, científicos y compañías privadas colaboran para hallar especies nuevas y estudiar las especies conocidas en todo el mundo. Se esfuerzan por encontrar fuentes nuevas de medicamentos contra las enfermedades.

 Verifica tu lectura ¿De qué planta se hacía la aspirina?

FIGURA 18
Biodiversidad y medicina
Los científicos estudian los organismos para identificar nuevas fuentes de medicinas contra las enfermedades. **Predecir** *¿Cómo afectaría la extinción de las especies en las medicinas nuevas?*

▼ **Dedalera:** fuente de medicinas para el corazón

▲ **Caballito de mar caribeño:** fuente posible de analgésicos y tratamientos contra el cáncer

▲ **Vicaria blanca:** fuente de tratamientos contra el cáncer

FIGURA 19
Tejo del Pacífico
Mientras estudiaban la resistencia del tejo del Pacífico a enfermedades e insectos, los científicos descubrieron el taxol.
Desarrollar hipótesis *¿Por qué necesita tal resistencia el tejo del Pacífico?*

La historia del taxol

Las plantas de muchos ecosistemas producen sustancias químicas que las defienden de depredadores, parásitos y enfermedades. Esta capacidad es resultado de la adaptación de las plantas a su ambiente. En los bosques tropicales, donde tantos organismos se las comen, las plantas tienen muchas adaptaciones para protegerse. **Algunas sustancias químicas protectoras que producen las plantas de los bosques lluviosos también sirven para combatir las enfermedades humanas.**

El tejo del Pacífico El tejo del Pacífico crece en el bosque templado. Es muy resistente a muchas enfermedades e insectos que se encuentran ahí. Los científicos comenzaron el estudio de la corteza del tejo del Pacífico para averiguar por qué es tan dura. Cuando separaron las sustancias químicas de la corteza, descubrieron cristales inusitados. Estos cristales están compuestos por una sustancia llamada **taxol,** la sustancia que protege al tejo del Pacífico.

El taxol como tratamiento del cáncer Los científicos realizaron experimentos con taxol en el laboratorio. En los experimentos se mostró que los cristales de taxol afectan las células cancerosas de manera rara. Por lo común, las células cancerosas crecen y se dividen muy rápidamente. Este crecimiento acelerado forma una masa de células llamadas tumor. Cuando las células cancerosas quedan expuestas al taxol, éste forma estructuras que parecen cajas diminutas alrededor de cada célula. Estas estructuras impiden que las células cancerosas se dividan. Por consiguiente, el cáncer no crece ni se propaga.

Después de más investigaciones, los médicos estuvieron listos para probar el taxol en pacientes de cáncer. Los tratamientos con taxol consiguieron reducir ciertos tipos de tumores. A veces incluso impidieron que el cáncer se generalizara en el cuerpo. Ahora el taxol se usa para tratar a miles de pacientes de cáncer cada año.

FIGURA 20
Sobrevivientes del cáncer
Estas mujeres sobrevivieron al cáncer de mama. Es probable que algunas de ellas hayan recibido tratamiento con taxol.

El suministro de taxol Como la demanda de taxol aumentó rápidamente, muchos científicos se sintieron preocupados sobre la provisión de tejos del Pacífico. Se necesita la corteza de tres tejos para producir suficiente taxol para sólo un tratamiento de un paciente de cáncer. Sin la corteza, el tejo no sobrevive. Además, cuando los investigadores descubrieron el valor del taxol como fármaco contra el cáncer, habían desaparecido grandes secciones de los bosques templados donde crecen los tejos.

En la actualidad la corteza del tejo del Pacífico ya no se usa para fabricar taxol. Los químicos se empeñaron durante muchos años en reproducir la compleja estructura química del taxol en el laboratorio y finalmente lo lograron a mediados de 1990. Este descubrimiento garantizó un buen abasto de taxol para el futuro. También sirvió para proteger al resto de los tejos del Pacífico para las generaciones futuras.

 **Verifica tu lectura** ¿Por qué era importante para los científicos encontrar un medio de hacer más taxol en el laboratorio?

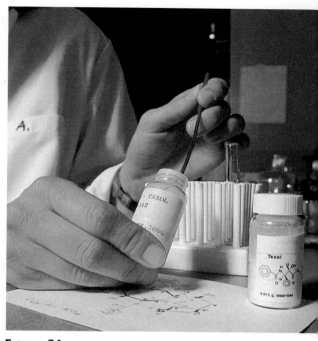

FIGURA 21
El suministro de taxol
Por su compleja estructura química, los científicos tardaron muchos años en crear taxol en el laboratorio.

Sección 4 Evaluación

Destreza clave de lectura Formular preguntas Usa las respuestas a las preguntas que escribiste sobre los encabezados para responder a las preguntas que siguen.

Repasar los conceptos clave

1. a. **Repasar** ¿Por qué la Asociación Médica Americana pidió la protección de la biodiversidad de la Tierra?
   b. **Inferir** ¿Crees que los científicos hayan identificado todas las plantas silvestres con usos medicinales? ¿Por qué?
   c. **Predecir** Supongamos que muchas plantas silvestres se extinguen en poco tiempo. ¿Qué efecto tendría esto en la investigación médica? Explica tu respuesta.

2. a. **Identificar** ¿Qué adaptaciones de las plantas del bosque tropical las hacen fuentes probables de medicinas?
   b. **Explicar** ¿Qué planta es la fuente de taxol y cuál es la función del taxol en esta planta?
   c. **Comparar y contrastar** ¿Cuál es el efecto del taxol en los tumores cancerosos? ¿De qué manera este efecto es semejante a la función del taxol en la planta?

Escribir en ciencias

Noticia periodística Supón que eras periodista de la sección de salud del periódico en la época en que el taxol se lanzó como tratamiento contra el cáncer. Escribe una noticia de dos párrafos sobre el taxol. En el primer párrafo, comenta el descubrimiento del taxol. En el segundo, describe cómo impide el taxol la diseminación del cáncer.

① Problemas en el medio ambiente

Conceptos clave

- Los problemas ambientales se dividen en tres categorías generales: aprovechamiento de recursos, crecimiento demográfico y contaminación.
- Para equilibrar las diversas opiniones sobre un problema ambiental, quienes toman las decisiones tienen que sopesar los costos y beneficios de una propuesta.

Términos clave

recurso natural	contaminación
recurso renovable	ciencias del medio
recurso no renovable	ambiente

② Bosques y pesquerías

Conceptos clave

- Ya que es posible plantar árboles nuevos para sustituir a los que se talan, los bosques pueden ser recursos renovables.
- Administrar las pesquerías para que den un rendimiento sostenible incluye fijar límites a la pesca, cambiar los métodos de pesca, crear técnicas de acuicultura y encontrar nuevos recursos.

Términos clave

tala total
tala selectiva
rendimiento
 sostenible
pesquería
acuicultura

③ Biodiversidad

Conceptos clave

- La biodiversidad tiene valor económico y ecológico en un ecosistema.
- Los factores que afectan la biodiversidad de un ecosistema son la zona, el clima y la diversidad de los nichos.
- Las actividades humanas también ponen en peligro la biodiversidad. Estas actividades son la destrucción del hábitat, caza ilegal, contaminación y la introducción de especies exóticas.
- Tres métodos confiables para proteger la biodiversidad son la reproducción en cautiverio, leyes y tratados, y conservación del hábitat.

Términos clave
biodiversidad
especie clave
gen
extinción
especie en peligro
 de extinción
especie amenazada
destrucción del hábitat
fragmentación del hábitat
caza ilegal
reproducción en cautiverio

④ Búsqueda de nuevos medicamentos

Conceptos clave

- En 1995, la Asociación Médica Americana convocó a proteger la biodiversidad de la Tierra. Su objetivo es conservar las medicinas que estén sin descubrir en la naturaleza.
- Algunas sustancias protectoras que producen las plantas de los bosques lluviosos también sirven para combatir las enfermedades humanas.

Término clave
taxol

Repaso y evaluación

Go Online
PHSchool.com

Para: Una autoevaluación, disponible en inglés.
Visita: PHSchool.com
Código Web: cea-5030

Organizar la información

Hacer un mapa de conceptos
Copia el mapa de conceptos sobre la biodiversidad en una hoja de papel aparte. Luego complétalo y ponle un título. (Para más información sobre hacer un mapa de conceptos, consulta el Manual de destrezas.)

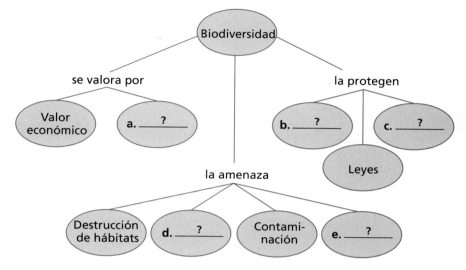

Biodiversidad

se valora por — Valor económico — a. ____?____

la protegen — b. ____?____ — c. ____?____ — Leyes

la amenaza — Destrucción de hábitats — d. ____?____ — Contaminación — e. ____?____

Repasar los términos clave

Elige la letra de la mejor respuesta.

1. La contaminación del aire, suelo y agua de la Tierra se llama
   a. extinción.
   b. acuicultura.
   c. contaminación.
   d. destrucción del hábitat.

2. La práctica de criar peces para alimento se llama
   a. acuicultura.
   b. pesca excesiva.
   c. caza ilegal.
   d. reproducción en cautiverio.

3. Los ecosistemas más diversos del mundo son
   a. arrecifes de coral.
   b. desiertos.
   c. praderas.
   d. bosques tropicales.

4. Si todos los miembros de una especie desaparecen de la Tierra, la especie queda
   a. extinta.
   b. en peligro.
   c. en renovación.
   d. amenazada.

5. La manera más eficaz de conservar la biodiversidad es mediante
   a. fragmentación de hábitats.
   b. destrucción de hábitats.
   c. conservación de hábitats.
   d. reproducción en cautiverio.

6. El taxol, que originalmente provenía del tejo del Pacífico, es un medicamento que se usa contra
   a. enfermedades cardiacas.   b. cáncer.
   c. enfermedades del hígado.   d. diabetes.

Escribir en ciencias

Diálogo La población de salmón en una zona del mar se ha reducido notablemente. Los pescadores se ganan la vida con la pesca del salmón. Escribe un diálogo en el que un ecólogo y un pescador tratan de encontrar una solución al problema.

DISCOVERY CHANNEL SCHOOL

Living Resources
Video Preview
Video Field Trip
▶ Video Assessment

Repaso y evaluación

Verificar los conceptos

7. ¿Qué es un recurso renovable? ¿Qué es un recurso no renovable?

8. Describe cómo se toman las decisiones ambientales.

9. ¿Cómo se relaciona con la silvicultura la idea de un rendimiento sostenible? ¿Cómo se aplica a las pesquerías?

10. Describe una manera en la que se puede evitar la pesca excesiva.

11. ¿Por qué es importante la diversidad del reservorio génico para la supervivencia de las especies?

12. Explica cómo la destrucción de un hábitat afecta a las especies.

13. Describe la importancia de la biodiversidad para la investigación de medicamentos.

Pensamiento crítico

14. **Relacionar causa y efecto** Explica cómo afecta el crecimiento de la población humana el aprovechamiento de recursos y la contaminación.

15. **Comparar y contrastar** ¿Qué método de tala se muestra abajo? Compara los efectos de este método con los de la tala selectiva.

16. **Hacer generalizaciones** Describe cómo una especie exótica puede amenazar a otras especies de un ecosistema.

17. **Predecir** ¿Cómo afectará tu vida dentro de 20 años la extinción de una especie hoy?

18. **Inferir** ¿Por qué tantas medicinas para humanos están hechas de sustancias químicas de las plantas?

Aplicar destrezas

Usa la tabla para responder a las preguntas 19 a 23.

Se realizó un estudio para encontrar las razones de que especies de mamíferos y aves quedaran amenazadas y en peligro de extinción. Los datos se muestran en la tabla siguiente.

Razón	Mamíferos	Aves
Caza ilegal	31%	20%
Pérdida del hábitat	32%	60%
Especies exóticas	17%	12%
Otras causas	20%	8%

19. **Hacer una gráfica** Haz una gráfica de barras en la que compares las razones de que mamíferos y aves queden amenazados o en peligro de extinción. Muestra las razones en el eje horizontal y los porcentajes de los grupos de animales en el eje vertical.

20. **Interpretar datos** ¿Cuál es la razón principal de que los mamíferos quedaran amenazados o en peligro de extinción? ¿Cuál es la principal amenaza para las aves?

21. **Predecir** ¿Leyes más estrictas en contra de la caza ilegal beneficiarían más a las especies de mamíferos o de aves? Explica.

22. **Emitir un juicio** Si tomaras parte de una comisión formada para proteger especies de aves de tu estado, ¿qué acción recomendarías? Apoya tu recomendación con los datos de la tabla.

23. **Desarrollar hipótesis** Propón dos explicaciones para las diferencias en los datos de mamíferos y aves.

Lab zone **Proyecto** del capítulo

Evaluación del desempeño En tu presentación, describe claramente la biodiversidad que observaste en tu parcela. Puedes usar dibujos, videos, fotos o una computadora para tu presentación. Asegúrate de incluir también los datos que reuniste sobre los factores abióticos.

Preparación para la prueba estandarizada

Elige la letra de la mejor respuesta.

1. Una enfermedad mata a la mayoría de los miembros de una especie vegetal de un ecosistema. Varias especies animales se alimentan de la planta. Después de un tiempo, las poblaciones de esas especies animales comienzan a declinar. ¿Cuál de las siguientes inferencias es válida?
  A El ecosistema se recuperará pronto.
  B La especie vegetal quedará extinta.
  C La especie vegetal es una especie clave del ecosistema.
  D Varias especies animales del ecosistema se extinguirán.

2. En algunas zonas los silvicultores plantan un árbol por cada uno que talan. Esta actividad es un ejemplo de
  F una explotación insostenible de un recurso natural no renovable.
  G una explotación sostenible de un recurso natural no renovable.
  H una explotación insostenible de un recurso natural renovable.
  J una explotación sostenible de un recurso natural renovable.

En la gráfica siguiente se muestra cómo cambió la población de un pez, el eglefino, en el Banco George entre 1980 y 2000. Usa la gráfica siguiente para responder a las preguntas 3 y 4.

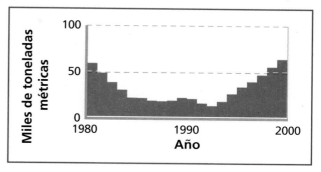

3. ¿Cuál de los enunciados siguientes es una interpretación válida de los datos en la gráfica?
  A La pesca excesiva del eglefino comenzó en 1990 y se detuvo en el 2000.
  B En el 2000, la población del eglefino se había recuperado.
  C La población del eglefino de 1980 a 1990 demuestra la noción de aprovechamiento sostenible.
  D La población del eglefino disminuye y probablemente siga disminuyendo.

4. ¿Cuál de las siguientes expresiones es la explicación probable de las tendencias de 1992 a 2000?
  F leyes que regulan la pesca del eglefino
  G pesca excesiva
  H diversidad de nichos
  J fragmentación del hábitat

5. Una declaración de efecto ecológico describe a consecuencias posibles que tendría un proyecto en el ambiente. ¿Cuál de los siguientes enunciados se incluiría en una declaración de efecto ecológico de la extracción de petróleo en la Antártida?
  A los costos de iniciar la operación de extracción
  B la cantidad estimada de petróleo producida por la plataforma de extracción
  C el efecto de derrames de petróleo en organismos que viven en la Antártida
  D el efecto en la economía de aumentar la producción de petróleo

Respuesta estructurada

6. Explica cómo nos beneficiamos si se conserva la biodiversidad y los ecosistemas del mundo contienen una gran variedad de organismos.

Recursos de la tierra, el agua y el aire

Las hileras curvas formadas por la arada en contorno conserva el suelo en las granjas accidentadas.

Lab zone™ **Proyecto** del capítulo

Diseña y elabora un empaque para un producto

La próxima vez que vayas al supermercado, observa todos los paquetes. Hay botellas de plástico, latas metálicas, cajas de cartón, envolturas de papel y más. Casi todos estos empaques se tiran. En este proyecto vas a crear un paquete menos despilfarrador.

Tu objetivo Diseñar y elaborar un paquete nuevo para un producto cualquiera, que tenga el menor desperdicio posible pero que proteja al producto

Para completar este proyecto debes

● incluir una parte recortada del empaque actual del producto con cada material etiquetado

● crear un modelo de tu empaque nuevo

● probar qué tan bien protege al producto el empaque nuevo y, si es necesario, rediseñarlo

● seguir las reglas de seguridad del Apéndice A

Haz un plan Estudia el empaque de un producto. Vacía el empaque y límpialo. Luego identifica los materiales con los que está hecho. Determina cómo protege cada uno al producto. Decide si es posible eliminar o sustituir materiales sin que se pierda la función protectora del empaque. Luego esboza algunas ideas para tu empaque nuevo.

Conservación de la tierra y el suelo

Avance de la lectura

Conceptos clave
- ¿Cómo aprovechamos la tierra?
- ¿Cuál es la estructura del suelo fértil?
- ¿Qué problemas surgen si el suelo no se administra bien?

Términos clave
- desarrollo • mantillo • suelo superior • subsuelo • lecho rocoso • erosión • agotamiento de nutrientes • fertilizante
- desertificación • sequía
- recuperación de la tierra

Destreza clave de lectura
Identificar ideas principales
Mientras lees la sección Usos del suelo, escribe la idea principal en un organizador gráfico como el que sigue. Luego escribe tres detalles de apoyo que den ejemplos de la idea principal.

Idea principal

Tres usos que cambian el suelo son...

Detalle	Detalle	Detalle

Actividad Descubre

¿Cómo afecta la minería a la tierra?

1. Te darán una bandeja llena de arena y suelo que representa una mina. Hay por lo menos diez yacimientos de "mineral" (semillas de girasol) enterrados en tu mina.
2. Tu objetivo es localizar y sacar el mineral de tu mina. Puedes usar un lápiz, pinzas y una cuchara como herramientas de excavación.
3. Cuando hayas sacado los trozos del mineral, rómpelos para sacar los "metales" que contienen. **PRECAUCIÓN**: *No comas las semillas de girasol.*
4. Observa tu mina y la zona que la rodea cuando termines tus operaciones de excavación.

Reflexiona
Predecir ¿Cómo cambió la mina la tierra y la zona de excavación? Predice si sería fácil o difícil devolver la tierra a su estado original. Explica.

Menos de una cuarta parte de la superficie terrestre es tierra seca y sin hielo. Salvo por la poca que se forma cuando hace erupción un volcán, no se crea tierra nueva. Todos compartimos esta cantidad reducida de tierra para producir nuestra comida, construir refugios y obtener otros recursos. La tierra es un recurso invaluable. Como dijo una vez el escritor estadounidense Mark Twain refiriéndose a la tierra, "ya dejaron de fabricarla".

▼ Una granja lechera

Usos del suelo

Usamos el suelo de muchas maneras. **Tres usos que cambian la tierra son agricultura, minería y desarrollo.**

Agricultura La tierra es la fuente de la mayoría de nuestra comida. Cultivos como trigo, arroz y papas requieren grandes extensiones de tierra fértil. Pero menos de un tercio del mundo es cultivable. El resto es demasiado seco, demasiado húmedo, demasiado salado o demasiado accidentado. Para abrir nuevas tierras de labrantío y alimentar a la población en aumento, se talan bosques, se drenan humedales y se riegan desiertos. Al hacer estos cambios, los organismos que dependen del ecosistema natural encuentran nuevos hogares o se extinguen.

No todas las tierras agrícolas se usan para cultivar alimentos de consumo humano, también se cultiva forraje para ganado. Algunos animales, como vacas y caballos, necesitan pastura o dehesas para pastar. En otras tierras se siembran cultivos que no son alimenticios, como algodón.

Minería La minería consiste en extraer recursos no renovables de la tierra. Los que están apenas debajo de la superficie se extraen a cielo abierto, que consiste en quitar una franja de tierra para tomar los minerales y luego reponerla. La extracción minera a cielo abierto expone el suelo, que entonces es arrastrado por el viento o el agua con más facilidad. Las zonas excavadas llegan a quedar yermas durante años antes de que el suelo se enriquezca lo suficiente para volver a sostener el crecimiento de las plantas.

En el caso de los recursos situados a mayor profundidad, es necesario excavar un túnel o pozo. Los minerales se sacan a través de los pozos. Este proceso se llama minería subterránea.

Desarrollo Los primeros asentamientos se establecieron donde el suelo era bueno y cerca de un suministro de agua dulce. Cuando la población crecía, estos establecimientos se convertían en pueblos y ciudades, y se construían más casas y caminos pavimentados. La construcción de edificios, caminos, puentes, presas y otras estructuras se llama **desarrollo.**

En Estados Unidos cada año se desarrollan aproximadamente un millón de hectáreas de tierras de cultivo (una zona del tamaño de la mitad de Nueva Jersey). El desarrollo reduce la cantidad de tierra de cultivo y destruye hábitats silvestres.

Verifica tu lectura ¿Por qué no toda la tierra es útil para sembrar?

FIGURA 1
Desarrollo
Parte de la tierra del mundo ha sido desarrollada para la construcción de casas.

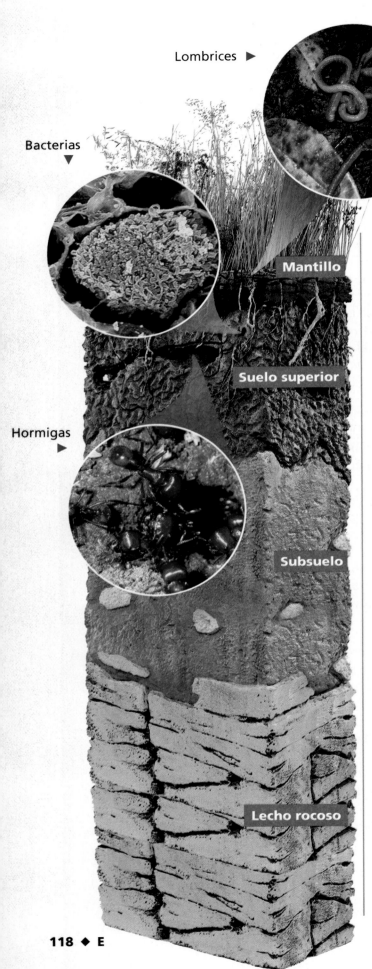

Lombrices ▶

Bacterias ▼

Hormigas ▶

Mantillo

Suelo superior

Subsuelo

Lecho rocoso

FIGURA 2
Estructura del suelo
El suelo consta de varias capas.
Organismos como hormigas, lombrices y
bacterias viven principalmente en el suelo
superior. **Aplicar conceptos** *¿En qué capa
se encuentran la mayoría de las raíces de
las plantas? ¿Qué absorben ahí las
plantas?*

La estructura del suelo

¿Has pensado cuánto dependes del suelo? Lo más
probable es que no. Pero el suelo contiene los minerales y nutrientes que necesitan las plantas para crecer. El suelo también absorbe, guarda y filtra el
agua. En el suelo viven bacterias, hongos y otros
organismos que descomponen los desechos y restos
de los seres vivos. (Recuerda el ciclo del nitrógeno
que estudiamos en el Capítulo 2.) Sin suelo, la
mayor parte de la vida sobre la tierra no existiría.

En la Figura 2 se muestra la estructura del suelo
fértil. **El suelo fértil está compuesto de varias capas: mantillo, suelo superior y subsuelo.** La primera capa de hojas muertas y pasto se denomina
mantillo. La siguiente capa, el **suelo superior,** es
una mezcla de fragmentos de roca, nutrientes, agua,
aire y materia de animales en descomposición y
plantas. Las raíces de muchas plantas, que se
encuentran en esta capa, absorben el agua y los
nutrientes. Debajo del suelo superior se encuentra
el **subsuelo.** El subsuelo también contiene fragmentos de roca, agua y aire, pero tienen menos materia
animal y vegetal que el suelo superior.

Pueden pasar siglos para que se formen apenas
unos centímetros de suelo nuevo. Todo suelo comienza como **lecho rocoso,** la roca que compone la
corteza terrestre. Procesos naturales como el congelamiento y el deshielo rompen paulatinamente la
roca. Las raíces se introducen entre las rocas y las
parten en trozos más pequeños. Los ácidos de la lluvia y las sustancias químicas producidas por los
líquenes rompen lentamente las rocas en partículas
menores. Animales como las lombrices y los topos
trituran las rocas en partículas todavía más
pequeñas. Cuando los organismos muertos se
descomponen, sus restos también contribuyen a la
mezcla.

✔ **Verifica
tu lectura** ¿Cuál es el primer paso en la
formación de suelo?

Sistema de terrazas ▲

Protección contra el viento ▲

Manejo del suelo

Como el nutritivo suelo superior tarda mucho en formarse, es importante proteger el suelo de la Tierra. **El mal manejo del suelo acarrea tres problemas: erosión, agotamiento de nutrientes y desertificación. Por fortuna, a veces el suelo dañado se puede restaurar.**

Erosión El proceso por el que el agua, viento o hielo se lleva partículas de roca o suelo se llama **erosión.** Normalmente las raíces de las plantas retienen el suelo en su lugar, pero cuando se arrancan las plantas en la tala, minería o agricultura, el suelo queda expuesto y la erosión se da más fácilmente. En la Figura 3 se muestran algunos métodos agrícolas que reducen la erosión.

Agotamiento de nutrientes Las plantas hacen su propio alimento mediante fotosíntesis. Pero también necesitan nutrientes como nitrógeno, potasio y fósforo, que se encuentran en el suelo. Los descomponedores proporcionan estos nutrientes al suelo, a medida que desintegran los desechos y restos de los organismos. Pero si un agricultor siembra los mismos cultivos cada año, las siembras usan más nutrientes de los que pueden proveer los descomponedores. El suelo se vuelve menos fértil, una situación llamada **agotamiento de nutrientes.**

Cuando el suelo se agota, los agricultores necesitan utilizar **fertilizantes,** que tienen nutrientes para que los cultivos crezcan mejor. Sin embargo, los agricultores pueden escoger otros métodos de manejo de suelo. Pueden dejar los campos en barbecho, o sea sin cultivar. Las partes sin aprovechar de los cultivos, como los tallos de las plantas, se dejan en los campos para que se descompongan y añadan nutrientes al suelo. Los agricultores también pueden rotar los cultivos. En la rotación de cultivos, un agricultor alterna las siembras que consumen muchos nutrientes con otras que usan pocos o que los restituyen.

FIGURA 3
Reducción de la erosión
Las terrazas y las secciones de protección contra el viento evitan la erosión. En las terrazas, las colinas se preparan en forma de "terrazas" llanas. El suelo de los bordes resbala lentamente y detiene el resto del suelo para que no se erosione (izquierda). Las protecciones contra el viento, como estas filas de árboles, impiden que el viento erosione el suelo (derecha).

Go Online
SciLINKS NSTA

Para: Vínculos sobre erosión, disponible en inglés.
Visita: www.SciLinks.org
Código Web: scn-0541

Desertificación Si el suelo de una zona fértil pierde humedad y nutrientes, la zona puede volverse desértica. El avance de condiciones desérticas en zonas fértiles se llama **desertificación.** En los últimos 50 años se han desertificado unos 5,000 millones de hectáreas.

Una de las causas de la desertificación es el clima. Por ejemplo, una **sequía** es un período en el que llueve menos de lo normal en una zona. En las sequías se pierden las siembras. Sin la cobertura vegetal, el viento arrastra fácilmente el suelo expuesto. El pastoreo excesivo del ganado y las ovejas en las praderas también expone el suelo. Además, talar árboles para tener leña expone el suelo y causa desertificación.

La desertificación es un problema muy grave. No se puede cultivar y el ganado no puede pastar en las tierras áridas. Por consiguiente, la gente enfrenta el hambre y la muerte. En África central, donde la desertificación es grave, millones de habitantes de las zonas rurales se mudan a las ciudades porque la tierra ya no les da sustento.

Verifica tu lectura ¿Cuáles son las tres causas de la desertificación?

FIGURA 4
Grandes zonas del mundo corren el riesgo de desertificarse. Una causa es el pastoreo excesivo. Sin pastos que retengan el suelo, las praderas se vuelven desiertos.
Interpretar mapas ¿En qué bioma hay más zonas en peligro de desertificarse? (Pista: Consulta el Capítulo 2.)

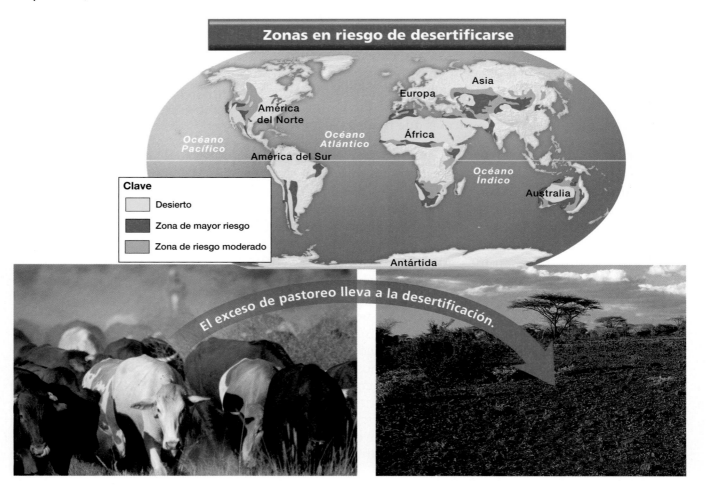

Zonas en riesgo de desertificarse

Asia
Europa
América del Norte
África
Océano Pacífico
Océano Atlántico
América del Sur
Océano Índico
Australia
Antártida

Clave
☐ Desierto
■ Zona de mayor riesgo
▨ Zona de riesgo moderado

El exceso de pastoreo lleva a la desertificación.

Antes

Después

Recuperación de la tierra Por fortuna muchas veces es posible restaurar la tierra dañada por erosión o minería. El proceso de devolver una zona a un estado más natural y productivo se llama **recuperación de la tierra**. Además de rescatar tierras para la agricultura, la recuperación de la tierra puede devolver hábitats para la fauna. En la actualidad se realizan en todo el mundo muchos proyectos de recuperación de la tierra. Sin embargo, en general es más difícil y caro restaurar tierra y suelo dañados que protegerlos desde el principio.

En la Figura 5 se da un ejemplo de recuperación de la tierra. Cuando se terminó la operación minera en la primera escena, los encargados rebajaron los bordes de las secciones abiertas de la mina. Luego repusieron cuidadosamente el subsuelo y el suelo superior que habían quitado antes de excavar la mina. Por último, plantaron pasto y árboles. La antigua mina se está convirtiendo en una zona boscosa.

FIGURA 5
Recuperación de la tierra
Es difícil creer que esta zona boscosa era una mina a cielo abierto. Gracias a las prácticas de recuperación de la tierra, muchas zonas de extracción minera se restauran para darles otro uso.

Sección 1 Evaluación

Destreza clave de lectura Identificar ideas principales Usa el organizador gráfico que hiciste para responder a la pregunta 1.

Repasar los conceptos clave

1. a. Identificar ¿De qué tres maneras usamos la tierra?

   b. Explicar Explica cómo cambia la tierra con cada uso.

   c. Predecir ¿Cómo crees que cambiará cada uso del suelo si la población mundial sigue aumentando?

2. a. Repasar Describe en orden las capas del suelo fértil, de la superficie hacia abajo.

   b. Relacionar causa y efecto Si se aplican al suelo grandes cantidades de pesticidas, puede dañarse el proceso de formación de suelo. ¿Cuál sería la razón de lo anterior?

3. a. Hacer una lista Anota tres problemas que se dan cuando no se maneja bien el suelo.

   b. Comparar y contrastar ¿Cómo se relacionan las causas de la desertificación con la erosión?

   c. Desarrollar hipótesis Supongamos que el campo de un agricultor está en una colina empinada. ¿Cómo podría reducir la erosión de su campo?

Escribir en ciencias

Descripción Imagínate que tienes en las manos un terrón de suelo fértil. Describe en un párrafo su textura, apariencia, olor y cualquier cosa que quieras observar. Usa diversos adjetivos en tu párrafo.

Desechos sólidos y reciclaje

Avance de la lectura

Conceptos clave
- ¿Cuáles son los tres métodos para manejar desechos sólidos?
- ¿Qué podemos hacer para controlar el problema de los desechos sólidos?
- ¿Cómo se eliminan los desechos peligrosos?

Términos clave
- desechos sólidos urbanos
- incineración • lixiviado
- relleno sanitario • reciclaje
- biodegradable • compostaje
- desecho peligroso

Destreza clave de lectura
Formular preguntas Antes de leer, revisa los encabezados en rojo. En un organizador gráfico como el que sigue, formula una pregunta *por qué, qué* o *cómo* por cada encabezado. Mientras lees, escribe las respuestas a tus preguntas.

El problema de la eliminación de desechos

Pregunta	Respuesta
¿Cuál es el problema de la eliminación de desechos?	Cada método de eliminación tiene...

Lab zone Actividad Descubre

¿Qué hay en la basura?

Tu maestro te dará una bolsa de basura. Los objetos que contiene representan las categorías más comunes de desechos de los hogares estadounidenses.

1. Antes de abrir la bolsa predice cuáles son las dos categorías de desechos más comunes.
2. Ponte guantes de plástico. Abre la bolsa y clasifica los objetos de la basura por los materiales con que están hechos.

3. Cuenta los objetos de cada categoría. Elabora una gráfica de barras en la que muestres los objetos de cada categoría.

Reflexiona
Interpretar datos Según tu gráfica, ¿cuáles son los dos tipos más comunes de desechos domésticos? ¿Acertaste con tu predicción?

¿Cuánta basura produce tu familia en un año? Si a ti te toca sacar la basura, quizá digas que es mucha. Ahora imagínate esa cantidad multiplicada por todas las familias de Estados Unidos. Considera estos hechos:

- Cada hora, la gente desecha aproximadamente 2.5 millones de botellas de plástico.

- Cada día, la persona promedio produce alrededor de 2 kilos de basura.

- Cada año, la gente desecha 2.8 millones de toneladas métricas de bolsas de plástico y 230 millones de llantas de auto.

Ya ves por qué algunos dicen que Estados Unidos es una "sociedad de desperdicio". Los productos desechables son baratos y cómodos, pero generan un gran problema: qué hacer con toda la basura.

El problema de la eliminación de los desechos

En las actividades diarias, las personas generan muchos desechos, entre ellos papel usado, empaques vacíos y restos de comida. Los materiales de desecho que se producen en los hogares, empresas, escuelas y otros lugares de la comunidad son **desechos sólidos urbanos.** Otras fuentes de desechos sólidos son el cascajo de los sitios de construcción y ciertos desechos agrícolas e industriales. **Tres métodos para eliminar los desechos sólidos son quemarlos, enterrarlos y reciclarlos. Cada método tiene sus ventajas y sus desventajas.**

Incineración La quema de los desechos sólidos se denomina **incineración.** La incineración tiene algunas ventajas. Las instalaciones, llamadas incineradores, no ocupan mucho espacio. No plantean el riesgo de contaminar las aguas freáticas. El calor producido en la combustión de los desechos puede usarse para generar electricidad. Estas plantas que convierten "desechos en energía" abastecen de electricidad a muchos hogares de Estados Unidos.

Por desgracia, los incineradores tienen sus inconvenientes. Incluso los mejores incineradores contaminan el aire, y aunque reducen el volumen de los desechos hasta un 90 por ciento, todavía quedan algunos desechos que tienen que eliminarse de otra manera. Además, los incineradores son caros.

FIGURA 6
Eliminación de los desechos
En Estados Unidos se producen miles de millones de toneladas de desechos sólidos urbanos cada año. Más de un tercio de los desechos son papel.
Leer gráficas ¿Qué porcentaje de desechos sólidos representan los desperdicios de comida?

Desechos en los rellenos

Papel y cartón 38%
Otros desechos 16%
Recortes de jardín 13%
Vidrio 6%
Metales 8%
Plásticos 9%
Sobrantes de comida 10%

FIGURA 7
Relleno sanitario

Un relleno sanitario bien diseñado contiene los desechos y evita que contamine la tierra y el agua del entorno.

Rellenos sanitarios Hasta hace muy poco, la gente ponía los desechos en hoyos abiertos en el suelo. Pero estos tiraderos abiertos eran peligrosos y de mal aspecto. La lluvia disolvía las sustancias químicas de los tiraderos y producía un líquido contaminado llamado **lixiviado.** El lixiviado se escurría a lagos y arroyos o se filtraba hasta las aguas freáticas bajo el tiradero.

En 1976 el gobierno prohibió los tiraderos al aire libre. Ahora buena parte de los desechos sólidos se entierran en rellenos sanitarios que se construyen para retener los desechos de manera más segura. Un **relleno sanitario** contiene desechos sólidos urbanos, cascajo de construcción y algunas formas de desechos agrícolas e industriales. En la Figura 7 se muestran las partes de un relleno sanitario bien construido. Cuando el relleno alcanza toda su capacidad, se cubre con una capa de arcilla para evitar que el agua de la lluvia entre a los desechos.

Sin embargo, incluso los rellenos sanitarios mejor diseñados plantean el riesgo de contaminar las aguas freáticas. Los rellenos sellados pueden ser reutilizados de cierta manera, como en parques y campos deportivos, pero no sirven para viviendas o para fines agrícolas.

 Verifica tu lectura ¿Cuáles son los dos usos posibles de un relleno sanitario sellado?

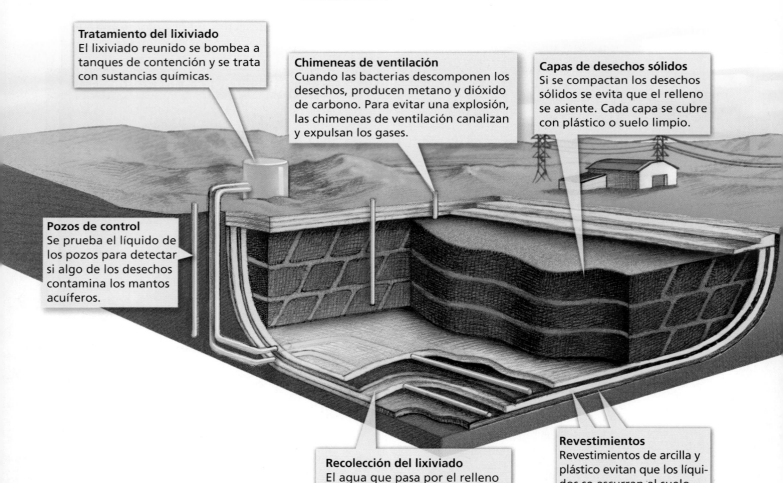

Tratamiento del lixiviado
El lixiviado reunido se bombea a tanques de contención y se trata con sustancias químicas.

Chimeneas de ventilación
Cuando las bacterias descomponen los desechos, producen metano y dióxido de carbono. Para evitar una explosión, las chimeneas de ventilación canalizan y expulsan los gases.

Capas de desechos sólidos
Si se compactan los desechos sólidos se evita que el relleno se asiente. Cada capa se cubre con plástico o suelo limpio.

Pozos de control
Se prueba el líquido de los pozos para detectar si algo de los desechos contamina los mantos acuíferos.

Recolección del lixiviado
El agua que pasa por el relleno disuelve algunos desechos y forma un lixiviado en el fondo.

Revestimientos
Revestimientos de arcilla y plástico evitan que los líquidos se escurran al suelo.

FIGURA 8
Reciclaje de metales
Los metales son un material que se recicla comúnmente. Aquí, latas aplastadas de aluminio pasan en una banda transportadora en un centro de reciclaje. **Predecir** *Si no se reciclara, ¿qué pasaría al final con el suministro de aluminio?*

Reciclaje

El proceso de recuperar materias primas y volver a usarlas para crear productos nuevos se llama **reciclaje.** El reciclaje reduce el volumen de los desechos sólidos porque nos permite utilizar otra vez materiales de los desechos. El reciclaje consume algo de energía, pero también ahorra la energía que se necesitaría para obtener y procesar las materias primas.

Como sabes, la materia de los ecosistemas se recicla naturalmente en los ciclos del agua y el carbono, y en otros procesos. Cualquier material que puedan desintegrar y reciclar las bacterias y otros descomponedores es **biodegradable.** Por desgracia, muchos de los productos que usamos hoy no son biodegradables. Los recipientes de plástico, latas de metal, llantas de goma y frascos de vidrio son ejemplos de productos que no se descomponen naturalmente. Así que se han inventado técnicas para reciclar las materias primas de estos productos.

Una amplia gama de materiales, como aceite de motor, llantas y pilas, se pueden reciclar. La mayor parte del reciclaje se centra en cuatro categorías principales de productos: metal, plástico, vidrio y papel.

Metal En tu clase estás rodeado de objetos de metal que se pueden reciclar. Tu pupitre, tijeras, engrapadoras y sujetapapeles están hechos de acero. Con otro metal muy común, el aluminio, se hacen latas de refresco, molduras para casas, rejas para ventanas y muchos otros productos.

Metales como el hierro y el aluminio pueden reciclarse. El reciclaje de metales ahorra dinero y causa menos contaminación que fabricar metales nuevos. Con el reciclaje no hay que excavar menas, transportarlas a las fábricas ni procesarlas. Además, el reciclaje de los metales conserva estos recursos no renovables.

Lab zone **Actividad** Destrezas

Hacer una gráfica

¿Qué pasa con la basura? Con los datos de la tabla siguiente, prepara una gráfica circular de los métodos de eliminación de los desechos sólidos urbanos en Estados Unidos. Anota un título en tu gráfica. (Para hacer una gráfica circular, consulta el Manual de destrezas.)

Método de eliminación	Porcentaje de los desechos
Rellenos	56%
Reciclaje	27%
Incineración	17%

FIGURA 9
Reciclaje del plástico
Las botellas de plástico se pueden reciclar para convertirlas en muchos productos, incluyendo el vellón de poliéster para hacer chaquetas.

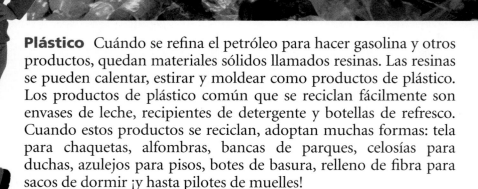

Plástico Cuándo se refina el petróleo para hacer gasolina y otros productos, quedan materiales sólidos llamados resinas. Las resinas se pueden calentar, estirar y moldear como productos de plástico. Los productos de plástico común que se reciclan fácilmente son envases de leche, recipientes de detergente y botellas de refresco. Cuando estos productos se reciclan, adoptan muchas formas: tela para chaquetas, alfombras, bancas de parques, celosías para duchas, azulejos para pisos, botes de basura, relleno de fibra para sacos de dormir ¡y hasta pilotes de muelles!

Vidrio El vidrio se hace con arena, carbonato de sodio y caliza que se mezclan y se calientan. El vidrio es uno de los productos que se reciclan más fácilmente porque los trozos pueden volver a fundirse una y otra vez para hacer recipientes nuevos. El vidrio reciclado sirve para hacer fibra de vidrio, ladrillos, mosaicos y las pinturas reflejantes de los señalamientos de tránsito.

El vidrio reciclado es menos caro que hacer el vidrio a partir de las materias primas. Como las partes recicladas se funden a temperaturas más bajas que las materias primas, se requiere menos energía. El vidrio reciclado también reduce el daño ambiental causado por la extracción del carbonato y la piedra caliza.

Papel Se requieren aproximadamente 17 árboles para hacer una tonelada métrica de papel. Los molinos de papel convierten la madera en un líquido espeso llamado pulpa. La pulpa se extiende y se seca para producir el papel. También se puede hacer pulpa de periódicos viejos y papel usado. El papel debe lavarse para quitar tintas y pinturas. Luego se mezcla con más agua y otras sustancias químicas para hacer pulpa.

La mayoría de los productos de papel se reciclan sólo unas cuantas veces. El papel reciclado no es tan homogéneo ni tan fuerte como el papel hecho de pulpa de madera. Cada vez que se recicla el papel para hacer pulpa, el papel nuevo es más áspero, más débil y más oscuro.

Verifica tu lectura **¿Cuáles serían tres razones para reciclar el vidrio?**

Lab zone Actividad Inténtalo

Está en los números

Las botellas de plástico y otros productos de plástico llevan un número dentro de un triángulo para indicar de qué clase de plástico están hechos. Los plásticos tienen que clasificarse por tipos para poder reciclarlos.

Clasifica en grupos los productos de plástico que te dé tu maestro, de acuerdo con sus números de reciclaje.

Clasificar Compara y contrasta los objetos de cada grupo entre ellos y con los objetos de los demás grupos. Describe las características de cada grupo.

¿Vale la pena reciclar? Además de conservar los recursos, el reciclaje también ahorra energía. Por ejemplo, si se hacen productos de aluminio reciclado en lugar de hacerlos con materias primas, se usa en general 90 por ciento menos energía. Con ciertos materiales, el reciclaje vale la pena.

Pero el reciclaje no es la solución perfecta para el problema de los desechos sólidos. En algunas ciudades, el reciclaje no es costeable. Los científicos no han encontrado buenos métodos para reciclar algunos materiales, como papel plastificado y poliestireno. Algunos productos reciclados, como el periódico reciclado de poca calidad, tienen pocos usos. Además, todos los procesos de reciclaje consumen energía y contaminan. El valor del reciclaje debe juzgarse caso por caso.

Qué podemos hacer

La buena noticia es que hay formas en que los individuos podemos ayudar a controlar el problema de los desechos sólidos. **Son las llamadas "tres R": reducir, reutilizar y reciclar.** *Reducir* se refiere a producir menos desechos para empezar. Por ejemplo, puedes usar una bolsa de tela en lugar de una bolsa desechable de papel o plástico. *Reutilizar* significa encontrar otro uso para un objeto en lugar de desecharlo. Por ejemplo, puedes llenar con agua potable las botellas de agua de plástico, en lugar de comprar nuevas.

Como leíste, *reciclar* consiste en recuperar las materias primas para crear nuevos productos. Para que des el primer paso en el proceso, recicla en tu casa y alienta a los otros a que hagan lo mismo. También puedes hacer el esfuerzo de comprar productos de materiales reciclados. Esto hace más rentable para las compañías usar materiales reciclados en sus productos.

Otra forma de reducir la cantidad de desechos sólidos que produce tu familia es iniciar una pileta de abono orgánico. El **compostaje** consiste en fomentar la descomposición natural de los desechos biodegradables. Las condiciones húmedas y oscuras de una pileta de compost permiten a los descomponedores naturales desintegrar los desechos más rápidamente. Las piletas de compostaje sirven para reciclar recortes de pasto, hojas y sobrantes de comida. El compostaje es un excelente fertilizante natural para las plantas.

FIGURA 10
Compostaje
Se puede hacer composta con muchas clases de sobrantes de comida y jardín. **Interpretar fotografías** *¿Por qué el compostaje reduce los desechos de una casa?*

VENENO 6

Categoría: Tóxicos
Ejemplo: Cloro

EXPLOSIVOS 1

Categoría: Explosivos
Ejemplo: Nitroglicerina

INFLAMABLE 3

Categoría: Inflamables
Ejemplo: Queroseno

FIGURA 11
Materiales peligrosos
Los vehículos que transportan materiales peligrosos deben portar letreros como éstos para alertar a las personas sobre los peligros potenciales de su carga.

Desechos peligrosos

Muchas personas se imaginan los desechos peligrosos como químicos burbujeantes o lodos rezumantes, pero cualquier material que pueda dañar la salud humana o el ambiente si no se elimina adecuadamente es un **desecho peligroso.**

Tipos de desechos peligrosos Los desechos peligrosos se clasifican en cuatro categorías principales. Los desechos tóxicos o venenosos pueden dañar la salud de seres humanos y otros organismos. Los desechos explosivos reaccionan muy rápidamente cuando se exponen al aire o el agua, o explotan si se arrojan. Los desechos inflamables arden con facilidad. Los desechos corrosivos disuelven muchos materiales.

Otros desechos que requieren tratamiento especial son los desechos radiactivos. Estos desechos liberan radiación, que causa cáncer y otras enfermedades. Algunos desechos radiactivos pueden seguir siendo peligrosos durante miles de años.

Efectos en la salud Una persona se expone a los desechos peligrosos si los respira, come, bebe o toca. Incluso una exposición breve a estos desechos puede traer problemas de salud, como irritación de la piel o dificultades para respirar. La exposición a largo plazo causa enfermedades como cáncer, daño a los tejidos orgánicos o la muerte.

Métodos de eliminación Es difícil eliminar con seguridad los desechos peligrosos. Por lo regular se envían a rellenos sanitarios diseñados cuidadosamente. Los rellenos están revestidos y cubiertos con arcilla y plástico. Estos materiales evitan que las sustancias químicas escurran al suelo y las aguas freáticas. **Los desechos peligrosos que no se depositan en rellenos especiales se incineran o los descomponen organismos vivos. Los desechos líquidos se guardan en capas profundas de rocas.**

Los científicos todavía buscan métodos de disponer con seguridad y en forma permanente de los desechos radiactivos. En la actualidad algunos desechos radiactivos se colocan en bóvedas situadas a cientos de metros de profundidad o en recipientes de concreto y acero sobre tierra.

Categoría: Corrosivos
Ejemplo: Ácido clorhídrico

Categoría: Radiactivos
Ejemplo: Uranio

Sitios de depósito   También es una dificultad decidir dónde construir instalaciones para depositar desechos peligrosos. En general, la mayoría prefiere tener un lugar grande en una zona donde vivan pocas personas. Sin embargo, quizá es más seguro, barato y fácil transportar los desechos a instalaciones pequeñas.

Reducción de los desechos peligrosos   La mejor manera de manejar los desechos peligrosos es producir los menos posibles. Las industrias quieren desarrollar alternativas seguras a las sustancias dañinas. En casa, puedes encontrar sustitutos para algunas sustancias peligrosas. Por ejemplo, usa velas de citronela en lugar de insecticida para repeler insectos.

 Verifica tu lectura   **¿Cuál es la mejor manera de manejar los desechos peligrosos?**

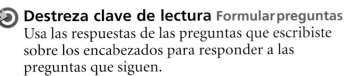

Sección 2 Evaluación

Destreza clave de lectura Formular preguntas
Usa las respuestas de las preguntas que escribiste sobre los encabezados para responder a las preguntas que siguen.

Repasar los conceptos clave

1. a. Repasar   Nombra tres maneras de ocuparse de los desechos sólidos.
   b. Comparar y contrastar   Describe una ventaja y una desventaja de cada método.
   c. Desarrollar hipótesis   Cerca de un antiguo tiradero al aire libre pasa un arroyo donde pescaban tus familiares de más edad. Sin embargo, ya nadie pesca ahí porque ya no hay peces. ¿Qué habrá ocurrido?
2. a. Identificar   ¿Qué se entiende por las "tres R"?
   b. Resolver un problema   Da un ejemplo de cómo pondrías en práctica "las tres R".

3. a. Hacer una lista   ¿Cuáles son las cuatro maneras de eliminar con seguridad los desechos peligrosos?
   b. Comparar y contrastar   ¿Cuál es la diferencia entre los rellenos de desechos peligrosos y los rellenos normales?
   c. Emitir un juicio   ¿Crees que los desechos peligrosos deben ser tratados y depositados en un lugar central grande? Explica.

Lab zone **Actividad** En casa

El peso de la basura   Durante una semana, pide a tu familia que recoja la basura en bolsas grandes. No incluyas restos de comida. Al final de la semana, pesa la basura. Multiplica el total por 52 para saber cuánta basura produce tu familia en un año. ¿Se te ocurren maneras de reducir la carga de basura de tu familia?

¡Desecha el desecho!

Problema

¿Cómo funcionan los tipos de rellenos?

Destrezas aplicadas

observar, hacer modelos

Materiales

- taza medidora
- regla en centímetros
- suelo
- piedras pequeñas
- estopilla
- tijeras
- envoltura de plástico
- agua
- periódico

- 5 ligas de hule
- colorante rojo vegetal
- pinzas
- bolsa de plástico resistente
- 12 cubos de esponja pequeños
- 3 frascos transparentes de boca ancha

Procedimiento

1. Lee todo el procedimiento para que te hagas una idea de los tres sistemas de rellenos de los que vas a hacer modelos. Determina qué partes de los modelos representan agua potable, lluvia, desechos sólidos, lixiviado y los propios sistemas de relleno. Escribe una predicción sobre qué sistema responderá a la prueba que realizarás en la parte 2.

PARTE 1 | Modelo de tres sistemas de relleno

2. Consigue tres frascos idénticos. Márcalos Sistema 1, Sistema 2 y Sistema 3. Vacía agua limpia en cada uno a una altura de 5 cm.

3. Añade cantidades iguales de piedras a cada frasco. Las piedras deben quedar bajo el agua.

4. En el Sistema 1, cubre la mezcla de piedras y agua con 2.5 cm de suelo.

5. En el Sistema 2, cuelga un trozo de estopilla dentro del frasco, a unos 5 cm sobre la superficie del agua, como se muestra en la fotografía. Sostén la estopilla con una liga por fuera de la boca del frasco. Con cuidado, vacía un puñado de piedras en la estopilla.

6. En el Sistema 3, suspende una bolsa de plástico a unos 5 cm sobre la superficie del agua. Sostén la bolsa con una liga por fuera de la boca del frasco. Con cuidado, vacía un puñado de piedras en la bolsa.

7. Observa el agua y las piedras del fondo en los sistemas. Anota tus observaciones.

PARTE 2 | Prueba de los sistemas

8. Empapa 12 cubos de esponja idénticos en agua teñida con el colorante rojo. Con las pinzas, pon cuatro cubos empapados en la superficie de cada frasco.

9. Cubre los cubos de esponja de los Sistemas 2 y 3 con una capa delgada de suelo. Deja sin cubrir los cubos del Sistema 1.

10. Haz un dibujo con nombres de cada sistema. Explica lo que representa cada parte de los modelos.

11. Vacía 150 mL de agua en cada sistema. Luego cubre los frascos con envoltura de plástico detenida con una liga. Deja reposar los sistemas toda la noche.

12. Observa los sistemas de los rellenos. En particular, fíjate en algún cambio de color o de la transparencia de las "aguas freáticas". Anota tus observaciones.

Analiza y concluye

1. **Observar** ¿Qué parte de cada modelo representa el lixiviado? ¿Qué tan bien protegió cada sistema de relleno las aguas freáticas del lixiviado?

2. **Hacer modelos** Identifica cuál de tus tres modelos representa estos tipos de rellenos comunes: un relleno sanitario bien diseñado; un relleno mal diseñado, y un tiradero a cielo abierto. Compara el funcionamiento de los tres sistemas.

3. **Predecir** Si el relleno de una comunidad no se situara exactamente arriba de las aguas freáticas, ¿crees que el abastecimiento de agua estaría totalmente protegido? Explica.

4. **Comunicar** Explica en un párrafo qué sistema de relleno sería más seguro para el ambiente. Apoya tu respuesta en tus observaciones.

Diseña un experimento

Los desechos sólidos pueden comprimirse (aplastarse en pedazos pequeños) y se les puede extraer el líquido antes de colocarlos en un relleno. ¿Es más seguro para el ambiente preparar los desechos de esta forma? Escribe una hipótesis y toma las ideas y procedimientos de este laboratorio para diseñar un experimento en el que pongas a prueba tu hipótesis. *Pide permiso a tu maestro antes de hacer tu experimento.*

Contaminación del agua y sus soluciones

Avance de la lectura

Conceptos clave

- ¿Por qué el agua dulce es un recurso limitado?
- ¿Cuáles son las principales fuentes de contaminación del agua?
- ¿Cómo puede reducirse la contaminación del agua?

Términos clave

- aguas freáticas
- aguas residuales
- sedimento
- contaminante
- pesticida

 Destreza clave de lectura

Examinar ayudas visuales Antes de leer, examina la Figura 13. Luego escribe dos preguntas que tengas sobre el diagrama en un organizador gráfico como el que sigue. Mientras lees, responde a tus preguntas.

Contaminación del agua

P.	¿Cuáles son las causas de la contaminación del agua en los hogares?
R.	
P.	

Casi toda la superficie de la Tierra está cubierta por alguna forma de agua. Los océanos cubren casi tres cuartas partes de la superficie. Alrededor de los polos hay vastas capas de hielo. Desde el espacio no se ven muchas partes de la Tierra porque están ocultas detrás de nubes de gotitas de agua. Parecería que hay mucha agua; es difícil creer que sea un recurso escaso en buena parte del mundo.

El agua: un recurso limitado

¿Cómo puede ser escasa el agua si hay tanta en la superficie de la Tierra? **La razón es que la mayor parte del agua de la Tierra (cerca de 97 por ciento) es agua salada. El agua salada no sirve para beber ni para regar los cultivos.** Además, aproximadamente tres cuartas partes del agua dulce de la Tierra está en forma de hielo. Por último, las reservas de agua dulce no siempre están cerca de donde vive la gente. Por ejemplo, muchas ciudades del sudoeste de Estados Unidos llevan el agua potable de ríos situados a cientos de kilómetros de distancia. Aproximadamente la mitad de los estadounidenses toman agua potable del subsuelo. Las **aguas freáticas** están depositadas en suelo y roca debajo de la superficie de la Tierra.

La renovación del abasto Por fortuna, el abasto de agua dulce de la Tierra es renovable. Como recordarás del Capítulo 2, el agua se mueve continuamente entre la atmósfera y la superficie de la Tierra en el ciclo del agua. El agua dulce es un recurso renovable pero no siempre hay suficiente en cierto lugar y en determinado momento.

Escasez de agua Hay escasez de agua cuando los habitantes de una zona la consumen más rápidamente de lo que la repone el ciclo del agua. Es más probable que ocurra durante una sequía, cuando llueve menos de lo normal en una región y la gente tiene que restringir su consumo de agua. Si la sequía es grave, los cultivos se secan por falta de agua.

Muchos lugares nunca reciben suficiente agua para satisfacer las necesidades de su población en crecimiento. Estos lugares deben traer el agua de lugares distantes o conseguirla por otros medios. Por ejemplo, ciudades de la nación desértica de Arabia Saudita obtienen más de la mitad de su agua dulce desalando el agua de mar.

 **Verifica tu lectura** ¿Qué son las aguas freáticas?

FIGURA 12
Agua dulce
Sólo puede usarse agua dulce para beber y las actividades domésticas.

Contaminación del agua

Como el abasto de agua dulce es escaso, la contaminación del agua puede ser devastadora. Las sustancias que contaminan se llaman **contaminantes**. Algunos contaminantes, como hierro y cobre, hacen desagradable el agua para beberla o bañarse. Otros contaminantes, como el mercurio o el benceno, causan enfermedades y aun la muerte.

Si hiciste la actividad Descubre, viste que unas gotas de leche se propagan rápidamente por un vaso de agua. No se sabe por dónde entró la leche al agua. De la misma manera, los contaminantes se disuelven y se mueven rápidamente en el agua. Así es como la contaminación afecta zonas alejadas de su fuente.

Casi toda la contaminación del agua es resultado de las actividades humanas. **Los desechos producidos por los hogares, la agricultura, industria, minería y otras actividades humanas pueden escurrir hasta el agua.**

DISCOVERY CHANNEL **SCHOOL**

Land, Water, and Air Resources

Video Preview
▶ Video Field Trip
Video Assessment

Aguas residuales domésticas El agua y los desechos humanos que se descargan por fregaderos, escusados y regaderas se llaman **aguas residuales.** Si las aguas residuales no se tratan para matar a los organismos que causan enfermedades, éstos se multiplican rápidamente. Las personas se enferman si beben o nadan en agua que contenga estos organismos.

Desechos agrícolas Los desechos de animales, fertilizantes y pesticidas también son fuentes de contaminación. La lluvia puede arrastrar los desechos animales y los fertilizantes a lagunas, en las que hacen que crezcan rápidamente las algas. Pronto las algas cubren la laguna, impiden que la luz llegue a las plantas del lugar y éstas mueren.

Los **pesticidas** son sustancias químicas que matan a los organismos que destruyen los cultivos. Como los pesticidas se propagan en zonas extensas y abiertas, pueden contaminar masas de agua. Incluso concentraciones bajas de sustancias químicas en el agua pueden acumularse a medida que avanzan por la cadena alimentaria.

Desechos industriales y mineros Algunas instalaciones, molinos, fábricas y minas producen desechos que contaminan el agua. Los desechos químicos y metálicos dañan a los organismos que viven en las masas de agua. Los animales que beben en las masas de agua contaminada o que comen a los organismos que viven ahí también se enferman.

Sedimentos El agua que causa erosión arrastra **sedimentos,** que son partículas de roca y arena. Los sedimentos pueden cubrir las fuentes de alimento, nidos y huevos de los organismos en las masas de agua. Los sedimentos también obstaculizan la luz solar e impiden que crezcan las algas y plantas. Esto afecta a los organismos que comen plantas y algas.

Calor En general se piensa que un contaminante es un material añadido, pero el calor también tiene efectos nocivos en una masa de agua. Algunas fábricas y plantas de generación de electricidad expulsan agua que usaron para enfriar maquinaria. Esta agua caliente puede matar a los organismos que viven en la masa de agua en la que se deposita.

Petróleo y gasolina Una de las formas más graves de contaminación de agua es un derrame de petróleo. Quizá has visto las noticias sobre playas cubiertas de petróleo negro y pegajoso o voluntarios que limpian de petróleo a las aves. Pueden pasar muchos años para que una zona se recupere de un derrame de petróleo.

Otro problema de contaminación del agua es el causado por petróleo y gasolina que escurren de tanques de almacenamiento subterráneo que se dañan. Las aguas freáticas pueden llevar muy lejos la contaminación del tanque con fuga.

 Verifica tu lectura ¿Por qué se considera que el calor es un contaminante del agua?

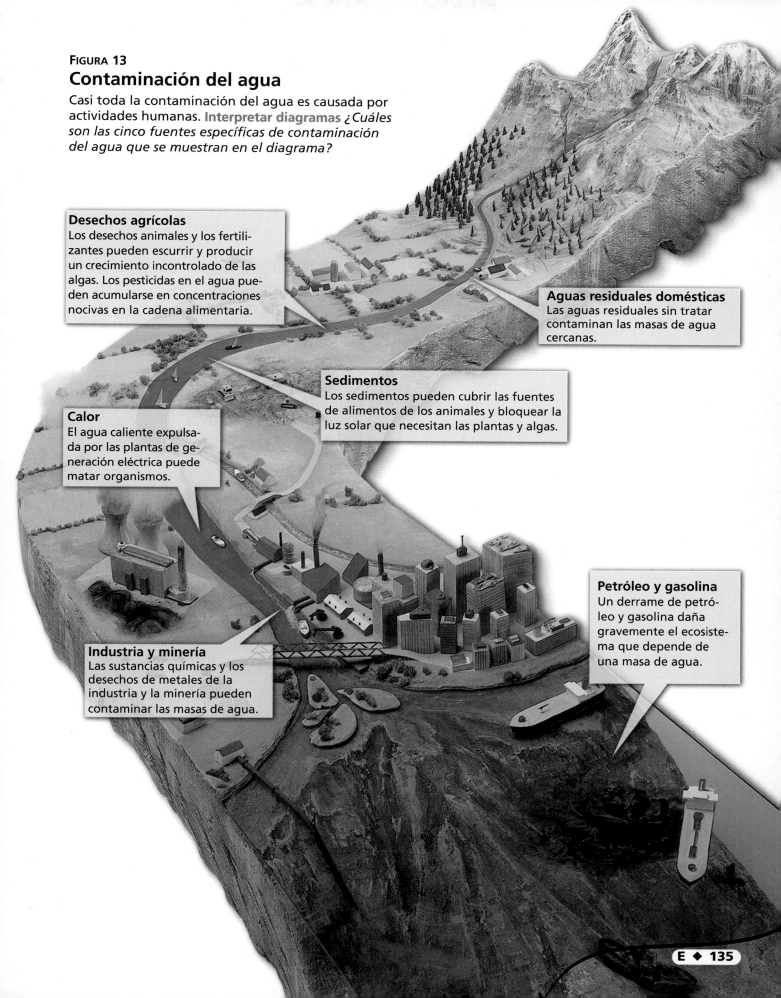

FIGURA 13

Contaminación del agua

Casi toda la contaminación del agua es causada por actividades humanas. **Interpretar diagramas** *¿Cuáles son las cinco fuentes específicas de contaminación del agua que se muestran en el diagrama?*

Desechos agrícolas
Los desechos animales y los fertilizantes pueden escurrir y producir un crecimiento incontrolado de las algas. Los pesticidas en el agua pueden acumularse en concentraciones nocivas en la cadena alimentaria.

Aguas residuales domésticas
Las aguas residuales sin tratar contaminan las masas de agua cercanas.

Sedimentos
Los sedimentos pueden cubrir las fuentes de alimentos de los animales y bloquear la luz solar que necesitan las plantas y algas.

Calor
El agua caliente expulsada por las plantas de generación eléctrica puede matar organismos.

Industria y minería
Las sustancias químicas y los desechos de metales de la industria y la minería pueden contaminar las masas de agua.

Petróleo y gasolina
Un derrame de petróleo y gasolina daña gravemente el ecosistema que depende de una masa de agua.

FIGURA 14
Tratamiento de aguas residuales
El Parque Estatal Riverbank en la ciudad de Nueva York es un enorme complejo recreativo construido sobre una planta de tratamiento de aguas residuales. **Resolver un problema** *¿Por qué ésta es una buena solución para una ciudad grande?*

La limpieza

En esta actividad vas a ver cómo se purifica el agua dulce en el ciclo del agua.

1. Vacía 15 mL de agua en un vaso de plástico.

2. Añade unas gotas de colorante vegetal y una cucharadita de azúcar. Agita hasta que se disuelva el azúcar.

3. Coloca el vaso a la luz del sol en un lugar donde no lo muevan.

4. Observa el vaso dos veces al día hasta que se haya evaporado el agua. Observa lo que queda en el vaso.

Hacer modelos ¿Qué representan el azúcar y el colorante? ¿Qué pasó con el agua en esta actividad?

La purificación del agua

Gobierno, industrias e individuos colaboran para mejorar la calidad del agua en Estados Unidos. Leyes federales como la Ley del Agua Limpia regulan el uso de ciertas sustancias que pueden contaminar el agua. Las leyes estatales y locales también regulan el uso y la limpieza de los contaminantes del agua.

Las claves para mantener limpia el agua son el tratamiento adecuado de las aguas residuales, la reducción de los contaminantes y la limpieza eficaz de los derrames de petróleo y gasolina. También hay formas importantes en que podemos reducir la contaminación del agua en casa.

Tratamiento de aguas residuales Muchas comunidades tratan las aguas residuales antes de devolverlas al ambiente. Una planta de tratamiento ordinaria maneja los desechos en varias etapas. Durante el tratamiento primario, las aguas residuales se filtran para retirar los materiales sólidos. Luego se deposita en tanques para que sedimenten las partículas pesadas. En el tratamiento secundario las bacterias del sistema descomponen los desechos. A veces el agua se trata con cloro para matar a los organismos que causan enfermedades.

Algunas comunidades han ideado formas creativas para sus plantas de tratamiento de aguas residuales. En la Figura 14 se ve el Parque Estatal Riverbank en la ciudad de Nueva York. Es un parque, un mercado y un centro deportivo construido sobre una planta de tratamiento de aguas residuales. Ahora la ciudad tiene una planta de tratamiento y un parque en la mitad del espacio.

Reducción de los contaminantes En lugar de descargar los desechos en el ambiente, las industrias pueden reciclarlos para recuperar materiales útiles. Cuando se inician estos programas, las compañías encuentran formas de ahorrar dinero y de reducir la contaminación. Otras compañías cambian sus procesos para producir menos desperdicios o desechos nocivos. Por ejemplo, algunas industrias aprovechan ácidos naturales de frutas como agentes limpiadores más que solventes tóxicos. También los agricultores hallan alternativas a los pesticidas y fertilizantes tóxicos.

Limpieza de derrames de petróleo y gasolina El petróleo es un contaminante que la naturaleza asimila en cantidades pequeñas. En el mar viven bacterias que desintegran el petróleo. Cuando hay petróleo, las bacterias se multiplican al alimentarse de él. Cuando el petróleo desaparece, la población de las bacterias se extingue. Pero en el caso de un derrame grande, las bacterias no pueden limpiarlo con suficiente rapidez. Se requiere el trabajo arduo de muchos científicos y voluntarios para reducir al mínimo el daño ambiental de los derrames grandes.

Es difícil limpiar la gasolina o el petróleo que escurren de un tanque subterráneo. Si la contaminación no se ha difundido, es posible retirar el suelo alrededor del tanque. Pero la contaminación que llega a las aguas freáticas puede extenderse mucho. Las aguas freáticas se bombean a la superficie, se limpian y se devuelven al subsuelo. Sin embargo, esto llega a tardar muchos años.

Qué podemos hacer Es fácil evitar la contaminación del agua en casa. Algunos contaminantes comunes del agua en casa son las pinturas y solventes, aceite de motor y sustancias químicas de jardinería. Para no contaminar el agua, nunca viertas estas sustancias en el caño. Guárdalos hasta el próximo día de reunión de desechos peligrosos de tu comunidad.

 Verifica tu lectura **¿Por qué es difícil limpiar los escurrimientos de los tanques petroleros subterráneos?**

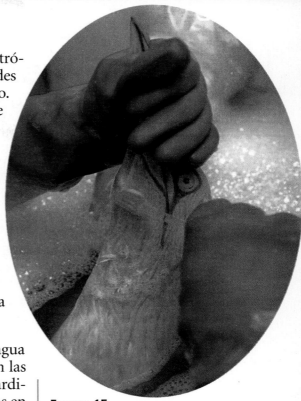

FIGURA 15
La limpieza de los derrames de petróleo
Tras un derrame de petróleo, un voluntario limpia el petróleo de las plumas de un alcatraz, un ave marina grande.

Sección 3 Evaluación

Destreza clave de lectura Examinar ayudas visuales Usa tus preguntas y respuestas sobre la Figura 13 para responder a la pregunta 2.

Repasar los conceptos clave

1. **a.** Repasar Si la mayor parte de la Tierra está cubierta por agua, ¿por qué el agua dulce es un recurso escaso?
   b. Calcular Si sólo 3 por ciento del agua de la Tierra es dulce y 75 por ciento del agua dulce está congelada, ¿qué porcentaje del agua de la Tierra es agua dulce líquida?
   c. Predecir Un compañero propone que la solución a la escasez del agua es fundir algunos témpanos y llevar el agua adonde se necesite. Señala dos problemas de este plan.
2. **a.** Hacer una lista Señala cuatro actividades humanas que son fuente de contaminación.
   b. Relacionar causa y efecto Explica por qué si un agricultor rocía sus campos con pesticidas puede contaminar un río a millas de distancia.

3. **a.** Identificar ¿De qué tres maneras se puede reducir la contaminación del agua?
   b. Ordenar en serie Anota en orden los pasos del tratamiento de las aguas residuales.
   c. Emitir un juicio ¿Qué leyes crees que darían por resultado la mayor reducción de la contaminación del agua? Explica.

Escribir en ciencias

Diálogo Supongamos que se propuso para tu localidad una planta de tratamiento de aguas residuales y un complejo recreativo como en la Figura 14. Escribe un diálogo de una página en el que una persona de tu localidad y tú debatan si es una buena idea. (*Pista*: Los personajes deben adoptar puntos de vista opuestos.) Asegúrate de apoyar todas las opiniones con detalles específicos.

Contaminación del aire y sus soluciones

Avance de la lectura

Conceptos clave
- ¿Cuáles son las causas de la neblina tóxica y la lluvia ácida?
- ¿Cuáles son las causas de la contaminación en interiores?
- ¿Cuál es la clave para reducir la contaminación del aire?

Términos clave
- gases contaminantes
- neblina tóxica fotoquímica
- ozono • inversión térmica
- lluvia ácida • radón

⟳ Destreza clave de lectura

Relacionar causa y efecto
Mientras lees, identifica tres causas de la contaminación del aire. Escribe la información en un organizador gráfico como el que sigue.

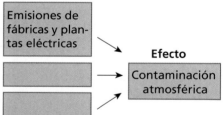

Causas

Emisiones de fábricas y plantas eléctricas

Efecto

Contaminación atmosférica

Lab zone **Actividad** Descubre

¿Cómo se propagan los aromas?

1. Escoge un lugar del salón en el que tus compañeros y tú se pongan de pie y se repartan uniformemente.
2. Tu maestro rociará algún perfume en una esquina del salón.
3. Levanta la mano cuando empieces a oler el perfume.

Reflexiona
Inferir Describe el patrón que observaste a medida que las personas levantaban la mano. ¿Cómo crees que se propagó el aroma por el salón?

No puedes verlo, probarlo ni olerlo, pero te rodea. Claro, es el aire. ¿Pero qué es el aire? El aire es una mezcla de nitrógeno, oxígeno, dióxido de carbono, vapor de agua y otros gases. Casi todos los seres vivos dependen de estos gases para realizar sus procesos vitales. Recuerda del Capítulo 2 que estos gases circulan entre la atmósfera y los seres vivos. Estos ciclos garantizan que el suministro de aire no se agote, pero no aseguran que el aire esté limpio.

¿Qué causa la contaminación del aire? Quizá te imaginas una chimenea que arroja al cielo un humo negro y espeso. En Estados Unidos, hasta mediados del siglo XX las fábricas y plantas de generación de electricidad que quemaban carbón producían la mayor parte de los **gases contaminantes** del aire. En la actualidad hay una fuente mayor de estos contaminantes: los vehículos de motor, como autos y camiones. También hay causas naturales en la contaminación del aire. Por ejemplo, un volcán que hace erupción envía una carga enorme de contaminantes a la atmósfera.

Embotellamiento de tránsito ▶

Aire más frío

Aire caliente

Aire frío

Neblina tóxica

¿Te ha tocado oír un pronóstico meteorológico de "alerta de neblina tóxica"? Una alerta de neblina tóxica es una advertencia sobre una forma de contaminación atmosférica llamada neblina tóxica fotoquímica. La **neblina tóxica fotoquímica** es una niebla gruesa y marrón que se forma cuando ciertos gases del aire reaccionan con la luz del sol. Cuando el nivel de la neblina tóxica es elevado, se estanca como niebla sobre una ciudad. La neblina tóxica produce irritación de ojos y garganta, y dificultades respiratorias. El ejercicio al aire libre puede empeorar estos problemas.

Fuentes de la neblina tóxica **Las principales fuentes de la neblina tóxica son los gases expulsados por autos y camiones.** La combustión de gasolina en el motor de un auto libera gases a la atmósfera. Estos gases son hidrocarburos (compuestos de hidrógeno y carbono) y óxidos de nitrógeno. Los gases reaccionan con la luz solar y producen una forma de oxígeno llamada **ozono.** El ozono, que es tóxico, es el principal elemento de la neblina tóxica. El ozono puede causar infecciones pulmonares y daños en las defensas del cuerpo contra las infecciones.

Inversión térmica En condiciones normales la superficie terrestre calienta el aire que está cerca del suelo. Cuando el aire se calienta, asciende hacia el aire frío que está arriba. Todos los contaminantes del aire se elevan en la atmósfera y se alejan del lugar donde fueron producidos.

Ciertas condiciones meteorológicas causan una condición llamada inversión térmica. En una **inversión térmica** una capa de aire caliente impide que escape el aire que asciende. El aire contaminado queda atrapado cerca de la superficie terrestre. La neblina tóxica se concentra y se hace más peligrosa.

 Verifica tu lectura **¿Cuál es el elemento principal de la neblina tóxica?**

FIGURA 16
Inversión térmica
Normalmente los contaminantes suben a la atmósfera y se dispersan. Pero en una inversión térmica una capa de aire caliente atrapa los contaminantes cerca del suelo.
Interpretar fotografías *¿Qué es la nube café?*

Para: Más información sobre contaminación del aire, disponible en inglés.
Visita: PHSchool.com
Código Web: ced-5044

FIGURA 17

Lluvia ácida
La lluvia ácida reacciona con la piedra de las estatuas.
Inferir ¿Por qué parece como si estas estatuas se derritieran?

Lluvia ácida

La precipitación que es más ácida de lo normal por causa de la contaminación del aire se llama **lluvia ácida.** La lluvia ácida puede tener la forma de nieve, aguanieve o niebla, además de lluvia. **La lluvia ácida es causada por los gases contaminantes de las plantas de generación de electricidad y las fábricas que queman carbón y petróleo.** Estos combustibles producen óxidos de nitrógeno y de azufre al quemarse. Los gases reaccionan con el vapor de agua del aire y forman ácido nítrico y ácido sulfúrico, que vuelven a la superficie de la tierra disueltos en la precipitación.

Como te imaginarás, los ácidos que caen del cielo tienen efectos negativos. Cuando la lluvia ácida cae en un lago o laguna, cambia sus condiciones. Muchos peces (y particularmente sus huevos) no pueden sobrevivir en aguas más ácidas. Cuando la lluvia ácida cae en las plantas, daña sus hojas y tallos. La lluvia ácida que cae en el suelo también daña las plantas porque afecta la concentración de nutrientes en el suelo. Bosques enteros han sido destruidos por la lluvia ácida. Por fortuna, algunos efectos de la lluvia ácida son reversibles. Lagos muy dañados se han recuperado añadiendo sustancias como caliza para neutralizar el ácido.

La lluvia ácida no afecta sólo a los seres vivos. El ácido reacciona con la piedra y el metal de edificios y estatuas. Las estatuas y piedras labradas dañadas por la lluvia ácida dan la impresión de derretirse. Los autos se oxidan más rápidamente en zonas con lluvia ácida. Estos efectos no son reversibles.

Verifica tu lectura **¿Cómo afecta la lluvia ácida a las cosas sin vida?**

¿Es muy ácida tu lluvia?

En esta actividad vas a probar si la lluvia de tu localidad es más o menos ácida que el jugo de limón (ácido cítrico).

1. Capta un poco de agua de lluvia en un vaso de plástico transparente y limpio.
2. Dentro de casa, remoja un trozo de papel pH en el vaso. Compara el color del papel con la tabla del paquete para encontrar el pH (cuanto menor es el pH de una sustancia, más ácida es).
3. Vacía un poco de jugo de limón en un vaso de plástico. Repite el paso 2 con el jugo.

Medir ¿Cuál es el pH del agua de lluvia? Compáralo con el pH del jugo de limón.

Contaminación en interiores

Quizá crees que puedes evitar la contaminación si te quedas dentro de tu casa pero, en realidad, también el aire dentro de las edificaciones se contamina. **Algunas sustancias que contaminan el aire de interiores, como el polvo y el pelo de las mascotas, molesta sólo a las personas que son sensibles a ellas. Otros contaminantes de interiores, como las sustancias químicas tóxicas, afectan a cualquiera.** Pegamentos y artículos de limpieza liberan humos tóxicos. El humo del cigarro, incluso si lo fuma otra persona, daña los pulmones y el corazón.

Monóxido de carbono Un contaminante del aire de interiores especialmente peligroso es el monóxido de carbono, un gas incoloro e inodoro que se forma cuando madera, carbón, petróleo o gas no se queman completamente. Cuando el monóxido de carbono se acumula en un espacio cerrado, como un departamento o una casa, puede ser mortal. Cualquier hogar calentado con madera, carbón, petróleo o gas debe tener un detector de monóxido de carbono.

Radón Otro contaminante del aire interior difícil de detectar es el radón. El **radón** es un gas incoloro e inodoro radiactivo. Se forma naturalmente en ciertas rocas subterráneas. El radón entra en los hogares por las grietas de las paredes del sótano o por el piso. En las investigaciones se indica que respirar radón durante muchos años causa cáncer pulmonar y otros problemas de salud. Pero no se sabe cuánto radón es necesario para causar estos efectos. Por seguridad, algunos propietarios han instalado en sus casas sistemas de ventilación para evitar que el radón se acumule.

> **Verifica tu lectura** ¿Qué es el monóxido de carbono?

FIGURA 18
Contaminación del aire en interiores
El aire dentro de las edificaciones también se contamina.
Observar ¿Cuántas fuentes de contaminación detectas en este cuarto?

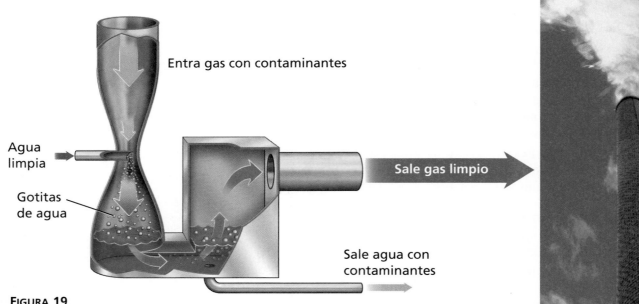

Entra gas con contaminantes

Agua limpia

Gotitas de agua

Sale gas limpio

Sale agua con contaminantes

FIGURA 19
Control de los gases contaminantes de las fábricas
En una chimenea con depurador se eliminan gases contaminantes como el dióxido de sulfuro. El gas sucio pasa por un tubo que contiene gotitas de agua. Los contaminantes se disuelven en el agua, de modo que de la cámara sale gas limpio. El agua sucia debe eliminarse apropiadamente.
Inferir ¿Por qué los depuradores no son una solución perfecta para el problema de los gases contaminantes?

Reducir la contaminación del aire

La clave para reducir la contaminación del aire es controlar las emisiones de gases contaminantes. En Estados Unidos, leyes como la Ley de Aire Limpio regulan la cantidad de contaminantes que se pueden expulsar al aire y alientan el desarrollo de tecnología nueva que reduzca la contaminación. Reducir las contaminaciones requiere tecnología nueva y esfuerzos de personas como tú.

El control de los gases contaminantes de las fábricas

Antes, las fábricas resolvían el problema de los gases contaminantes con chimeneas que liberaban los desechos en las alturas, donde se dispersaban. Pero aun así los contaminantes terminaban en algún lugar. Ahora tienen sistemas en las chimeneas para tratar los gases contaminantes. El sistema de la Figura 19, llamado depurador, elimina los contaminantes mediante un flujo de gotas de agua. Los contaminantes se disuelven en el agua y caen en un contenedor. El uso de depuradores explica por qué el "humo" de las fábricas es blanco: no es humo, sino vapor.

El control de los gases contaminantes de los vehículos

Autos y camiones ahora tienen dispositivos para controlar la contaminación. Por ejemplo, un convertidor catalítico es un aparato que reduce las emisiones de monóxido de carbono, hidrocarburos y óxidos de nitrógeno. Este aparato hace que los gases reaccionen y formen agua y dióxido de carbono, que es menos nocivo.

Las leyes obligan a usar aparatos para controlar la contaminación. Por ejemplo, los autos deben pasar pruebas de emisión de gases. Las leyes de verificación de emisión de gases de California ha ayudado a resolver el problema de la neblina tóxica de Los Ángeles en los últimos años.

Qué podemos hacer Quizá pienses que no es mucho lo que se puede hacer para reducir la contaminación del aire pero, en realidad, algunos pequeños cambios en el comportamiento de las personas pueden significar una gran diferencia.

Puedes ayudar a reducir la contaminación del aire si disminuyes el consumo de ciertas formas de energía. Buena parte de la contaminación del aire es resultado de quemar combustibles para dar electricidad y transporte. Consumir menos energía conserva los recursos energéticos y reduce también los gases contaminantes. Cuando tomas un transporte público, compartes vehículos, caminas o vas en bicicleta, hay un auto menos en la calle. Esto significa que hay menos gases que contaminan el aire.

 **Señala dos cosas que puedes hacer para reducir la contaminación del aire.**

FIGURA 20
Reducción de la contaminación del aire
Trasladarse a la escuela o el trabajo en bicicleta es una manera de reducir los gases contaminantes del aire.

Sección 4 Evaluación

Destreza clave de lectura Relacionar causa y efecto Consulta tu organizador gráfico sobre la contaminación del aire para responder a la pregunta 1.

Repasar los conceptos clave

1. a. **Repasar** ¿Qué causa la neblina tóxica? ¿Qué causa la lluvia ácida?
   b. **Comparar y contrastar** ¿En qué se parecen las causas de la neblina tóxica y la lluvia ácida? ¿En qué se diferencian?
2. a. **Hacer una lista** Da cuatro ejemplos de contaminantes del aire de interiores.
   b. **Clasificar** ¿Cuál de los contaminantes que anotaste arriba molestan sólo a las personas sensibles a ellas? ¿Cuál afecta a todos?
   c. **Predecir** Los hogares nuevos están mejor aislados que los antiguos. ¿Qué efecto tiene esto en los problemas de contaminación del aire de interiores?
3. a. **Identificar** ¿Cuál es una clave para la reducción de la contaminación del aire?

b. **Aplicar conceptos** Explica con un ejemplo cómo las nuevas tecnologías reducen los gases contaminantes.
c. **Inferir** Un autobús produce más gases contaminantes que un auto. Sin embargo, si aumenta el número de personas que viajan en autobús el total de los gases es menor. Explica.

Lab zone Actividad En casa

Está en el aire ¿Qué partículas sólidas hay en tu aire? Con un familiar prepara dos colectores de partículas. Unta vaselina en el interior de dos frascos limpios y vacíos de vidrio. Pon uno fuera y otro dentro de tu casa. Deja los dos frascos en lugares donde nadie los toque. Predice qué encontrarás si dejas los frascos varios días. Compara las partículas sólidas de los dos frascos. ¿Son semejantes? ¿Identificas alguna de las partículas?

¿Cómo crece el jardín?

Problema

¿Cómo afectan los contaminantes el crecimiento de las semillas?

Destrezas aplicadas

controlar variables, interpretar datos, diseñar experimentos

Materiales sugeridos

- 2 cajas de Petri con tapa, de plástico
- lápiz de cera
- tierra para macetas
- solución ácida
- 20 semillas de rábano
- solución de aceite
- solución jabonosa
- solución salina
- agua de la llave del día anterior
- cinta adhesiva de papel
- cilindro graduado de 10 mL
- regla en centímetros

Procedimiento

PARTE 1 Observar los efectos de un contaminante conocido

1. Lee todos los pasos del experimento. Escribe una hipótesis sobre cómo afectaría una solución ácida el crecimiento de las semillas de rábano. Luego copia la tabla en tu cuaderno.

2. Escribe tus iniciales en las tapas de las cajas de Petri. Luego escribe "Control" en una tapa y en la otra, "Solución ácida".

3. Llena las cajas con tierra de macetas. No aplastes la tierra.

4. Vacía 10 mL de agua en la caja de control. Vacía 10 mL de solución ácida en la caja del contaminante. Reparte diez semillas por encima de la superficie de tierra en cada caja.

5. Cubre cada caja con la tapa correcta. Con la cinta adhesiva, cierra bien las tapas. Coloca las cajas donde reciban luz y nadie las mueva. Lávate las manos con jabón.

6. Durante los siguientes cinco días, observa a diario las semillas (sin abrir las tapas). Anota tus observaciones en la tabla. Mide con una regla en centímetros la longitud de las raíces o brotes que aparezcan. Si no observas ningún cambio, anota esa observación.

PARTE 2 Observar los efectos de un posible contaminante

7. Con los procedimientos que seguiste en la parte 1, diseña un experimento en el que pruebes el efecto de un posible contaminante en el crecimiento de las semillas de rábano. (*Pista:* puedes usar una de las soluciones sobrantes de los Materiales sugeridos.) No te olvides de escribir una hipótesis ni de controlar todas las variables necesarias.

8. Pide a tu maestro que revise el plan de tu experimento. Cambia lo necesario y haz una tabla con tus observaciones. Luego haz el experimento.

Tabla de datos				
Fecha	Semillas germinadas		Condición de los brotes	
	Control	Contaminante (solución ácida)	Control	Contaminante (solución ácida)

Analiza y concluye

1. **Observar** En la parte 1, ¿cuántas semillas germinaron cada día en la caja de control? ¿Cuántas germinaron en la caja del contaminante? ¿Cuántas semillas germinaron en cada caja?

2. **Controlar variables** En la parte 1, ¿en qué difirió la preparación de las dos cajas de Petri? ¿Fue importante la diferencia para la investigación?

3. **Interpretar datos** En la parte 1, ¿varió el crecimiento de los brotes en las dos condiciones? Si varió, ¿cómo?

4. **Sacar conclusiones** En la parte 1, ¿tus resultados sustentaron tu hipótesis? Explica.

5. **Diseñar un experimento** ¿Cuál fue la variable manipulada en la parte 2? ¿Cuál fue la variable de respuesta?

6. **Inferir** En la parte 2, ¿la solución que escogiste resultó contaminante? Explica.

7. **Comunicar** Escribe un párrafo en el que expliques cuál habría sido el efecto del contaminante que investigaste en la parte 2 si hubiera llegado a un huerto o una granja.

Explora más

¿Crees que el contaminante que estudiaste en la parte 1 tiene el mismo efecto en todos los tipos de plantas? Explica tu razonamiento. ¿Cómo comprobarías tu hipótesis?

Cambios globales en la atmósfera

Avance de la lectura

Conceptos clave

- ¿Cómo han dañado las actividades humanas la capa de ozono?
- ¿Cómo se relacionan las actividades humanas con los cambios en el clima del mundo?

Términos clave

- capa de ozono
- clorofluorocarbonos
- efecto invernadero
- calentamiento global

Destreza clave de lectura

Hacer un esquema Mientras lees, haz un esquema sobre los cambios mundiales de la atmósfera que te sirva para repasar. Usa los encabezados en rojo para las ideas principales y los azules para las ideas de apoyo.

Cambios mundiales de la atmósfera
I. Adelgazamiento de la capa de ozono
A. La fuente del ozono
B.
C.
II. Cambios del clima del mundo
A.
B.

Lab zone **Actividad Descubre**

¿Qué pasó con las cuentas?

1. Tu maestro te dará cuentas que cambian de color en ciertas circunstancias, dos limpiapipas y un recorte de camiseta.
2. Mete la mitad de las cuentas en un limpiapipas y únelo torciendo los extremos.
3. Repite el paso 2 con las cuentas restantes. Cubre las cuentas de este limpiapipas con la tela de la camiseta.
4. Saca las cuentas al aire libre. Después de dos minutos, entra. Quita la tela. Observa inmediatamente los dos juegos de cuentas y compara sus colores.

Reflexiona

Desarrollar hipótesis ¿Hubo alguna diferencia de color entre los dos juegos de cuentas? Formula una hipótesis para explicar tus observaciones.

Es el primer día de las vacaciones y es perfecto para estar en la playa. Hace calor y no hay nubes en el cielo. Encuentras el mejor lugar para sentarte a leer tu libro nuevo. Pero en cuanto empiezas a leer, el sol y el sonido del mar hacen que te sientas somnoliento. Lo siguiente que recuerdas es que te despiertas con el libro en la cabeza. Te dormiste dos horas. Y el enrojecimiento de tus brazos te recuerda que olvidaste aplicarte bloqueador solar. ¡Ay!

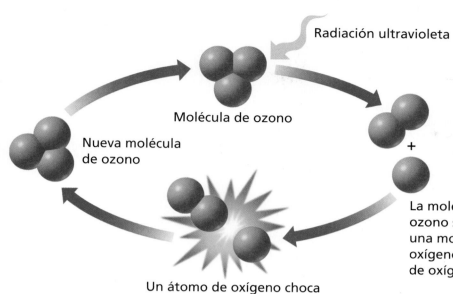

Radiación ultravioleta

Molécula de ozono

Nueva molécula de ozono

+

Un átomo de oxígeno choca con una molécula de oxígeno

La molécula de ozono se divide en una molécula de oxígeno y un átomo de oxígeno

FIGURA 21
El ciclo del ozono
Cuando la radiación ultravioleta del sol golpea una molécula de ozono, ésta se divide en una molécula de oxígeno y un átomo de oxígeno libre. **Interpretar diagramas** *¿Qué pasa cuando el átomo de oxígeno libre choca con una molécula de oxígeno?*

El adelgazamiento de la capa de ozono

Si has sufrido una quemadura por sol, ya conoces los efectos dolorosos de la radiación ultravioleta. ¿Pero sabías que esas quemaduras pudieron haber sido peores sin la protección de la capa de ozono? La **capa de ozono** es una capa de la parte alta de la atmósfera, a unos 30 kilómetros sobre la superficie de la Tierra. En realidad, la concentración de ozono en esta capa es muy baja, de apenas unas partes por millón. Sin embargo, incluso esta cantidad pequeña de la capa de ozono protege a la gente de los efectos de recibir demasiada radiación ultravioleta. Estos efectos incluyen quemaduras, enfermedades oculares y cáncer de piel.

Puesto que antes leíste que el ozono es un contaminante, suena confuso el hecho de que el ozono sea útil. La diferencia entre el ozono como contaminante y como gas útil está en su ubicación. El ozono cerca de la superficie en la forma de neblina tóxica es dañino. En la parte superior de la atmósfera, donde la gente no lo puede respirar, nos protege.

La fuente del ozono El ozono se forma y se destruye constantemente. Cuando la luz solar golpea una molécula de ozono, la energía de la radiación ultravioleta se absorbe en parte. Esta energía hace que la molécula de ozono se divida en una molécula de oxígeno y un átomo de oxígeno, como se muestra en la Figura 21. El átomo de oxígeno choca pronto con otra molécula de oxígeno y reaccionan para formar una nueva molécula de ozono. Cada vez que se repite el ciclo, se absorbe algo de la energía ultravioleta. Esa energía no llega a la superficie de la Tierra.

Matemáticas
Destrezas

Calcular la concentración

Los niveles de contaminantes se escriben como concentraciones. Una concentración es una razón que compara la cantidad de una sustancia con la cantidad de otra. Por ejemplo, supongamos que la concentración de ozono en parte de la atmósfera es de 3 partes por millón. Esto significa que hay 3 moléculas de ozono por 1,000,000 de moléculas de aire. Esta razón puede escribirse de tres maneras:

3 : 1,000,000

3 a 1,000,000

$$\frac{3}{1,000,000}$$

Problemas de práctica Expresa estas concentraciones de las tres maneras.

1. 7 partes por centena

2. 25 partes por mil millones

▲ **1979**
Los científicos detectan un agujero en la capa de ozono, sobre la Antártida (la zona azulada representa la extensión del agujero).

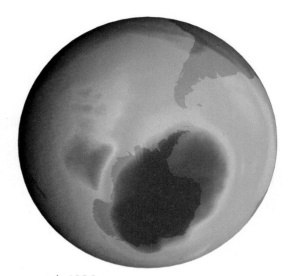

▲ **1986**
El agujero de la capa de ozono ha crecido hasta cubrir casi toda la Antártida.

FIGURA 22

Agujero en la capa de ozono

El agujero en la capa de ozono fue detectado sobre la Antártida en la década de 1970. En general, el agujero ha crecido desde entonces, aunque varía un poco de tamaño cada año. En estos globos terráqueos, la zona en azul indica la extensión del agujero en la primavera del año respectivo. **Observar** *¿Cómo describirías el cambio en el agujero de la capa de ozono de 1979 a 2000?*

El agujero de la capa de ozono A finales de la década de 1970, los científicos observaron que la capa de ozono sobre la Antártida se adelgazaba cada primavera. La cantidad de ozono en la capa disminuía y producía una región de agotamiento agudo de ozono, o un agujero. En la Figura 22 se ve el agujero de la capa de ozono en cuatro años seleccionados. En 2000 el agujero alcanzó su mayor tamaño y en 2003 fue el segundo mayor.

¿A qué se debe el agujero de la capa de ozono? **Los científicos determinaron que la principal causa del agujero de la capa de ozono es un grupo de gases llamados CFC, que se usaban en muchos productos domésticos.** Los CFC, o **clorofluorocarbonos,** son gases artificiales que contienen cloro y flúor. Los CFC se usaban en sistemas de aire acondicionado, latas de aerosoles y otros productos. En las partes altas de la atmósfera, los CFC reaccionan con las moléculas de ozono. Los CFC bloquean el ciclo en el que las moléculas de ozono absorben la radiación ultravioleta. Por consiguiente, más luz ultravioleta llega a la superficie de la Tierra.

¿Qué se ha hecho? En 1990 muchas naciones firmaron un acuerdo para prohibir el uso de sustancias que acabaran con el ozono, incluyendo los CFC. En el 2000 fueron prohibidos casi todos los usos de los CFC. Todavía se permiten algunos usos, pero en comparación con la década de 1970, ahora pocos CFC pasan a la atmósfera. Por desgracia, las moléculas de CFC se quedan en la atmósfera mucho tiempo. Pero los científicos pronostican que si continúa la prohibición de las sustancias que destruyen el ozono, la capa se recuperará paulatinamente.

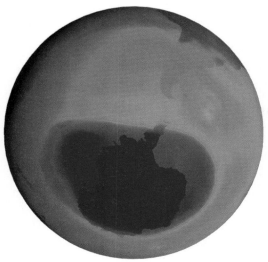

▲ **1993**
El agujero de la capa de ozono
cubre casi toda la Antártida.

▲ **2000**
El agujero de la capa de ozono cubre la
Antártida y se extiende al norte, sobre la
punta de América del Sur.

Cuando los científicos descubrieron que los CFC eran nocivos
para la atmósfera, de inmediato comenzaron a buscar sustitutos.
Se rediseñaron refrigeradores y aparatos de aire acondicionado
para que usaran menos sustancias nocivas. La mayoría de las latas
de aerosol fueron sustituidas por rociadores o se rediseñaron para
usar otros gases. Los investigadores desarrollaron nuevas maneras de hacer productos, como el poliestireno, sin usar CFC.
Gracias a estas investigaciones e inventos, ahora entran muchos
menos CFC a la atmósfera.

 Verifica tu lectura **¿Qué predicen los científicos que sucederá si continúa la prohibición de los CFC?**

Matemáticas ▶ Analizar datos

Concentraciones de cloro

La gráfica lineal muestra las mediciones y
predicciones de un científico sobre el efecto
de la prohibición de los CFC en las
concentraciones de cloro en la atmósfera. La
línea roja indica las concentraciones de cloro
sin la prohibición de CFC. La línea azul
muestra esas concentraciones con la
prohibición de CFC.

1. **Leer gráficas** ¿Qué variable se traza en el
   eje horizontal? ¿Y en el eje vertical?

2. **Interpretar datos** ¿Qué línea de la gráfica
   muestra concentraciones altas de cloro? ¿Qué
   tendencia muestra la otra línea?

3. **Inferir** ¿Por qué las dos líneas comienzan
   en el mismo punto?

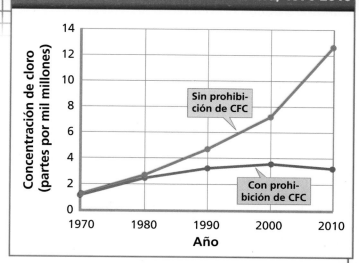

Concentración de cloro en la atmósfera, 1970-2010

4. **Sacar conclusiones** ¿Cómo cambia la
   relación entre las dos líneas?

Cambios del clima del mundo

Algunos cambios de la atmósfera pueden afectar el clima de todo el planeta. Para entender por qué, hay que saber más sobre la atmósfera.

El efecto invernadero Imagina que el sol brilla por una ventana en un día frío. La ventana deja pasar la luz al cuarto. La luz choca con las cosas del cuarto y se convierte en calor. Las ventanas cerradas detienen el aire caliente y aumenta la temperatura del cuarto.

En la atmósfera, el vapor de agua, dióxido de carbono y otros gases actúan como las ventanas. Estos gases dejan que la luz solar llegue a la superficie, pero luego impiden que el calor escape al espacio. La retención del calor cerca de la superficie terrestre se llama **efecto invernadero.** Sin el efecto invernadero, la Tierra sería mucho más fría; en promedio, unos 33 grados Celsius más fría. Toda el agua de la Tierra estaría congelada.

Calentamiento global Desde el siglo XIX, el carbón y el petróleo han sido las principales fuentes de energía de muchas partes del mundo. Como has leído, quemar estas sustancias produce dióxido de carbono. En consecuencia, la cantidad de dióxido de carbono de la atmósfera se ha incrementado de 280 partes por millón a 350 partes por millón. Esta cantidad crece más rápido cada año.

Las actividades humanas que incrementan las concentraciones de dióxido de carbono pueden intensificar el efecto invernadero. Una teoría, llamada **calentamiento global,** predice que el incremento de las concentraciones de dióxido de carbono hará que la temperatura promedio siga aumentando. Los científicos han calculado que en este siglo, la temperatura promedio mundial podría aumentar hasta 3.5 grados Celsius.

FIGURA 23
Efecto invernadero
Cuando la energía en forma de luz solar llega a la superficie de la Tierra, se convierte en calor. Ciertos gases de la atmósfera captan parte del calor y lo atrapan. Este calor atrapado es el efecto invernadero. **Aplicar conceptos** *¿Qué gases de la atmósfera captan el calor cerca de la superficie de la Tierra?*

Cuando la energía del sol llega a la superficie de la Tierra, se convierte en calor.

Parte del calor escapa al espacio.

Los gases de invernadero de la atmósfera captan parte del calor.

Atmósfera

El calor de la superficie terrestre irradia a la atmósfera.

Consecuencias posibles Aunque el incremento pronosticado de la temperatura no parezca un cambio grande, podría tener un efecto enorme. Partes de la capa de hielo de la Antártida se derretirían, lo que aumentaría el nivel de los mares y causaría mayores inundaciones. El cambio de temperatura afectaría el clima en todo el mundo. Este cambio repercutiría en los cultivos. También habría más huracanes y otras tormentas intensas.

La dificultad de predecir el cambio climático Es difícil predecir el efecto de los cambios atmosféricos en el clima de la Tierra. Los sistemas que determinan el clima son muy complicados. Por ejemplo, los mares, bosques, nubes y volcanes de la Tierra influyen en las concentraciones de dióxido de carbono en la atmósfera. Es difícil saber qué efecto tendrían estos factores en un cambio climático.

Los científicos han estudiado los sistemas de cambio climático menos de un siglo, un tiempo demasiado breve para comprender procesos que duran miles de años. Los científicos basan sus predicciones del clima del planeta en modelos computarizados. Pero sólo el tiempo dirá si sus predicciones fueron atinadas.

 Verifica tu lectura ¿Cuáles serían tres posibles consecuencias del calentamiento global?

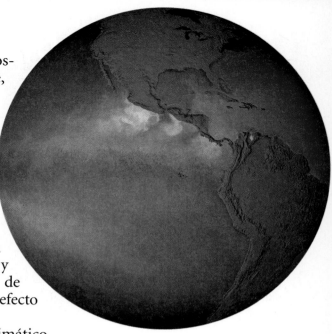

FIGURA 24
La predicción del cambio climático
Esta imagen generada por computadora muestra la temperatura de los océanos de América del Norte y América del Sur. Los colores claros indican las temperaturas más cálidas y los oscuros indican las más frías. Estas imágenes ayudan a los científicos a predecir los cambios climáticos.

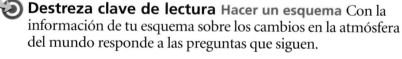

Sección 5 · Evaluación

Destreza clave de lectura Hacer un esquema Con la información de tu esquema sobre los cambios en la atmósfera del mundo responde a las preguntas que siguen.

Repasar los conceptos clave

1. a. **Repasar** ¿Qué efecto han tenido las actividades humanas en la capa de ozono?
   b. **Relacionar causa y efecto** ¿Qué parte del ciclo del ozono interrumpen los CFC? ¿Qué efecto tiene esto?
   c. **Predecir** La exposición a la radiación ultravioleta puede causar cáncer de piel. ¿Qué efecto esperas que tenga el adelgazamiento de la capa de ozono en la tasa de cáncer de piel? Explica.
2. a. **Identificar** ¿Qué actividades humanas han incrementado las concentraciones de dióxido de carbono en la atmósfera?
   b. **Explicar** Explica cómo se relacionan las concentraciones superiores de dióxido de carbono con los cambios en el clima del mundo.
   c. **Resolver un problema** ¿Qué podemos hacer para reducir la cantidad de dióxido de carbono que entra en la atmósfera?

Matemáticas Práctica

3. **Calcular una concentración** Haz un dibujo en el que indiques lo que significan las siguientes concentraciones. Luego exprésalas de tres maneras diferentes.
   a. 4 partes por 10
   b. 19 partes por 100
   c. 7 a 10
   d. 27 : 100

① Conservación de la tierra y el suelo

Conceptos clave

● Tres usos que cambian la tierra son agricultura, minería y desarrollo.

● El suelo fértil está compuesto de varias capas: mantillo, suelo superior y subsuelo.

● El mal manejo del suelo acarrea tres problemas: erosión, agotamiento de nutrientes y desertificación. Por fortuna, a veces el suelo dañado se puede restaurar.

Términos clave

desarrollo	agotamiento de
mantillo	nutrientes
suelo superior	fertilizante
subsuelo	desertificación
lecho rocoso	sequía
erosión	recuperación de la
	tierra

② Desechos sólidos y reciclaje

Conceptos clave

● Tres métodos para eliminar los desechos sólidos son quemarlos, enterrarlos y reciclarlos. Cada método tiene sus ventajas y sus desventajas.

● Una manera de ayudar a resolver el problema de los desechos sólidos es practicar las "tres R": reducir, reutilizar y reciclar.

● Los desechos peligrosos que no se depositan en rellenos especiales se incineran o los descomponen organismos vivos. Los desechos líquidos se guardan en capas profundas de rocas.

Términos clave

desechos sólidos	reciclaje
urbanos	biodegradable
incineración	compostaje
lixiviado	desecho peligroso
relleno sanitario	

③ Contaminación del agua y sus soluciones

Conceptos clave

● El agua dulce es escasa porque aproximadamente 97 por ciento del agua de la Tierra es salada.

● Los desechos producidos por los hogares, la agricultura, industria y minería pueden terminar en el agua.

● Mantener el agua limpia requiere un tratamiento adecuado de las aguas residuales, la reducción de los contaminantes y la limpieza eficaz de derrames de petróleo y gasolina.

Términos clave

aguas freáticas	pesticida
contaminante	sedimento
aguas residuales	

④ Contaminación del aire y sus soluciones

Conceptos clave

● Las principales fuentes de la neblina tóxica son los gases contaminantes de los vehículos. La lluvia ácida es causada por los gases contaminantes de las plantas de generación de electricidad y las fábricas que queman carbón y petróleo.

● Algunos contaminantes del aire en interiores afectan sólo a las personas sensibles a ellas. Otros contaminantes afectan a cualquiera.

● La clave para reducir la contaminación del aire es controlar los gases contaminantes.

Términos clave

gases contaminantes	inversión térmica
neblina tóxica	lluvia ácida
fotoquímica	radón
ozono	

⑤ Cambios globales en la atmósfera

Conceptos clave

● Una causa importante del agujero en la capa de ozono es un grupo de gases llamados CFC, o clorofluorocarbonos.

● Las actividades humanas que incrementan las concentraciones de dióxido de carbono intensifican al efecto invernadero.

Términos clave

capa de ozono	efecto invernadero
clorofluorocarbonos	calentamiento global

Repaso y evaluación

Organizar la información

Hacer un mapa de conceptos Copia el mapa de conceptos sobre la contaminación del aire en una hoja de papel aparte. Luego complétalo y ponle un título. (Para más información sobre mapas de conceptos, consulta el Manual de destrezas.)

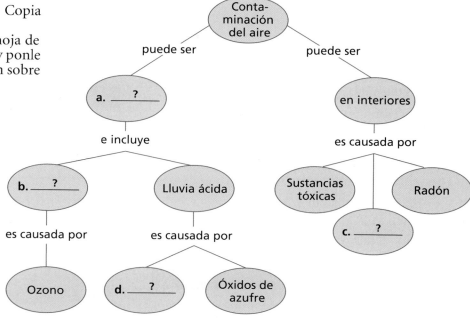

Repasar los términos clave

Elige la letra de la mejor respuesta.

1. El avance de condiciones desérticas en zonas que eran fértiles se llama
   a. desertificación.
   b. rotación de cultivos.
   c. agotamiento de nutrientes.
   d. recuperación de tierras.

2. ¿Cuál de los siguientes es un desecho biodegradable?
   a. un frasco de vidrio
   b. una lata metálica
   c. el corazón de una manzana
   d. una bolsa de plástico

3. El agua y los materiales de desecho eliminados por baños y fregaderos se llaman
   a. pesticidas.
   b. aguas residuales.
   c. químicos industriales.
   d. fertilizantes.

4. Los contaminantes que se liberan en el aire se llaman
   a. gases contaminantes.
   b. lixiviado.
   c. aguas residuales.
   d. sedimentos.

5. ¿Qué gas se cree que es una de las causas del calentamiento global?
   a. radón
   b. ozono
   c. dióxido de carbono
   d. monóxido de carbono

Escribir en ciencias

Informe de investigación Supongamos que eres un ecólogo que estudia los animales que viven en una masa de agua cerca de una gran ciudad. Escribe un informe en el que expliques el efecto de las actividades humanas en la masa de agua y los animales que dependen de ésta.

DISCOVERY CHANNEL SCHOOL

Land, Water, and Air Resources
Video Preview
Video Field Trip
▶ Video Assessment

Repaso y evaluación

Verificar los conceptos

6. Describe dos técnicas para evitar el agotamiento de nutrientes.

7. ¿Qué es una sequía?

8. Señala una manera en que las comunidades pueden alentar a sus habitantes a producir menos desechos sólidos.

9. Explica cómo puede exponerse una persona a una sustancia peligrosa que fue enterrada bajo el suelo hace muchos años.

10. ¿Cómo se limpia de manera natural un pequeño derrame de petróleo en el mar?

11. ¿Cómo se forma la lluvia ácida?

12. ¿Qué función cumplen el vapor de agua y el dióxido de carbono en el efecto invernadero?

Pensamiento crítico

13. **Resolver un problema** En la minería a cielo abierto, se retira una capa de suelo para exponer el recurso que está debajo, como el carbón. ¿Qué métodos se usarían para recuperar esta tierra dañada?

14. **Aplicar conceptos** ¿Por qué es inseguro enterrar o incinerar desechos radiactivos?

15. **Hacer generalizaciones** ¿Esperarías que las concentraciones de la neblina tóxica fotoquímica empeorara más en las ciudades o en las zonas rurales? Explica.

16. **Intepretar diagramas** ¿Qué proceso se representa en el diagrama?

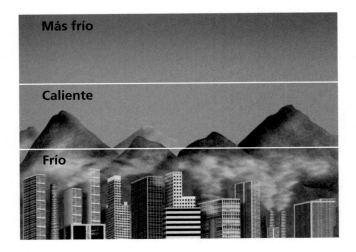

Más frío

Caliente

Frío

Practicar matemáticas

17. **Calcular una concentración** La concentración de hierro en una muestra de agua es de 500 partes por millón. La concentración de hierro en otra muestra es de 300 partes por millón. ¿Qué muestra tiene la mayor concentración?

Aplicar destrezas

Usa la gráfica que muestra las concentraciones de dióxido de carbono para responder a las preguntas 18 a 21.

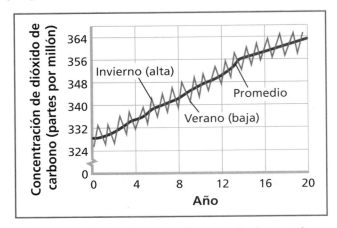

18. **Leer gráficas** ¿Cuál es el mejor título para la gráfica?

19. **Interpretar datos** ¿Cuál fue la concentración promedio de dióxido de carbono en la atmósfera al comienzo del estudio? ¿Y en el Año 20 del estudio?

20. **Calcular** ¿Cuánto aumentó el promedio de la concentración de dióxido de carbono durante el estudio?

21. **Desarrollar hipótesis** En cada año del estudio, la concentración en invierno de dióxido de carbono fue mayor que en verano. Propón una explicación para esto.

Lab zone Proyecto del capítulo

Evaluación del desempeño Presenta tu proyecto a tus compañeros. Explica la diferencia entre tu empaque y el empaque original, incluyendo cantidad y tipo de materiales. Luego demuestra cómo protege tu empaque al producto, por lo menos tan bien como el original.

Preparación para la prueba estandarizada

Sugerencia para hacer la prueba
Buscar calificativos (*más, menos, mejor*)
Muchas preguntas de opción múltiple usan calificativos como *más, menos* y *mejor*. Por ejemplo, puede ser que te pregunten cuáles dos organismos son los MÁS parecidos o cuál es la MEJOR conclusión a la que se puede llegar con los datos de un experimento. Cuando respondes a estas preguntas, tienes que leer con cuidado todas las opciones. Algunas de las respuestas pueden ser parcialmente correctas. Busca la respuesta mejor y más completa.

Pregunta de ejemplo
¿Cuál de los siguientes es MÁS probable que ocasione la desertificación de tierras cultivables?

A uso de fertilizantes   B riego

C pastoreo excesivo   D tala

Respuesta
La mejor respuesta es **C**. Aunque **D** también es causa de desertificación, es más probable que el pastoreo excesivo cause la desertificación de las tierras de cultivo.

Elige la letra de la mejor respuesta.

1. En el diagrama se muestran las capas del suelo. ¿En qué capa esperarías encontrar muchas especies de organismos, además de fragmentos de roca, nutrientes y materia en descomposición?
   A Capa W
   B Capa X
   C Capa Y
   D Capa Z

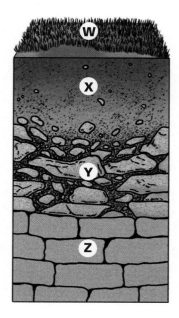

2. El granjero Brown planta maíz en todos sus campos todos los años. ¿Cuál es el resultado MÁS probable de sus métodos agrícolas?
   F erosión del suelo
   G agotamiento de recursos
   H desertificación
   J recuperación de la tierra

3. ¿Cómo afectan los sedimentos el abasto de agua?
   A Tapan la luz solar y evitan que crezcan las algas y plantas.
   B Favorecen el crecimiento de bacterias, que consumen el oxígeno del agua.
   C Fomentan el crecimiento de las algas, lo que impide que llegue la luz a otros organismos del agua.
   D Cambian la temperatura del agua, lo que causa la muerte de peces y otros organismos.

4. Supongamos que vas a realizar un experimento para medir la erosión del suelo que es resultado de diversas cantidades de lluvia. ¿Cuál sería la variable manipulada en el experimento?
   F tiempo   G profundidad del suelo
   H cantidad de lluvia   J tipo de suelo

5. La Oficina de Protección al Ambiente (EPA) vigila la calidad del aire en el país. De acuerdo con la EPA, la exposición a concentraciones de dióxido de azufre en el aire mayores de 14 partes por millón es nociva para la salud pública y para el ambiente. ¿En cuál de las siguientes formas escribirías esta concentración de dióxido de azufre?
   A $\dfrac{14}{10,000,000}$
   B 14 a 1,000,000.
   C 14 : 1,100,000.
   D $\dfrac{140}{100,000}$

Respuesta estructurada

6. Las actividades humanas son las causas más comunes de la contaminación del agua. Anota tres actividades humanas. Luego explica cómo podría contaminar el agua cada una.

Capítulo

5

Fuentes de energía

Las líneas eléctricas bien mantenidas garantizan la continuidad del flujo de la corriente. ▶

Lab zone™ **Proyecto** del capítulo

Inventario de la energía

¿Cuánta energía necesita el funcionamiento de tu escuela? En el proyecto de este capítulo vas a trabajar en grupo para estudiar el consumo de energía en tu escuela.

Tu objetivo Informar sobre un uso de la energía en tu escuela y hacer sugerencias para ahorrarla

Para completar este proyecto debes

- estudiar los tipos y la cantidad de energía que se consume en una parte de tu escuela
- identificar las formas de conservar la energía en esa zona
- preparar un informe escrito en el que resumas tus observaciones y propongas tus sugerencias
- seguir las reglas de seguridad del Apéndice A

Haz un plan Elige una parte de la escuela para estudiarla, como un salón, la cafetería o el patio. También puedes considerar el sistema de calefacción o enfriamiento o el transporte de ida y vuelta a la escuela. Luego decide qué datos vas a recopilar. Cuando comiences tu estudio, busca las formas de reducir el consumo de energía.

Combustibles fósiles

Avance de la lectura

Conceptos clave
- ¿Cómo dan energía los combustibles?
- ¿Cuáles son los tres combustibles fósiles más importantes?
- ¿Por qué los combustibles fósiles se consideran recursos no renovables?

Términos clave
- combustible
- transformación de la energía
- combustión
- combustible fósil
- hidrocarburo • petróleo
- refinería • petroquímica

Destreza clave de lectura
Desarrollar el vocabulario Usar una palabra en una oración te ayuda a pensar en la mejor manera de explicar la palabra. Después de leer la sección, vuelve a leer los párrafos que contienen las definiciones de los términos clave. Usa toda la información aprendida para escribir una oración en la que uses los términos clave.

> **Lab zone** **Actividad** Descubre
>
> ### ¿Qué hay en un trozo de carbón?
>
> 1. Observa un trozo de carbón. Anota tus observaciones con el mayor detalle posible, incluyendo su color, textura y forma.
> 2. Ahora observa detalladamente el carbón con una lupa.
> 3. Busca en el carbón fósiles: huellas de restos de plantas o animales.
>
> **Reflexiona**
>
> Observar ¿Qué observaste cuando usaste la lupa, en comparación con tus primeras observaciones? ¿De qué crees que está hecho el carbón?

¿En qué fuiste a la escuela hoy? Ya sea que hayas ido en auto o autobús, a pie o en bicicleta, usaste alguna forma de energía. La fuente de esa energía fue un combustible. Un **combustible** es una sustancia que proporciona energía (como calor, luz, movimiento o electricidad) como resultado de un cambio químico.

Transformación de la energía y combustibles

Frótate las manos rápidamente durante varios segundos. ¿Se calentaron? Cuando movías las manos, tenían energía mecánica, la energía del movimiento. La fricción de tus manos al frotarse convirtió la energía mecánica en energía térmica, que sentiste como calor. Un cambio de una forma de energía a otra se llama **transformación de la energía** o conversión de la energía.

La gasolina es un combustible fósil. ▶

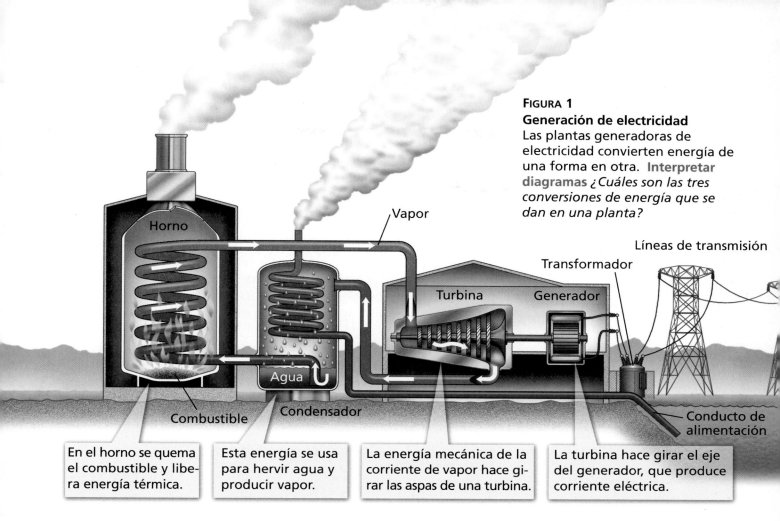

FIGURA 1
Generación de electricidad
Las plantas generadoras de electricidad convierten energía de una forma en otra. **Interpretar diagramas** ¿*Cuáles son las tres conversiones de energía que se dan en una planta?*

Vapor

Líneas de transmisión

Transformador

Turbina   Generador

Horno

Combustible   Condensador

Agua

Conducto de alimentación

En el horno se quema el combustible y libera energía térmica.	Esta energía se usa para hervir agua y producir vapor.	La energía mecánica de la corriente de vapor hace girar las aspas de una turbina.	La turbina hace girar el eje del generador, que produce corriente eléctrica.

Combustión Los combustibles contienen energía química almacenada, que se libera por **combustión,** o quema. **Cuando se queman combustibles, la energía química que se libera sirve para generar otra forma de energía, como calor, luz, movimiento o electricidad.** Por ejemplo, cuando se quema la gasolina del motor de un auto, pasa por un cambio químico. Parte de la energía química almacenada en la gasolina se convierte en energía térmica. Esta energía térmica se convierte en la energía mecánica que mueve el auto.

Generación de electricidad La energía química almacenada en los combustibles sirve para generar electricidad. En una planta de energía eléctrica, la energía térmica producida por la quema del combustible se usa para hervir agua y producir vapor, como se ve en la Figura 1. La energía mecánica del vapor hace girar una turbina. La turbina está conectada a un generador que consta de imanes potentes rodeados por una bobina de alambre de cobre. Cuando los imanes giran dentro del alambre, se produce corriente eléctrica. Esta corriente fluye por las líneas eléctricas a hogares e industrias.

 **Verifica tu lectura**   ¿Qué transformaciones de energía se dan en el motor de un auto?

Go Online
SciLINKS **NSTA**
Para: Vínculos sobre combustibles fósiles, disponible en inglés.
Visita: www.SciLinks.org
Código Web: scn-0551

Lab zone **Actividad** Destrezas

Hacer una gráfica

Usa los datos de la tabla siguiente para hacer una gráfica circular en la que muestres los usos de la energía en Estados Unidos. (Para repasar las gráficas circulares, consulta el Manual de destrezas.)

Uso final de la energía	Porcentaje de la energía total
Transporte	26.5
Industria	38.1
Hogares y empresas	35.4

Qué son los combustibles fósiles

Casi toda la energía que consumimos hoy viene de organismos que vivieron hace millones de años. Cuando estas plantas, animales y otros organismos murieron, sus restos se acumularon. Capas de arena, roca y lodo enterraron a los organismos muertos. Con el tiempo, el calor y la presión de los sedimentos convirtieron la materia en otras sustancias. Los **combustibles fósiles** son sustancias ricas en energía formadas de los restos de organismos. **Los tres combustibles fósiles más importantes son carbón, petróleo y gas natural.**

Los combustibles fósiles están hechos de hidrocarburos. Los **hidrocarburos** son compuestos químicos que contienen átomos de carbono e hidrógeno. Durante la combustión, estos átomos de carbono e hidrógeno se combinan con oxígeno del aire y forman dióxido de carbono y agua. La combustión libera energía en forma de calor y luz.

La quema de combustibles fósiles proporciona más energía por kilogramo que la quema de otros combustibles. Por ejemplo, un kilogramo de carbón provee hasta el doble de energía que un kilogramo de madera. El petróleo y el gas natural pueden dar tres veces tanta energía como la misma masa de madera.

Verifica tu lectura ¿Qué son los hidrocarburos?

Carbón El carbón es un combustible fósil sólido formado por restos de plantas. En la Figura 2 se muestra el proceso de formación del carbón. Durante miles de años hemos quemado carbón para producir calor. Sin embargo, hasta la Revolución Industrial del siglo XIX la madera era más conveniente y barata. Entonces, las enormes necesidades energéticas de las industrias hicieron rentable encontrar carbón, extraerlo y transportarlo. En la actualidad el carbón comprende alrededor de 23 por ciento del combustible usado en Estados Unidos, el cual alimenta las plantas generadoras de electricidad.

Para producir electricidad con carbón, primero hay que extraerlo de minas subterráneas. Los mineros usan máquinas para partir el carbón en trozos y llevarlo a la superficie. La extracción de carbón es un trabajo peligroso. Miles de mineros han muerto o se han lesionado en las minas. Muchos más sufren enfermedades pulmonares. Por fortuna, los procedimientos modernos de seguridad y el mejor equipo han vuelto más segura la extracción del carbón.

El carbón es el combustible fósil más abundante en Estados Unidos. Es fácil de transportar y al quemarse proporciona mucha energía. Pero el carbón tiene también algunas desventajas. La extracción de carbón aumenta la erosión. Las escorrentías de las minas de carbón contaminan el agua. La combustión de la mayor parte de los tipos de carbón contamina más el aire que los demás combustibles fósiles. La extracción minera puede ser peligrosa.

Figura 2

La formación del carbón

El carbón se forma de los restos de árboles y otras plantas que crecieron en pantanos hace cientos de millones de años. **Relacionar diagramas y fotografías** *¿Cuáles son dos diferencias entre la turba y el carbón?*

Descomposición de materia vegetal
Cuando las plantas del pantano mueren, sus restos en descomposición se acumulan.

Turba
Con el tiempo, las plantas se acumulan y forman turba. La turba puede quemarse como combustible.

Carbón
Con el aumento de la presión de los sedimentos, la turba se compacta. Al final, la turba se convierte en carbón. El carbón es un combustible más eficiente que la turba.

FIGURA 3

Producción de petróleo
El petróleo crudo se bombea del subsuelo y se refina. En la refinación se calienta y se separa con el fin de dar diversos productos.

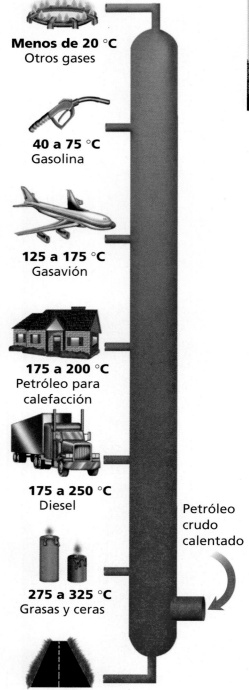

Menos de 20 °C
Otros gases

40 a 75 °C
Gasolina

125 a 175 °C
Gasavión

175 a 200 °C
Petróleo para calefacción

175 a 250 °C
Diesel

Petróleo crudo calentado

275 a 325 °C
Grasas y ceras

Más de 350 °C
Asfalto

Petróleo El petróleo es un combustible fósil líquido, negro y espeso. Se forma con los restos de animales pequeños, algas y otros organismos que vivían en el océano y en mares someros interiores hace millones de años. El nombre **petróleo** viene de las palabras latinas *petra* ("piedra") y *oleum* ("aceite"). El petróleo suma más de un tercio de la energía producida en el mundo. El combustible de la mayoría de los autos, aviones, trenes y barcos viene del petróleo. Además, muchos hogares se calientan con petróleo.

Casi todos los yacimientos de petróleo se encuentran bajo tierra en orificios pequeños de arenisca o caliza. El petróleo llena los huecos como una esponja llena de agua. Como los yacimientos petrolíferos se localizan a mucha profundidad, es difícil encontrar el petróleo. Los científicos usan ondas sonoras para verificar si una zona tiene petróleo. Pero incluso con esta técnica apenas uno de seis pozos perforados producen una cantidad aprovechable de petróleo.

Cuando el petróleo se bombea del subsuelo, se llama petróleo crudo. Para convertirlo en productos útiles debe pasar por un proceso llamado refinación. La fábrica en la que el crudo se calienta y separa en combustibles y otros productos se llama **refinería**. En la Figura 3 se ven algunos de los productos hechos con petróleo crudo. Los **petroquímicos** son compuestos hechos de petróleo. Con los petroquímicos se hacen plásticos, pinturas, medicinas y cosméticos.

 **Verifica tu lectura** ¿Qué es una refinería?

Gas natural El gas natural es una mezcla de metano y otros gases. El gas natural se forma de los mismos organismos que el petróleo. Como es menos denso que el petróleo, a veces sube en un yacimiento petrolífero y forma una bolsa de gas en la roca.

El gas natural se transporta mediante tuberías de su fuente a los lugares donde se usa. Si se unieran todas las tuberías de gas de Estados Unidos, harían dos viajes de ida y vuelta a la Luna. El gas natural también puede licuarse y guardarse en tanques como combustible de camiones y autobuses.

El gas natural tiene varias ventajas. Produce mucha energía y menos niveles de muchos contaminantes del aire que el carbón o el petróleo. También es más fácil transportarlo cuando se construye la red de tuberías. Una desventaja del gas natural es que es muy inflamable. Una fuga de gas puede causar una explosión violenta y un incendio.

Las compañías de gas previenen las explosiones peligrosas de fugas. Si usas gas natural en tu casa, de seguro conoces el olor a "gas" que te alerta cuando hay fugas de gas. Quizá te sorprenda saber que el gas natural no tiene olor. ¿Qué causa ese fuerte olor? Las compañías de gas añaden una sustancia con un olor característico antes de distribuirlo a hogares y empresas de modo que se detecten las fugas.

FIGURA 4
Tuberías de gas natural
En el subsuelo de Estados Unidos hay más de 2,500,000 kilómetros de tuberías de gas natural. Aquí, un técnico prepara una nueva sección de tubería.

Matemáticas > **Analizar datos**

Combustibles y electricidad

En la gráfica circular se muestra qué fuentes de energía se usan para producir electricidad en Estados Unidos.

1. **Leer gráficas** ¿Qué representa cada sección del círculo?

2. **Interpretar datos** ¿Qué fuente de energía se usa para generar la mayor parte de la electricidad de Estados Unidos?

3. **Sacar conclusiones** ¿Qué porcentaje de la generación de electricidad en Estados Unidos depende de combustibles fósiles?

4. **Predecir** ¿Cómo cambiará la gráfica dentro de 50 años? Da las razones que apoyan tu predicción.

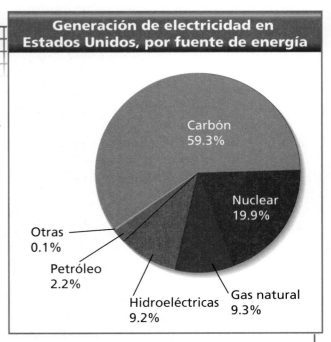

Generación de electricidad en Estados Unidos, por fuente de energía

Carbón 59.3%
Nuclear 19.9%
Otras 0.1%
Petróleo 2.2%
Hidroeléctricas 9.2%
Gas natural 9.3%

Oferta y demanda de combustible

Figura 5
Oferta y demanda
En la década de 1970 un grupo de naciones productoras de petróleo redujeron sus exportaciones a Estados Unidos. Como resultado hubo escasez de gasolina.

Las muchas ventajas de usar combustibles fósiles como fuente de energía los han hecho esenciales para la vida moderna. **Pero como los combustibles fósiles tardan cientos de millones de años en formarse, se consideran recursos no renovables.** Por ejemplo, las reservas petrolíferas conocidas de la Tierra tardaron 500 millones de años en formarse. Ya usamos un cuarto de este petróleo. Si seguimos consumiendo combustibles fósiles más rápidamente de lo que se forman, las reservas se agotarán.

Muchas naciones que consumen grandes cantidades de combustibles fósiles tienen reservas muy pequeñas. Tienen que comprar petróleo, gas natural y carbón a las naciones con provisiones grandes. Por ejemplo, Estados Unidos consume aproximadamente un tercio de todo el petróleo producido en el mundo. Pero sólo 3 por ciento del suministro de petróleo se localiza en este país. La diferencia debe comprarse en los países con mucho petróleo. La distribución irregular de las reservas de combustibles fósiles ha sido la causa de problemas políticos en el mundo.

 **Verifica tu lectura**   ¿Por qué unas naciones dependen de otras para tener combustibles fósiles?

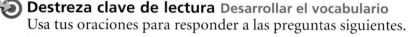

Sección 1 Evaluación

Destreza clave de lectura Desarrollar el vocabulario
Usa tus oraciones para responder a las preguntas siguientes.

Repasar los conceptos clave

1. a. **Definir** ¿Qué es un combustible?
   b. **Explicar** ¿Cómo proporcionan energía los combustibles?
   c. **Ordenar en serie** Describe en orden las transformaciones de energía que se dan en la generación de electricidad en una planta eléctrica.

2. a. **Hacer una lista** ¿Cuáles son los tres combustibles fósiles más importantes?
   b. **Comparar y contrastar** Anota una ventaja y una desventaja de cada combustible fósil.
   c. **Emitir un juicio** Supongamos que tienes que diseñar una nueva planta de energía eléctrica que quemaría un combustible fósil para generar electricidad. ¿Qué combustible fósil recomendarías? Da dos razones para tu respuesta.

3. a. **Repasar** ¿Por qué los combustibles fósiles se consideran recursos no renovables?
   b. **Resolver un problema** Anota tres cosas que puedes hacer para reducir tu dependencia de los combustibles fósiles.

Lab zone **Actividad** En casa

Ventajas y desventajas del combustible doméstico Pregunta a un adulto de tu familia qué combustible se usa para calentar o refrescar tu casa. Luego, con ese familiar, anota las ventajas y desventajas de ese combustible. Explica a tus compañeros lo que aprendiste. ¿Qué fuente de combustible usa la mayoría de los compañeros de tu grupo?

Fuentes de energía renovable

Avance de la lectura

Conceptos clave

- ¿Qué formas de energía proporciona el Sol?
- ¿Cuáles son las fuentes renovables de energía?

Términos clave

- energía solar
- energía hidroeléctrica
- combustible de biomasa
- gasohol
- energía geotérmica

Destreza clave de lectura

Examinar ayudas visuales Antes de leer, examina la Figura 7. Luego escribe dos preguntas que tengas sobre el diagrama en un organizador gráfico como el que sigue. Mientras lees, responde a las preguntas.

Casa solar

P.	¿Cómo capta la casa energía solar?
R.	
P.	

Lab zone **Actividad** Descubre

¿Cómo se capta la energía del Sol?

1. Vacía 250 mL de agua en dos bolsas transparentes de plástico resellables.
2. Anota la temperatura del agua en cada bolsa. Sella las bolsas.
3. Coloca una bolsa en un lugar oscuro o sombreado. Pon la otra bolsa donde reciba directamente la luz del Sol.
4. Predice cuál será la temperatura del agua de cada bolsa a los 30 minutos.
5. Anota las temperaturas a los 30 minutos.

Reflexiona

Desarrollar hipótesis ¿Cómo cambió la temperatura del agua en cada bolsa? ¿Qué explica estos resultados?

Acabas de llegar al campamento donde pasarás las vacaciones con tu familia. El sol que se cuela entre los árboles calienta tu cara. Corre una brisa que lleva el olor de una fogata. Quizá empezaste el día con un chapuzón en las aguas cálidas de un manantial cercano de aguas termales.

Quizá te sorprenda saber que incluso en estos bosques estás rodeado por recursos energéticos. El sol calienta el aire, el aire sopla y el calor del interior de la Tierra calienta las aguas del manantial. Estas fuentes de energía son renovables: se suministran constantemente. Los científicos tratan de encontrar formas de aprovechar estas fuentes renovables de energía para satisfacer nuestras necesidades energéticas.

Campistas rodeados por recursos renovables ▶

Figura 6
Colector solar
Este espejo capta energía del Sol y acciona una planta generadora de electricidad en Nueva Gales del Sur, Australia. **Inferir** *¿Por qué el desierto de Australia es un lugar práctico para situar una planta solar generadora de electricidad?*

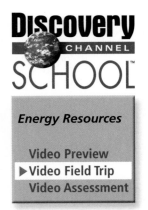

Energy Resources

Video Preview
▶ Video Field Trip
Video Assessment

Aprovechamiento de la energía solar

El calor que sientes en un día soleado es **energía solar,** la energía del sol. **El Sol libera continuamente energía en forma de luz y calor.** La energía solar es la fuente, directa o indirecta, de la mayoría de las otras fuentes renovables de energía. En un día, la Tierra recibe suficiente energía solar para satisfacer las necesidades energéticas de todo el mundo durante 40 años. La energía solar no contamina y no se acabará en miles de millones de años.

¿Por qué entonces la energía solar no ha sustituido a la energía de los combustibles fósiles? Una razón es que la energía solar sólo está disponible cuando brilla el sol. Otro problema es que la energía que recibe la Tierra del sol es muy dispersa. Para obtener una cantidad útil de energía, es necesario reunir energía solar en una zona extensa.

Plantas de energía solar Una manera de captar la energía del sol consiste en usar espejos gigantes. En una planta de energía solar, filas de espejos concentran los rayos del sol para calentar un tanque de agua. El agua hierve y forma vapor, que se usa para generar electricidad.

Celdas solares La energía solar puede convertirse directamente en electricidad en una celda solar. Una celda solar tiene una terminal negativa y una positiva, como una pila. Cuando la luz llega a la celda, se produce una corriente eléctrica. Las celdas solares accionan algunas calculadoras, lámparas y otros aparatos pequeños. Sin embargo, se necesitan más de 5,000 celdas del tamaño de la palma de tu mano para producir suficiente electricidad para un hogar estadounidense común.

Calentamiento solar pasivo La energía solar puede usarse para calentar edificios con sistemas solares pasivos. Un sistema solar pasivo convierte la luz del sol en energía térmica, que luego se distribuye sin usar bombas ni abanicos. Es calentamiento solar pasivo lo que le pasa a un auto estacionado en un día soleado. La energía solar pasa por las ventanas del auto y calienta los asientos y otras partes del auto. Estas partes transfieren el calor al aire y el interior del auto se calienta. El mismo principio se usa para calentar una casa.

Calentamiento solar activo Un sistema solar activo capta la energía y luego distribuye el calor con bombas y abanicos. Primero, la luz llega a la superficie metálica oscura de un colector solar. Ahí se convierte en energía térmica. Se bombea agua por las tuberías del colector solar para que absorban la energía térmica. El agua caliente pasa a un tanque de almacenamiento. Por último bombas y abanicos distribuyen el calor por el edificio.

 **Verifica tu lectura** **¿Cómo funcionan las celdas solares?**

FIGURA 7

Casa solar

Una casa solar usa sistemas de calentamiento activo y pasivo para convertir la energía solar en calor y electricidad.

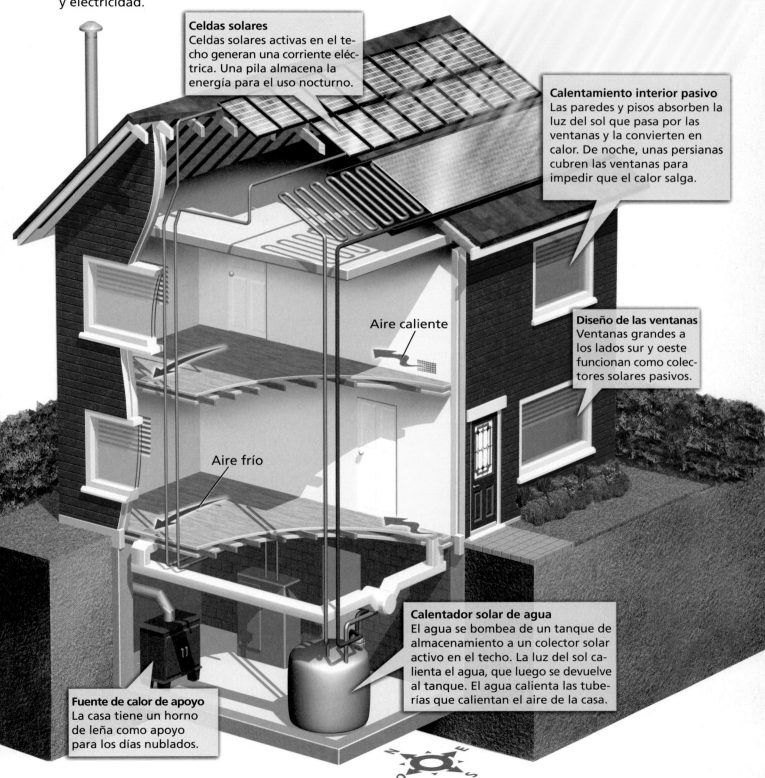

Celdas solares
Celdas solares activas en el techo generan una corriente eléctrica. Una pila almacena la energía para el uso nocturno.

Calentamiento interior pasivo
Las paredes y pisos absorben la luz del sol que pasa por las ventanas y la convierten en calor. De noche, unas persianas cubren las ventanas para impedir que el calor salga.

Aire caliente

Diseño de las ventanas
Ventanas grandes a los lados sur y oeste funcionan como colectores solares pasivos.

Aire frío

Calentador solar de agua
El agua se bombea de un tanque de almacenamiento a un colector solar activo en el techo. La luz del sol calienta el agua, que luego se devuelve al tanque. El agua calienta las tuberías que calientan el aire de la casa.

Fuente de calor de apoyo
La casa tiene un horno de leña como apoyo para los días nublados.

FIGURA 8
Energía hidráulica y eólica
Esta presa de Arizona y este parque eólico de California generan electricidad con fuentes de energía renovables.

La respuesta está en el viento

Puedes hacer un modelo que represente cómo el viento hace el trabajo necesario para producir energía. Con un molinete y otros materiales construye un aparato que levante objetos pequeños cuando sopla el viento. Luego prueba el aparato con un abanico.

Hacer modelos ¿Qué partes de una planta de energía eólica representan el abanico y el molinete?

Energía hidroeléctrica

El sol es una fuente de energía renovable. **Otras fuentes renovables de energía son el agua, viento, combustibles de biomasa, energía geotérmica e hidrógeno**.

La energía solar es la fuente indirecta de la energía hidráulica. Recuerda que en el ciclo del agua, la energía del Sol calienta el agua de la superficie terrestre y se forma vapor. El vapor de agua se condensa y cae de vuelta a la Tierra en la forma de lluvia y nieve. Cuando el agua fluye por el suelo proporciona otra fuente de energía.

La **energía hidroeléctrica** es la electricidad producida por el agua corriente. Una presa en un río interrumpe el curso del agua y crea una masa líquida llamada embalse. Cuando se abren las compuertas de la presa, el agua fluye por túneles al fondo de la presa. A medida que pasa el agua por los túneles, hace girar turbinas conectadas a un generador.

En la actualidad la energía hidroeléctrica es la fuente más usada de energía renovable. A diferencia de la energía solar, la corriente del agua proporciona un suministro constante de energía. Si se construyen una presa y una planta de energía, no es caro producir electricidad ni contamina. Pero la energía hidroeléctrica tiene sus limitaciones. En Estados Unidos casi todos los ríos convenientes ya están represados. Además, las presas tienen efectos negativos en el ambiente.

 Verifica tu lectura ¿Qué es la energía hidroeléctrica?

La captura del viento

Como la energía del agua, la energía eólica también es una forma indirecta de energía solar. El Sol calienta la superficie de la Tierra de manera irregular. Como resultado de este calentamiento irregular, diversas partes de la atmósfera tienen temperaturas y presiones atmosféricas distintas. Las diferencias de presión hacen que el aire se mueva de un lado a otro.

El viento sirve para accionar una turbina y generar electricidad. Los parques eólicos constan de muchos molinos de viento. Juntos, los molinos generan mucha electricidad.

El viento es la fuente de energía de mayor crecimiento en el mundo. La energía eólica no contamina y en lugares donde es difícil transportar combustibles, es la principal fuente de energía.

Pero la energía eólica tiene sus inconvenientes. En pocos lugares soplan de continuo los vientos para dar mucha energía. Los generadores son ruidosos y los vientos muy fuertes llegan a destruirlos. Sin embargo, a medida que los combustibles fósiles se hagan más escasos, la energía eólica se hará más importante.

Combustibles de biomasa

Probablemente la madera fue el primer combustible usado para calentar e iluminar. La madera pertenece a un grupo de combustibles llamados **combustibles de biomasa,** que están hechos de seres vivos. Otros son hojas, restos de alimentos y hasta estiércol. A medida que se reducen las provisiones de combustibles fósiles, se presta mayor atención a los combustibles de biomasa. Por ejemplo, cuando los precios del petróleo subieron a comienzos de la década de 1970, los cañeros de Hawai comenzaron a quemar el bagazo de la caña de azúcar para generar electricidad. En cierto momento estos desechos daban casi un cuarto de la energía que se usaba en la isla de Kauai.

Aparte de quemarse como combustible, los materiales de biomasa también se pueden convertir en otros combustibles. Por ejemplo, se puede hacer alcohol de maíz, caña de azúcar y otros cultivos. Si se añade alcohol a la gasolina se forma una mezcla llamada **gasohol,** que puede ser un combustible de autos. Las bacterias producen gas metano cuando descomponen los materiales de biomasa en los rellenos sanitarios, con el que se pueden calentar edificios. Algunos cultivos, como la soya, producen aceite que sirve como combustible, el llamado combustible biodiesel.

Los combustibles de biomasa son recursos renovables, pero pasa tiempo para que árboles nuevos reemplacen a los talados. Producir grandes cantidades de alcohol y metano es caro. Por consiguiente, los combustibles de biomasa no se usan mucho actualmente en Estados Unidos. Pero a medida que escaseen los combustibles fósiles, es posible que tengan un papel más importante en la satisfacción de las necesidades de energía.

 **Verifica tu lectura** ¿Qué es el gasohol?

FIGURA 9
Combustibles de biomasa
Los combustibles de biomasa son los que están hechos de seres vivos.
Comparar y contrastar *¿En qué se parecen los combustibles de biomasa a fuentes de energía como el viento y el agua? ¿En qué se diferencian?*

▲ Una mujer de Nepal cocina en una estufa de leña.

▲ Auto impulsado por aceite vegetal.

Go Online
SCiLINKS NSTA

Para: Vínculos sobre energía renovable, disponible en inglés.
Visita: www.SciLinks.org
Código Web: scn-0552

Aprovechamiento de la energía de la Tierra

Debajo de la superficie de la Tierra hay bolsones de roca líquida muy caliente llamada magma. En algunos lugares el magma está muy cerca de la superficie. El intenso calor del interior de la Tierra que calienta el magma se llama **energía geotérmica.**

En ciertas regiones, como Islandia y Nueva Zelanda, el magma calienta las aguas freáticas hasta el punto de ebullición. En estos lugares, el agua caliente y el vapor pueden ser fuentes valiosas de energía. Por ejemplo, en Reykjavik, Islandia, 90 por ciento de los hogares se calientan con aguas freáticas calentadas de esta manera. La energía geotérmica también sirve para generar electricidad, como se muestra en la Figura 10.

La energía geotérmica es una fuente ilimitada de energía barata, pero tiene sus desventajas. Hay pocos lugares en los que el magma esté cerca de la superficie de la Tierra. En otras partes, se necesitarían pozos muy profundos para explotar esta energía. La excavación de pozos muy profundos es muy cara. Sin embargo, es probable que la energía geotérmica sea parte de la satisfacción de las necesidades energéticas del futuro.

 **Verifica tu lectura** ¿Cómo se usa la energía geotérmica para generar electricidad?

FIGURA 10
Energía geotérmica
Una planta de energía geotérmica usa calor del interior de la Tierra como fuente de energía. Se lleva agua fría a las profundidades del suelo, donde el magma la calienta. La corriente que se produce sirve para calentar o para generar electricidad.
Hacer generalizaciones ¿Cuál es una ventaja y una desventaja de la energía geotérmica?

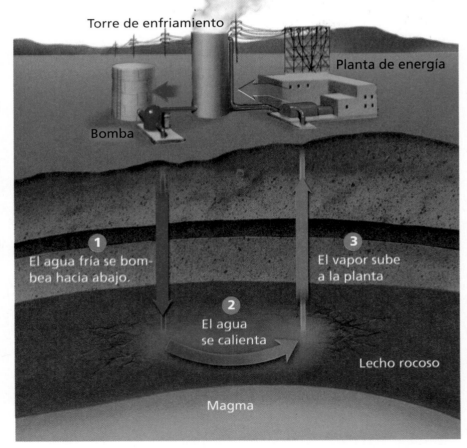

Torre de enfriamiento
Planta de energía
Bomba
1 El agua fría se bombea hacia abajo.
2 El agua se calienta
3 El vapor sube a la planta
Lecho rocoso
Magma

La promesa de la energía del hidrógeno

Después de leer sobre tantas fuentes de energía, considera un combustible como algo que se quema limpiamente, no genera neblina tóxica ni lluvia ácida y abunda en la Tierra.

Este combustible que suena ideal es real: hidrógeno. Por desgracia, casi todo el hidrógeno de la Tierra está combinado con oxígeno en el agua. El hidrógeno puro se obtiene haciendo pasar una corriente eléctrica por el agua. Pero se requiere más energía para obtener el hidrógeno que la que se produce al quemarlo.

Sin embargo, los científicos piensan que el hidrógeno es prometedor. Hoy en día, las plantas hidroeléctricas reducen su actividad cuando la demanda de electricidad baja. En cambio, podrían trabajar a toda su capacidad todo el tiempo, dedicando el exceso de electricidad para producir hidrógeno. Del mismo modo las plantas de energía solar generan más electricidad de la necesaria durante el día. Esta electricidad adicional podría usarse para producir hidrógeno. Los científicos también buscan otras maneras de producir hidrógeno barato a partir del agua.

Los fabricantes de autos desarrollan autos accionados con células de combustible de hidrógeno. Estos autos producirían agua, que se podría usar de nuevo como combustible. Como ves, si los científicos encuentran una forma de producir hidrógeno barato, algún día será una fuente de energía importante.

FIGURA 11
Energía del hidrógeno
El objeto que fascina a estos astronautas es una burbuja de agua, el residuo inofensivo de las celdas de combustible de hidrógeno en el trasbordador espacial.

 **Verifica tu lectura** ⟩ **¿En qué sustancia común de la Tierra se encuentra más hidrógeno?**

Sección **2** Evaluación

Destreza clave de lectura Examinar ayudas visuales
Compara tus preguntas y respuestas sobre la Figura 7 con las de un compañero.

Repasar los conceptos clave

1. a. Identificar ¿Qué formas de energía aporta el sol?

　b. Explicar ¿Cuáles son las dos razones de que la energía solar no haya sustituido la energía derivada de los combustibles fósiles?

　c. Aplicar conceptos Un amigo dice que los centros comerciales deben usar energía solar para conservar los combustibles fósiles. ¿Cómo responderías?

2. a. Hacer una lista Anota cinco fuentes de energía renovable además de la energía solar.

　b. Clasificar ¿Cuáles de esas fuentes de energía son en realidad formas indirectas de energía solar? Explica.

　c. Predecir ¿Qué fuente de energía renovable crees que es más probable que use tu comunidad dentro de 50 años? Da razones que apoyen tu respuesta.

Escribir en ciencias

Anuncio Escribe un anuncio publicitario para una de las fuentes de energía renovables que estudiaste en esta sección. No olvides mencionar qué ventajas la hacen superior a las otras fuentes. Menciona también cómo pueden los científicos superar las desventajas.

Diseña y construye una estufa solar

Problema

¿Cuál es la mejor forma para una estufa solar?

Destrezas aplicadas

diseñar una solución, evaluar el diseño

Materiales

- tijeras
- verduras congeladas
- 3 hojas de papel de aluminio
- 3 hojas de cartoncillo
- agitadores de madera o plástico
- pegamento
- 3 termómetros
- cinta adhesiva
- reloj o cronómetro
- materiales opcionales provistos por el maestro

Procedimiento

PARTE 1 Analizar e investigar

1. Pega una hoja de papel de aluminio, con el lado brillante hacia arriba, en cada una de las hojas de cartoncillo. Antes de que se seque el pegamento, alisa todas las arrugas del aluminio.

2. Dobla una hoja en forma de U. Deja otra hoja plana. Dobla la otra hoja en la forma que prefieras.

3. Pronostica qué forma producirá el mayor incremento de temperatura colocada al sol. Escribe tu predicción y explica tus razones.

4. Coloca las hojas de aluminio bajo la luz solar directa. Si es necesario, usa bloques de madera o libros para sostener en su sitio las hojas.

5. Anota la temperatura inicial de cada termómetro.

6. Coloca los tubos de los termómetros en el centro de las figuras de aluminio. Después de 15 minutos, anota la temperatura final de cada termómetro.

7. Con lo que aprendiste en la parte 1, diseña una estufa solar en la que se puedan cocinar verduras congeladas. Tu estufa solar
   • no debe medir más de 50 cm de cualquier lado
   • debe cocinar las verduras en menos de 10 minutos
   • debe estar hecha con los materiales que apruebe tu maestro.

8. Prepara una descripción por escrito de tu plan, en la que incluyas un boceto de la estufa. Agrega una lista de los materiales y una definición operativa de una verdura "bien cocida". Pide al maestro que apruebe tu diseño. Luego construye tu estufa solar.

PARTE 3 Evaluar y rediseñar

9. Para probar tu estufa solar, clava algunas verduras en los agitadores. Toma el tiempo que tarda en cocer las verduras. Anota todos los problemas del diseño de tu estufa solar.

10. A partir de tu prueba, decide cómo mejorar el diseño de tu estufa. Luego haz los cambios propuestos en tu estufa y prueba cómo funciona con las mejoras.

Analiza y concluye

1. **Identificar una necesidad** ¿En qué situaciones sería importante tener una estufa eficiente que no usara combustible?

2. **Diseñar una solución** ¿Cómo incorporaste lo que aprendiste en la parte 1 en tu diseño de la parte 2? Por ejemplo, ¿qué forma le diste al diseño de tu estufa?

3. **Evaluar el diseño** Cuando probaste tu estufa solar, ¿qué problemas tuviste?

4. **Rediseñar** ¿Cómo cambiaste tu diseño para la segunda prueba? ¿Cómo mejoró el diseño nuevo el desempeño de tu estufa?

5. **Trabajar con restricciones de diseño** ¿Por qué sería importante que las estufas solares usaran materiales baratos y disponibles?

6. **Evaluar el efecto en la sociedad** ¿Cómo pueden ayudar los aparatos accionados por energía solar a satisfacer las futuras necesidades de energía del mundo? ¿Qué limitaciones tienen estos aparatos?

Comunica

Diseña un anuncio para tu estufa solar para publicarlo en una revista de excursionismo. Verifica que tu anuncio describa los beneficios de las estufas solares en general y de tu diseño en particular.

Energía nuclear

Avance de la lectura

Conceptos clave

- ¿Qué pasa en una reacción de fisión nuclear?
- ¿Cómo genera electricidad una planta de energía nuclear?
- ¿Cómo se da una reacción de fusión nuclear?

Términos clave

- núcleo • fisión nuclear
- cuba de reactor
- varilla de combustible
- varilla de control • fusión
- fusión nuclear

Destreza clave de lectura

Comparar y contrastar Mientras lees, compara las reacciones de fisión y fusión en un diagrama de Venn como el que sigue. Escribe la semejanzas en el espacio donde los círculos se traslapan y las diferencias en los lados izquierdo y derecho.

Fisión nuclear   Fusión nuclear

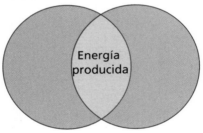

Energía producida

Lab zone **Actividad** Descubre

¿Por qué caen?

1. Forma un triángulo con 15 fichas de dominó.
2. Golpea la primera ficha de modo que caiga contra la segunda fila de fichas. Observa los resultados.
3. Vuelve a formar las fichas, pero quita la tercera fila de la formación.
4. Golpea otra vez la primera ficha. Observa lo que sucede.

Reflexiona

Inferir Supongamos que cada ficha de dominó produjera una gran cantidad de energía al caer. ¿Por qué sería útil quitar las fichas como hiciste en el paso 3?

¿No sería fantástico si usáramos el mismo método que el sol para producir energía? En cierto sentido, podemos. Las reacciones que dan energía al sol comprenden las partes centrales de átomos. La parte central de un átomo que contiene los protones y neutrones se llama **núcleo.** Las reacciones con núcleos se llaman reacciones nucleares y dan por resultado cantidades enormes de energía. Dos tipos de reacciones nucleares son la fisión y la fusión.

Fisión nuclear

Las reacciones nucleares convierten la materia en energía. Como parte de su teoría de la relatividad, Albert Einstein escribió una fórmula para describir la relación entre la energía y la materia. Probablemente has visto esta famosa ecuación: $E = mc^2$. En la ecuación, la E representa la energía y m representa la masa. La c, que representa la velocidad de la luz, es un número muy grande. Esta ecuación afirma que cuando la materia se convierte en energía, se libera una cantidad enorme de energía.

▲ **Albert Einstein**
1879 a 1955

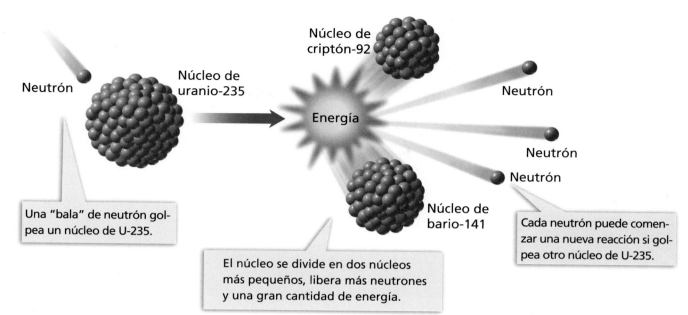

Neutrón

Núcleo de
uranio-235

Núcleo de
criptón-92

Energía

Neutrón

Neutrón

Neutrón

Una "bala" de neutrón golpea un núcleo de U-235.

El núcleo se divide en dos núcleos más pequeños, libera más neutrones y una gran cantidad de energía.

Núcleo de
bario-141

Cada neutrón puede comenzar una nueva reacción si golpea otro núcleo de U-235.

FIGURA 12
Fisión nuclear
En una reacción de fisión nuclear se libera una gran cantidad de energía. **Interpretar diagramas** *¿Cómo comienza una reacción de fisión nuclear?*

Reacciones de fisión La **fisión nuclear** es la división del núcleo de un átomo en dos núcleos más pequeños. El combustible para la reacción es un átomo grande que tiene un núcleo inestable, como uranio-235 (U-235). Se dispara a gran velocidad un neutrón contra el átomo de U-235. **Cuando un neutrón golpea el núcleo de U-235, este núcleo se divide en dos núcleos más pequeños y dos o más neutrones.** La masa total de todas estas partículas es un poco menos que la masa del núcleo original. La pequeña cantidad de masa que forma la diferencia se ha convertido en energía: gran cantidad de energía, como lo describe la ecuación de Einstein.

Entre tanto, la reacción de fisión ha producido otros tres neutrones. Si cualquiera de estos neutrones golpea otro núcleo, se repite la reacción de fisión. Se liberan más neutrones y más energía. Si hay suficientes núcleos cerca, se repite el proceso de la reacción en cadena, así como las fichas de dominó que caen. En una reacción nuclear en cadena, la cantidad de energía liberada aumenta rápidamente con cada paso de la cadena.

Energía de la fisión ¿Qué pasa con toda la energía liberada por estas reacciones de fisión? Si una reacción nuclear en cadena no se controla, la energía liberada produce una enorme explosión. La explosión de una bomba atómica es una reacción nuclear de fisión descontrolada. Unos pocos kilogramos de materia explotan con más fuerza que miles de toneladas de dinamita. Sin embargo, si la reacción en cadena se controla, la energía se libera como calor, que sirve para generar electricidad.

 **¿Qué pasa si no se controla una reacción en cadena?**

Lab zone **Actividad** Destrezas

Calcular
Una pelota de U-235 produce tanta energía como 615 litros de petróleo combustible. Un hogar promedio consume 5,000 litros de petróleo al año. ¿Cuántas pelotas de U-235 se necesitarían para aportar la misma cantidad de energía?

FIGURA 13
Energía nuclear
Las plantas de energía nuclear generan buena parte de la energía del mundo. En el detalle se muestra la autunita, una de las menas del uranio. El combustible de uranio para las plantas nucleares se refina a partir de estas menas.

Plantas de energía nuclear

Las reacciones nucleares de fisión controladas tienen lugar dentro de plantas de energía nuclear. Estas plantas generan buena parte de la electricidad del mundo: aproximadamente 20 por ciento en Estados Unidos y más del 70 por ciento en Francia. **En una planta de energía nuclear, el calor liberado por las reacciones de fisión convierte el agua en vapor. El vapor hace girar las aspas de una turbina para generar electricidad.** Observa el diagrama de una planta nuclear en la Figura 14. Además del generador, tiene dos partes principales, la cuba del reactor y el convertidor de calor.

Cuba de reactor La **cuba del reactor** es la parte del reactor nuclear donde se da la fisión nuclear. El reactor contiene varillas de U-235 llamadas **varillas de combustible.** Cuando se colocan varias varillas juntas, se da una serie de reacciones de fisión.

Si la cuba del reactor se calienta demasiado, se usan varillas de control para retardar las reacciones en cadena. Las **varillas de control,** hechas del metal cadmio, se insertan entre las varillas de combustible. El cadmio absorbe neutrones liberados en la fisión y disminuye la velocidad de las reacciones en cadena. Después, las varillas de control de cadmio se quitan para acelerar de nuevo las reacciones en cadena.

Convertidor de calor El calor es eliminado de la cuba del reactor mediante agua u otro líquido que se bombea por el reactor. Este líquido pasa por un convertidor de calor. Ahí el líquido hace hervir el agua para producir vapor, que acciona el generador eléctrico. El vapor se condensa y se bombea de nuevo al convertidor.

 **¿Cuál es el propósito de una varilla de control?**

Los riesgos de la energía nuclear Al principio se pensaba que una fisión nuclear daría una fuente casi ilimitada de energía limpia y segura. Pero los accidentes en las plantas nucleares han despertado preocupaciones por la seguridad. En 1986 la cuba del reactor de la planta nuclear de Chernobyl, Ucrania, se sobrecalentó. Las varillas de combustible generaron tanto calor que comenzaron a fundirse, una condición llamada **fusión**. El exceso de calor produjo varias explosiones que lesionaron o mataron a docenas de personas. Además, escaparon materiales radiactivos al ambiente.

Los accidentes se pueden evitar si se planea cuidadosamente y se mejoran los sistemas de seguridad. Un problema más difícil es la eliminación de los desechos radiactivos. Los desechos radiactivos son peligrosos durante miles de años. Los científicos deben hallar una manera de almacenar estos desechos de manera segura durante mucho tiempo.

Go Online
active art

Para: Actividad de planta de energía nuclear, disponible en inglés.
Visita: PHSchool.com
Código Web: cep-5053

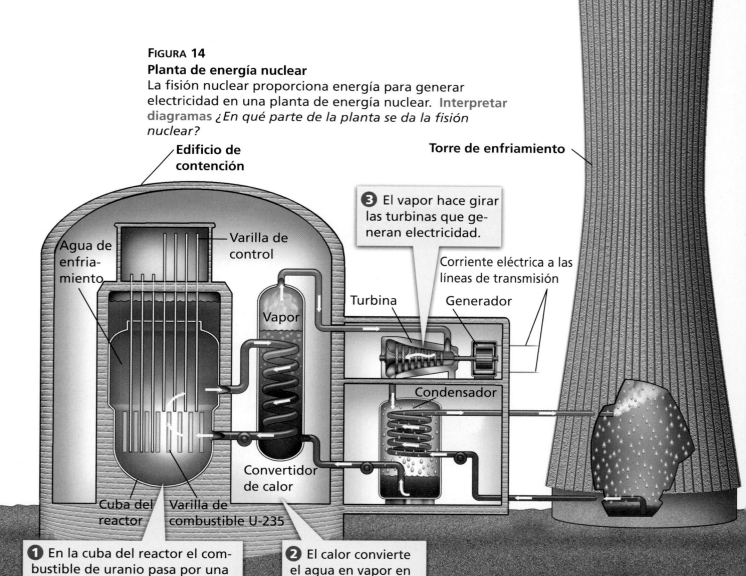

FIGURA 14
Planta de energía nuclear
La fisión nuclear proporciona energía para generar electricidad en una planta de energía nuclear. **Interpretar diagramas** *¿En qué parte de la planta se da la fisión nuclear?*

Edificio de contención

Torre de enfriamiento

❸ El vapor hace girar las turbinas que generan electricidad.

Corriente eléctrica a las líneas de transmisión

Agua de enfriamiento

Varilla de control

Vapor

Turbina

Generador

Condensador

Cuba del reactor

Varilla de combustible U-235

Convertidor de calor

❶ En la cuba del reactor el combustible de uranio pasa por una fisión nuclear que produce calor.

❷ El calor convierte el agua en vapor en el convertidor de calor.

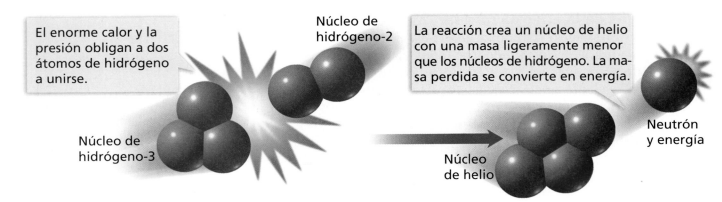

El enorme calor y la presión obligan a dos átomos de hidrógeno a unirse.

Núcleo de hidrógeno-2

La reacción crea un núcleo de helio con una masa ligeramente menor que los núcleos de hidrógeno. La masa perdida se convierte en energía.

Neutrón y energía

Núcleo de hidrógeno-3

Núcleo de helio

FIGURA 15
Fusión nuclear
En la fusión nuclear, dos núcleos de hidrógeno se unen por la fuerza, con lo que forman un núcleo de helio, un neutrón y energía.
Interpretar diagramas *¿Qué se libera durante una reacción de fusión?*

La búsqueda del control de la fusión

La **fusión nuclear** es la combinación de dos núcleos atómicos para producir un solo núcleo más grande. **En la fusión nuclear, dos núcleos de hidrógeno se combinan para formar un núcleo de helio, que tiene ligeramente menos masa que los dos núcleos de hidrógeno. La masa perdida se convierte en energía.**

La fusión nuclear produce mucha más energía por unidad de masa atómica que la fisión nuclear. El combustible de un reactor de fusión está a la mano: el agua contiene una clase de hidrógeno necesario para la fusión. La fusión nuclear también debe producir menos desechos radiactivos que la fisión. Por desgracia, la presión y la temperatura que se requieren para una reacción hacen que la construcción de un reactor de fusión sea irrealizable por ahora.

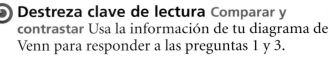

Sección **3** **Evaluación**

Destreza clave de lectura Comparar y contrastar Usa la información de tu diagrama de Venn para responder a las preguntas 1 y 3.

Repasar los conceptos clave

1. a. **Definir** ¿Qué es la fisión nuclear?
   b. **Ordenar en serie** Describe los pasos que se dan en una reacción de fisión nuclear.
   c. **Clasificar** ¿Es la fisión nuclear una fuente de energía renovable o no renovable? Explica.
2. a. **Identificar** ¿Qué tipo de reacción nuclear genera electricidad en una planta de energía nuclear?
   b. **Explicar** Explica cómo se genera la electricidad en una planta de energía nuclear.
   c. **Predecir** ¿Qué pasaría en una planta de energía nuclear si se quitaran demasiadas varillas de control?

3. a. **Repasar** Define fusión nuclear.
   b. **Relacionar causa y efecto** ¿Cómo se produce la energía en una reacción de fusión nuclear?
   c. **Inferir** ¿Qué impide que la energía de fusión llene nuestras necesidades actuales de energía?

Lab zone **Actividad** En casa

Tírale al núcleo Con alguien de tu familia, haz un modelo de una reacción de fisión nuclear. Pon un montón de canicas en el piso de manera qué todas se toquen. Retrocede como medio metro. Lanza una canica contra el montón. Observa qué efecto tiene la canica sobre el montón. Luego, con un diagrama, explica cómo representa este modelo una reacción de fisión nuclear.

4

Conservación de la energía

Avance de la lectura

Conceptos clave
- ¿Cuáles son las dos maneras de conservar nuestras fuentes actuales de energía?

Términos clave
- eficiencia
- aislante
- conservación de la energía

Destreza clave de lectura

Usar el conocimiento previo Antes de leer, escribe lo que sepas de la eficiencia y la conservación de la energía en un organizador gráfico como el que sigue. Mientras lees, escribe lo que aprendiste.

Lo que sabes
1. Apago las luces para ahorrar energía.
2.

Lo que aprendiste
1.
2.

Lab zone Actividad Descubre

¿Qué foco es más eficiente?

1. Anota la producción de luz (marcada en lúmenes) de los paquetes de un foco incandescente de 60 vatios y de un foco fluorescente compacto de 15 vatios.

2. Coloca el foco fluorescente en el casquillo de una lámpara. **PRECAUCIÓN:** *Verifica que la lámpara esté desconectada.*

3. Conecta la lámpara y enciéndela. Sostén el extremo de un termómetro a unos ocho centímetros del foco.

4. Anota la temperatura luego de cinco minutos.

5. Apaga y desconecta la lámpara. Cuando el foco se enfríe, quítalo. Repite los pasos 2, 3 y 4 con el foco incandescente.

Reflexiona

Inferir El foco de 60 vatios usa cuatro veces más energía que el de 15 vatios. ¿También produce cuatro veces más energía? En caso contrario, ¿cómo explicarías la diferencia?

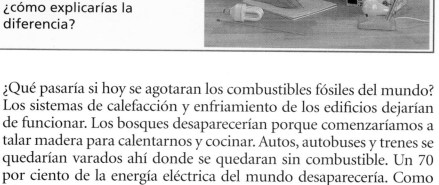

¿Qué pasaría si hoy se agotaran los combustibles fósiles del mundo? Los sistemas de calefacción y enfriamiento de los edificios dejarían de funcionar. Los bosques desaparecerían porque comenzaríamos a talar madera para calentarnos y cocinar. Autos, autobuses y trenes se quedarían varados ahí donde se quedaran sin combustible. Un 70 por ciento de la energía eléctrica del mundo desaparecería. Como televisiones, computadoras y teléfonos dependen de la electricidad, la comunicación se reduciría. Las luces, hornos de miroondas y la mayoría de los electrodomésticos no funcionarían.

Aunque los combustibles fósiles no se agotarán de inmediato, tampoco van a durar para siempre. La mayoría de las personas opinan que hay que usar los combustibles de manera más sensata ahora para evitar que escaseen en el futuro. **Una manera de conservar nuestros recursos energéticos actuales es aumentar la eficiencia de nuestro consumo de energía. Otra manera es ahorrar energía siempre que sea posible.**

Eficiencia de la energía

Una manera de que los recursos energéticos duren más es usar los combustibles con mayor eficiencia. La **eficiencia** es el porcentaje de energía que realmente se usa para hacer un trabajo. El resto de la energía se "pierde" en el entorno, casi siempre en forma de calor. Hemos ideado muchas formas de acrecentar la eficiencia de la energía.

Calentamiento y enfriamiento Un método para incrementar la eficiencia de los sistemas de calentamiento y enfriamiento son los aislantes. Un **aislante** es una capa de material que detiene el aire e impide la transferencia de calor dentro y fuera de un edificio. Probablemente has visto aislantes de fibra de vidrio que parecen algodón de azúcar rosa. ¡Una capa de fibra de vidrio de 15 centímetros de espesor aísla un cuarto tan bien como una pared de ladrillo de dos metros!

El aire atrapado también actúa como aislante en las ventanas. Muchas ventanas constan de dos cristales con espacio entre uno y otro. El aire entre los cristales actúa como aislante.

• Tecnología y diseño en la historia •

Productos que ahorran energía

Científicos e ingenieros han desarrollado muchas tecnologías que mejoran la eficiencia de la energía y reducen su consumo.

1958 Celdas solares
Hace más de 150 años, los científicos descubrieron que el silicio puede convertir la luz en electricidad. La primera aplicación útil de las celdas solares fue para accionar la radio de un satélite. Ahora se usan hasta en autos experimentales, como el de arriba.

1936 Iluminación fluorescente
Los focos fluorescentes salieron al público en los festejos por el centésimo aniversario de la Oficina de Patentes de Estados Unidos. Como estos focos usan menos energía que los incandescentes, en la actualidad se usan en la mayoría de las escuelas y oficinas.

1932 Aislante de fibra de vidrio
Tiras grandes de fibra de vidrio atrapan el aire e impiden que las edificaciones pierdan calor. Se usa menos combustible para calentarlas.

| 1930 | 1940 | 1950 | 1960 |

Iluminación Buena parte de la energía con que se iluminan las casas se desperdicia. Por ejemplo, menos de 10 por ciento de la electricidad que consume un foco incandescente se convierte en luz. El resto se libera como calor. En cambio, los focos fluorescentes compactos usan aproximadamente un cuarto de la energía para dar la misma cantidad de luz.

Transporte Los ingenieros han perfeccionado la eficiencia energética de los autos diseñando mejores motores y llantas. Otra manera de ahorrar energía es reducir el número de autos en las calles. En muchas comunidades, los sistemas de transporte público son una alternativa a los autos particulares. En otras ciudades se fomenta el compartir los autos. Ahora muchas ciudades tienen carriles exclusivos para autos que llevan dos o más personas.

Verifica tu lectura **Da dos ejemplos de aislantes.**

Escribir en ciencias

Analizar y escribir Diseña un anuncio para uno de los inventos que ahorran energía descritos en esta línea cronológica. El anuncio puede ser impreso, de radio o de televisión. Verifica que tu anuncio explique claramente los beneficios del invento.

1967
Hornos de microondas
Se presentó el primer horno de microondas para el hogar. Las microondas cocinan calentando el líquido que contienen los alimentos. A diferencia del horno convencional, el de microondas sólo calienta la comida. Y no es necesario precalentar, lo que ahorra más energía.

1981 Recubrimientos eficientes de ventanas
A comienzos de la década de 1980 se empezaron a cubrir ventanas con materiales que reflejaban la luz solar. Estos recubrimientos reducen el aire acondicionado que se necesita para mantener

1997 Vehículos impulsados por hidrógeno
Las celdas de hidrógeno usan como combustible hidrógeno, que se encuentra con facilidad y no expele gases contaminantes. En 1997 dos de los principales fabricantes de autos lanzaron autos experimentales propulsados con hidrógeno. Para 2010 se espera el inicio de la producción en masa de estos autos.

| 1970 | 1980 | 1990 | 2000 |

FIGURA 16
Conservación de la energía
Hay muchas maneras en que
puedes ahorrar energía.

Maneras en que puedo
ahorrar energía:

✓ Caminar o ir en bicicleta en
los trayectos cortos

✓ Reciclar

✓ Usar abanicos en lugar del
aire acondicionado cuando
hace calor

✓ Apagar las luces y la
televisión si salgo del cuarto

Conservación de la energía

Otro método para que duren más los recursos energéticos es la conservación. La **conservación de la energía** significa reducir el consumo de energía.

Puedes reducir tu consumo personal de energía si cambias de hábitos en aspectos sencillos. Por ejemplo, si caminas a la tienda en lugar de que te lleven en auto, ahorras la gasolina que se consumiría. También puedes seguir alguna de las sugerencias de la Figura 16.

Aunque estas sugerencias parezcan insignificantes, si las multiplicas por miles de millones de personas suman mucha energía ahorrada para el futuro.

 **Verifica tu lectura** ¿Cuáles son dos maneras de reducir tu consumo personal de energía?

Sección 4 Evaluación

Destreza clave de lectura Usar el conocimiento previo
Repasa tu organizador gráfico y corrígelo con lo que aprendiste en esta sección.

Repasar los conceptos clave

1. a. Identificar ¿Cuáles son las dos claves para conservar nuestras fuentes actuales de energía?
   b. Aplicar conceptos ¿Cómo ayuda el aislamiento de edificios a conservar los recursos energéticos? ¿Cómo ahorra recursos compartir los autos?
   c. Predecir Un edificio de oficinas contiene sólo focos incandescentes. El edificio de al lado contiene sólo focos fluorescentes. Predice qué edificio paga facturas de luz más grandes. Explica tu respuesta.

Escribir en ciencias

Folleto de ahorro de energía
Realiza un inventario de energía de tu casa. Busca lugares en que se pierda energía, como grietas alrededor de las puertas. Busca también las formas de reducir el uso de energía, como accionar la lavadora de platos sólo cuando esté llena. Luego crea un folleto ilustrado breve con sugerencias para ahorrar energía. Déjalo donde puedan verlo todos.

Cómo estar cómodos

Problema

¿Cómo evitan la transferencia de calor diversos materiales?

Destrezas aplicadas

medir
controlar variables

Materiales

- reloj o cronómetro
- vaso de precipitados
- agua helada
- agua caliente
- termómetros o sondas de temperatura
- recipientes y tapas de papel, vidrio, plástico, poliestireno y metal

Procedimiento

1. Con una pluma perfora un orificio en la tapa de un vaso de papel. Llena el vaso a la mitad con agua fría.

2. Pon la tapa en el vaso. Inserta un termómetro en el agua por el orificio (si usas una sonda, pide instrucciones a tu maestro). Cuando la temperatura deje de bajar, coloca el vaso en un vaso de precipitados. Añade agua caliente hasta que el nivel llegue a aproximadamente 1 cm de la tapa.

3. Anota la temperatura del agua cada minuto hasta que haya aumentado 5 °C. Toma el tiempo que tarda en aumentar 5 °C como medida de la eficacia del vaso para impedir la transferencia de calor.

4. Escoge otros tres recipientes y sus tapas para probarlos. Diseña un experimento para comparar qué tan bien impiden esos materiales la transferencia de calor. Puedes usar un procedimiento semejante al que seguiste en los pasos 1 a 3.

Analiza y concluye

1. **Medir** En el paso 2, ¿cuál fue la temperatura inicial del agua fría? ¿Cuánto tardó la temperatura en aumentar 5 °C? ¿En qué dirección fluyó el calor? Explica.

2. **Hacer modelos** Si los materiales de los pasos 1 a 3 representaran tu hogar en un tiempo muy caluroso, ¿qué material representaría las habitaciones de tu casa? ¿el tiempo en el exterior? ¿y las paredes?

3. **Controlar variables** En el experimento que realizaste en el paso 4, ¿cuáles fueron las variables manipulada y de respuesta? ¿Qué variables se mantuvieron constantes?

4. **Sacar conclusiones** ¿Qué material fue más eficiente para impedir la transferencia de calor? ¿Cuál fue el menos eficiente? Explica cómo tus datos apoyan tu conclusión.

5. **Comunicar** Explica en un párrafo por qué los resultados de tu experimento serían útiles para construir estructuras con eficiencia energética.

Diseña un experimento

Diseña un experimento para comparar cómo funcionarían los materiales que pruebes si el agua caliente estuviera dentro del vaso y la fría fuera. *Pide permiso a tu maestro antes de hacer tu investigación.*

Para: Compartir datos, disponible en inglés.
Visita: PHSchool.com
Código Web: ced-5054

El auto híbrido

¿Cómo vas de un lugar a otro? Como la mayoría de las personas, de seguro vas en auto o en autobús. Estos vehículos son impulsados por motores que consumen combustibles fósiles. Para conservar los combustibles fósiles, además de reducir la contaminación atmosférica, algunas compañías automovilísticas han comenzado a fabricar vehículos híbridos.

¿En qué se diferencian los autos híbridos?

La fuente de energía de la mayoría de los autos es un motor de gasolina que acciona la transmisión. A diferencia de los autos convencionales, los híbridos pueden impulsar la transmisión con un motor de gasolina o con uno eléctrico. La potencia generada sirve para que la transmisión haga girar las ruedas o puede convertirse en electricidad para que la aproveche después el motor eléctrico. Toda electricidad sobrante se guarda en la batería del auto. El motor de gasolina de un auto híbrido es más pequeño, más eficiente y contamina menos que el motor de un auto convencional.

Motor de gasolina
El motor consume combustible para dar energía al auto.

Motor eléctrico y generador
En este modelo el motor eléctrico toma energía de la batería del auto para acelerarlo. Cuando desacelera, el generador produce electricidad para recargar la batería.

Transmisión Este aparato transmite la potencia del motor al eje que hace girar las ruedas.

Arranque
El auto usa potencia de la batería para arrancar el motor de gasolina.

Aceleración
Cuando el auto acelera, el motor eléctrico y el motor de gasolina impulsan juntos al auto.

Frenado
Cuando el auto frena, el motor actúa como generador y almacena energía eléctrica en la batería.

¿Los autos híbridos son el futuro?

Los autos híbridos consumen menos gasolina por milla y emiten menos contaminantes que los autos que trabajan sólo con gasolina. A pesar de sus beneficios, los autos híbridos tienen algunas desventajas. En general, tienen menos potencia para subir por colinas y menos aceleración que los autos con motores más grandes. Además, las baterías de mayor tamaño pueden ser un peligro ambiental si terminan en un relleno sanitario. Los conductores deben sopesar las ventajas y desventajas para comprar cualquier auto.

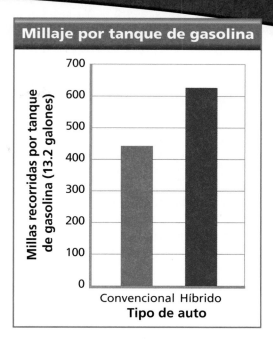

Millaje por tanque de gasolina

Gráfica de barras. Eje vertical: Millas recorridas por tanque de gasolina (13.2 galones), de 0 a 700. Eje horizontal: Tipo de auto — Convencional (aproximadamente 440), Híbrido (aproximadamente 625).

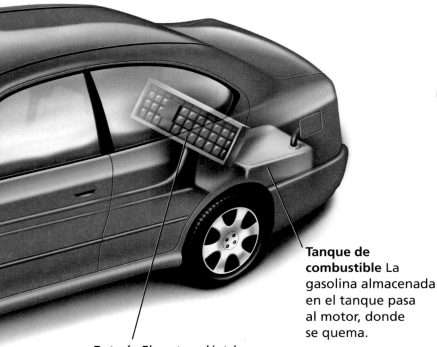

Tanque de combustible La gasolina almacenada en el tanque pasa al motor, donde se quema.

Batería El motor eléctrico usa la energía acumulada en una batería.

Alto
Cuando el auto se apaga o detiene, el motor de gasolina se para. Vuelve a funcionar cuando el conductor oprime el pedal de gasolina.

Evalúa el efecto

1. Identifica la necesidad
¿Por qué algunas compañías diseñan autos híbridos?

2. Analiza
Analiza los autos híbridos que estén a la venta y anota las ventajas y las desventajas de la tecnología de autos híbridos.

3. Escribe
¿Debería el próximo auto de tu familia ser convencional o híbrido? Usa la información de esta sección y los resultados de tu análisis, para escribir un párrafo que apoye tu opinión.

Para: Más información sobre autos híbridos, disponible en inglés.
Visita: PHSchool.com
Código Web: ceh-5050

1 Combustibles fósiles

Conceptos clave

- Cuando se queman combustibles, la energía química que se libera sirve para generar otra forma de energía, como calor, luz, movimiento o electricidad.
- Los tres combustibles fósiles más importantes son carbón, petróleo y gas natural.
- Como los combustibles fósiles tardan cientos de millones de años en formarse, se consideran recursos no renovables.

Términos clave

combustible
transformación de la energía
combustión
combustible fósil
hidrocarburo
petróleo
refinería
petroquímico

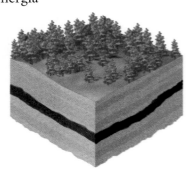

2 Fuentes de energía renovable

Conceptos clave

- El Sol libera energía continuamente en forma de luz y calor.
- Además de la energía solar, los recursos renovables de energía son agua, viento, combustibles de biomasa, energía geotérmica e hidrógeno.

Términos clave

energía solar
energía hidroeléctrica
combustible de biomasa
gasohol
energía geotérmica

3 Energía nuclear

Conceptos clave

- Durante la fisión nuclear, cuando un neutrón golpea un núcleo de U-235, este núcleo se divide en dos núcleos más pequeños y dos o más neutrones.
- En una planta de energía nuclear, el calor liberado por las reacciones de fisión convierte el agua en vapor. El vapor hace girar las aspas de una turbina para generar electricidad.
- En la fusión nuclear, dos núcleos de hidrógeno se combinan para formar un núcleo de helio, que tiene ligeramente menos masa que los dos núcleos de hidrógeno. La masa perdida se convierte en energía.

Términos clave

núcleo
fisión nuclear
cuba de reactor
varilla de combustible
varilla de control
fusión
fusión nuclear

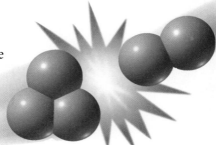

4 Conservación de la energía

Conceptos clave

- Una manera de conservar nuestros recursos energéticos actuales es aumentar la eficiencia de nuestro consumo de energía. Otra manera es ahorrar energía siempre que sea posible.

Términos clave

eficiencia
aislante
conservación de la energía

Repaso y evaluación

Go Online
PHSchool.com

Para: Una autoevaluación,
disponible en inglés.
Visita: PHSchool.com
Código Web: cea-5050

Organizar la información

Comparar y contrastar Copia el organizador gráfico sobre las fuentes de energía en una hoja de papel aparte. Luego complétalo y ponle un título. (Para más información sobre comparar y contrastar, consulta el Manual de destrezas.)

Tipo de energía	Ventajas	Desventajas
Carbón	Fácil de transportar	a. _____?_____
Petróleo	b. _____?_____	No renovable
Solar	c. _____?_____	d. _____?_____
Viento	e. _____?_____	f. _____?_____
Hidroeléctrica	No contamina	g. _____?_____
Geotérmica	h. _____?_____	i. _____?_____
Nuclear	j. _____?_____	Desechos radiactivos

Repasar los términos clave

Elige la letra de la mejor respuesta.

1. ¿Cuál de los siguientes *no* es un combustible fósil?
   a. carbón
   b. madera
   c. petróleo
   d. gas natural

2. El viento y el agua son formas indirectas de
   a. energía nuclear.
   b. energía eléctrica.
   c. energía solar.
   d. energía geotérmica.

3. ¿Cuál de los siguientes *no* es un combustible de biomasa?
   a. metano
   b. gasohol
   c. hidrógeno
   d. bagazo de caña de azúcar

4. La partícula que inicia una fisión nuclear es un
   a. neutrón.
   b. electrón.
   c. protón.
   d. átomo.

5. La parte de la planta de energía nuclear que pasa por una reacción de fisión se llama
   a. turbina.
   b. varilla de control.
   c. convertidor de calor.
   d. varilla de combustible.

Si la oración es verdadera, escribe *verdadera*. Si es falsa, cambia la palabra o palabras subrayadas para hacer verdadera la oración.

6. El proceso de quemar un combustible para obtener energía se llama <u>combustión.</u>

7. Casi toda la energía que usamos hoy viene de <u>combustibles fósiles.</u>

8. Los productos hechos de petróleo se llaman <u>hidrocarburos.</u>

9. La energía geotérmica es un ejemplo de un recurso energético <u>no renovable.</u>

10. <u>Aislamiento</u> significa reducir el consumo de energía.

Escribir en ciencias

Carta En una carta a un amigo, predice cómo la energía solar cambiará tu vida en los próximos 20 años. Incluye detalles concretos en tu descripción.

Discovery
CHANNEL
SCHOOL™

Energy Resources
Video Preview
Video Field Trip
▶ **Video Assessment**

Repaso y evaluación

Verificar los conceptos

11. Describe cómo se forma el carbón.

12. ¿Qué es el gas natural? ¿Cómo se transporta adonde se necesita?

13. Describe tres características de un hogar solar (incluye en tu respuesta sistemas solares activos y pasivos).

14. Explica por qué la energía solar es la fuente indirecta de la energía hidroeléctrica.

15. Explica cómo se aprovecha el viento para generar electricidad.

16. ¿Cómo se controla una reacción de fisión nuclear en un reactor?

17. Define eficiencia energética. Da tres ejemplos de inventos que aumenten la eficiencia energética.

Pensamiento crítico

18. Comparar y contrastar Comenta las semejanzas y diferencias de los tres principales combustibles fósiles.

19. Predecir ¿Crees que algún día vivirás en una casa solar? Apoya tu predicción con detalles sobre el clima de tu región.

20. Clasificar Señala si cada uno de los siguientes recursos energéticos es renovable o no renovable: carbón, energía solar, gas natural, hidrógeno. Da una razón de cada respuesta.

21. Emitir un juicio Explica en un párrafo breve por qué estás de acuerdo o en desacuerdo con el enunciado siguiente: "Estados Unidos debe construir más plantas nucleares como preparación para la escasez futura de combustibles fósiles".

22. Relacionar causa y efecto En la reacción nuclear que se muestra a continuación, un neutrón está a punto de golpear un núcleo de U-235. ¿Qué pasará a continuación?

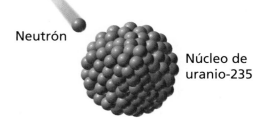

Neutrón

Núcleo de uranio-235

Aplicar destrezas

Usa la información de la tabla para responder a las preguntas 23 a 27.

En la tabla siguiente se muestra la producción de energía mundial en 1973 y en la actualidad.

Recurso energético	Unidades producidas, 1973	Unidades producidas, actuales
Petróleo	2,861	3,574
Gas natural	1,226	2,586
Carbón	2,238	3,833
Nuclear	203	2,592
Hidroeléctrica	1,300	2,705
Total	7,828	15,290

23. Interpretar datos ¿Cómo cambió la producción total de energía de 1973 a la actualidad?

24. Calcular ¿Qué porcentaje del total de la producción energética mundial provino de energía nuclear en 1973? ¿Qué porcentaje representa hoy en día?

25. Clasificar Clasifica los recursos energéticos según si son renovables o no renovables.

26. Inferir ¿Cómo ha cambiado la importancia de la energía hidroeléctrica de 1973 al presente?

27. Predecir ¿Cómo crees que cambiará la producción de energía del mundo durante los siguientes 40 años? Explica.

Lab zone Proyecto del capítulo

Evaluación del desempeño Muestra tu inventario de energía a otro grupo. El grupo debe verificar que el informe sea claro, que esté organizado y que sea detallado. Haz las revisiones basándote en los comentarios del otro grupo. En clase, comenten los resultados de cada grupo. Luego elaboren una propuesta de la clase con las mejores sugerencias para ahorrar energía en tu escuela.

Preparación para la prueba estandarizada

Elige la letra de la mejor repuesta.

1. El interior de tu auto se calienta en un día soleado por

  A el calentamiento solar pasivo.

  B las celdas solares.

  C el calentamiento solar activo.

  D el calentamiento solar indirecto.

2. La función principal de una presa al generar electricidad es

  F formar un embalse para recreación.

  G impedir las inundaciones con las lluvias copiosas.

  H ofrecer una fuente de agua rápida.

  J proporcionar una fuente de viento.

Usa la gráfica para responder a las preguntas 3 y 4.

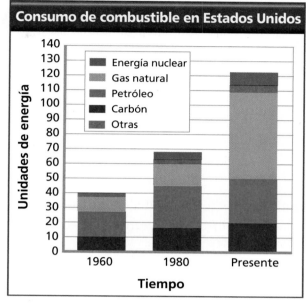

Consumo de combustible en Estados Unidos

3. De acuerdo con la gráfica, casi todas las fuentes de combustible usadas en Estados Unidos en la actualidad son

  A combustibles renovables.

  B combustibles nucleares.

  C combustibles fósiles.

  D energía solar.

4. ¿Qué enunciado sobre el consumo de combustible en Estados Unidos se apoya mejor en la gráfica?

  F El gas natural se ha convertido en la fuente de energía más usada.

  G La energía nuclear no se usa hoy en día.

  H El carbón se ha convertido en la principal fuente de combustible.

  J La cantidad de petróleo usado hoy en día se ha reducido mucho desde 1980.

5. ¿Cuál de los siguientes es el primer paso para generar electricidad en un reactor nuclear?

  A El vapor hace girar las aspas de una turbina.

  B El agua hierve para producir vapor.

  C Los átomos de U-235 se dividen por fisión nuclear.

  D Se libera calor.

Respuesta estructurada

6. Explica que significa este enunciado: La electricidad *no* es en sí una fuente de energía. Luego escoge una fuente de energía y explica cómo se usa para generar electricidad.

Bosques lluviosos africanos

¿Qué bosque
- tiene una rana de 30 cm de longitud?
- es hogar de gorilas, aguantibos e hipopótamos enanos?
- conserva la diversidad?

Es un bosque lluvioso africano. Miles de plantas y animales viven ahí, desde orquídeas coloridas hasta murciélagos fruteros y elefantes.

Los bosques lluviosos de África crecen cerca del ecuador. Aproximadamente 70 por ciento de los bosques lluviosos están en África central, en la vasta cuenca del río Congo. Algunas partes del bosque lluvioso de África central son tan densas e inaccesibles, que los exploradores nunca las han visitado. El este de África, que es más seco, sólo tiene regiones aisladas de bosques lluviosos.

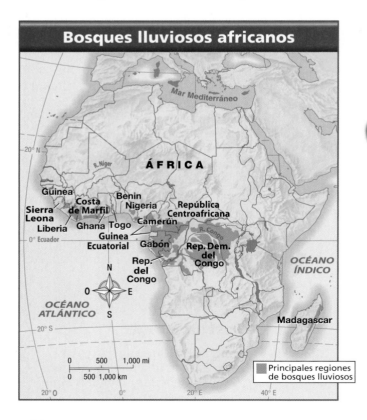

Bosques lluviosos africanos

Mar Mediterráneo

ÁFRICA

R. Niger

20° N

Guinea
Sierra Leona
Liberia
Costa de Marfil
Ghana Togo
Benin
Nigeria
Camerún
República Centroafricana
Guinea Ecuatorial
Gabón
Rep. del Congo
Rep. Dem. del Congo
R. Congo
0° Ecuador

OCÉANO ÍNDICO

OCÉANO ATLÁNTICO

N
O — E
S

Madagascar

20° S

| 0 | 500 | 1,000 mi |
| 0 | 500 1,000 km |

20° O   0°   20° E   40° E

Principales regiones de bosques lluviosos

Aguantibo dorado
Este aguantibo dorado come insectos y frutas en el bosque lluvioso africano.

Capas del bosque lluvioso

El bosque lluvioso es muchos bosques en uno, como los pisos de un edificio de departamentos. Cada capa tiene un clima distinto y es el hogar de diversas plantas y animales. Las cuatro capas son: capa emergente, bóveda arbórea, sotobosque y suelo del bosque.

Con el tiempo, plantas y animales se han adaptado a la vida en las diversas capas del bosque lluvioso. Algunos monos que viven en la bóveda tienen patas largas y musculosas para correr y saltar entre las ramas. Otros tienen dientes y mandíbulas fuertes con las que pueden mascar frutas, frutos secos y semillas. Algunos monos que viven en el suelo del bosque tienen colas más cortas pero patas delanteras más largas.

Capa emergente, 40 a 70 metros
Esta capa está formada por pocos árboles altos que pasan por la bóveda arbórea. La capa emergente capta la mayor parte de la lluvia, luz, calor y viento. En esta capa viven monos colobos y muchas aves.

Colobo blanco y negro

Bóveda arbórea, 10 a 40 metros
Es el denso "techo" del bosque lluvioso. Las copas de los árboles captan la luz solar para la fotosíntesis. La lluvia y la luz se filtran por la espesa vegetación. En la parte alta de la bóveda crecen orquídeas epifitas.

Orquídea epifita

Monarca paraíso

Sotobosque, 0 a 10 metros
El sotobosque tiene árboles y plantas que necesitan poca luz. Entre la vegetación medran los pitones. Algunos animales pequeños, como las ardillas, se escurren de rama en rama.

Suelo del bosque, 0 metros
El suelo del bosque es oscuro y húmedo. Los hipopótamos enanos buscan comida en el suelo del bosque. Los hipopótamos enanos tienen un décimo del tamaño de los hipopótamos corrientes.

Hipopótamo enano

Actividad Ciencias

Diseña un animal de bosque lluvioso que esté adaptado a la vida en cierta capa del árbol. Considera cómo vive el animal, cómo se traslada y qué come. Esboza sus características y explica por qué cada adaptación le sirve para sobrevivir. Dibuja un boceto de tu diseño.

Búsqueda de luz solar

Casi todos los árboles del bosque lluvioso son perennes con hojas anchas y correosas. Algunos son coníferas, como el podo sudafricano. Como el bosque es muy denso, los árboles deben crecer altos y rectos para llegar a la luz solar en la parte alta de la bóveda.

En las orillas de los ríos el suelo y el sotobosque son una maraña de vegetación espesa. Pero en las profundidades del bosque lluvioso el suelo está desnudo. Los árboles de la bóveda impiden que la luz llegue a las plantas inferiores. El agua gotea de las hojas de la bóveda. Los árboles jóvenes pueden crecer si caen árboles viejos y abren claros soleados.

Los bosques lluviosos de África occidental tienen muchos árboles valiosos. La caoba y la teca africanas sirven para hacer muebles, herramientas y botes. El aceite de la palma de aceite se usa en jabones, velas y algunos alimentos. Árboles como el ébano, que tolera la sombra, crecen lentamente y poseen una madera oscura, dura y perdurable.

Árbol de bosque lluvioso
Los árboles del bosque lluvioso, como este capoc, crecen rectos hacia el Sol.

Árboles del bosque lluvioso

Árbol	Altura máxima
Palma de aceite africana	18 m
Podo sudafricano	20 m
Higuera del Cabo	7 m
Ébano	30 m
Capoc	70 m
Rafia	12 m
Teca	46 m

Actividad Matemáticas

En la tabla de esta página se da la altura de varios árboles del bosque lluvioso. Usa la información de la tabla para hacer una gráfica de barras. Anota en el eje horizontal los nombres de los árboles y en el eje vertical sus alturas.

- ¿Qué árbol alcanza la mayor altura? ¿Cuál tiene la menor altura?
- ¿Cuál es la diferencia entre las alturas máximas del árbol más alto y el más bajo?
- ¿Cuál es la máxima altura promedio de todos los árboles de la gráfica?

Kapa
La vestimenta tradicional de los mbutis se hace de corteza de árbol.

El bosque de Ituri

Los pueblos nativos del bosque lluvioso de África viven como lo han hecho durante miles de años: de la caza y la pesca. El bosque les da comida, agua, leña, materiales de construcción y medicinas.

Un grupo de habitantes del bosque lluvioso son los mbutis, que viven en el bosque de Ituri de la República Democrática del Congo. Muchos mubtis son muy pequeños. Los hombres cazan gacelas y antílopes, y las mujeres recogen frutas, frutos secos y verduras. La vestimenta tradicional de los mbutis se hace de corteza de árbol y se anuda alrededor de la cintura. La corteza se golpea para ablandarla y luego se decora con figuras geométricas.

La mayoría de los mbutis son nómadas, sin un hogar fijo. Cada pocos meses establecen nuevos territorios de caza. Construyen chozas temporales en forma de domo con ramas y hojas. Conviven grupos de caza de 10 a 25 familias.

El África moderna ha impuesto cambios a los pueblos del bosque, especialmente los que viven en las orillas. Durante varios meses del año algunos mbutis trabajan como jornaleros para los agricultores que viven en aldeas en los límites del bosque. Cuando terminan su trabajo, los mbutis regresan al bosque de Ituri. En general, los pueblos del bosque prefieren no cultivar su propia tierra. Como los agricultores no cazan, intercambian sus bienes por carne. A cambio de la carne, los mbutis reciben artículos como herramientas de hierro, ollas, ropa, plátanos y otros productos agrícolas.

Los mbuti
Los mbuti cazan y pescan en las orillas del río Congo.

Actividad Estudios sociales

Anota los artículos que intercambian los pueblos del bosque y los agricultores. Supón que no hay ninguna de las ventajas modernas, como tractores y estufas. En tu escrito explica cómo se intercambian los artículos. Asigna un valor a los productos de los agricultores y de los mbutis, dependiendo de las necesidades de cada grupo. ¿Cómo cambiaría el proceso de intercambio si se comerciara con dinero?

En la bóveda arbórea

Buena parte del bosque lluvioso es todavía un misterio porque los científicos enfrentan grandes dificultades para estudiar la bóveda arbórea. Algunos nativos de los bosques trepan a estos altos árboles con enredaderas fuertes y gruesas llamadas lianas. Pero los científicos tienen que hallar otro método. El naturalista Gerald Durrell, que trabaja en el bosque lluvioso africano, tuvo la suerte de hallar otro medio de observar la bóveda arbórea. Aquí lo describe.

Gerald Durrell
El conservacionista inglés Gerald Durrell escribió sus aventuras con la fauna del mundo. En esta foto, carga un oso hormiguero.

La bóveda arbórea es una de las regiones más habitadas del bosque, pero es también la que causa la mayor frustración al naturalista. Ahí está él, en la penumbra de los troncos de los árboles gigantes, escuchando los ruidos de la vida animal en las alturas, mientras le llueven frutas a medio comer, flores o semillas lanzadas por legiones de animales en su reino solar, que el naturalista no alcanza a ver. En estas circunstancias, el naturalista se vuelve malhumorado y padece tortícolis crónica.

Sin embargo, hubo una ocasión en la que pude elevarme a la bóveda arbórea y fue una experiencia mágica. Ocurrió en África Occidental cuando acampaba en las densas lomas inferiores de una montaña llamada N'da Ali. Un día, mientras caminaba por el bosque, me di cuenta de que iba por el borde de un acantilado abrupto de la montaña. El frente del acantilado, cubierto de enredaderas, se alejaba unas 50 yardas, de modo que aunque caminaba por el bosque, junto a mí y ligeramente por debajo estaba la bóveda arbórea que crecía desde la base del acantilado. El acantilado medía alrededor de media milla y me ofrecía un balcón natural desde el que podía observar la vida en las copas de los árboles con sólo acostarme sobre la orilla, oculto por la maleza baja.

Durante alrededor de una semana pasé horas ahí mientras desfilaba una cabalgata de fauna. La cantidad de aves era increíble, desde las diminutas nectarinas iridiscentes, que zumbaban como helicópteros de flor en flor mientras se alimentaban con el néctar, hasta las parvadas de enormes cálaos negros con sus monstruosos picos amarillos, que volaban con mucha torpeza y hacían un gran estrépito cuando escogían frutas del bosque.

Desde muy temprano hasta que oscurecía demasiado para poder ver, miraba este desfile de criaturas. Tropas de monos pasaban, seguidos por parvadas de aves que se alimentaban ansiosamente de los insectos que los monos asustaban con su paso ruidoso entre los árboles. Las ardillas se perseguían, perseguían incesantemente lagartijas o simplemente se tendían a disfrutar el sol sobre las ramas altas de los árboles.

Águila africana

Actividad Artes del lenguaje

Además de experto naturalista y escritor, Gerald Durrell también era un observador atento. En este fragmento describe detalladamente la "experiencia mágica" de estar en la bóveda arbórea. Vuelve a leer la descripción de Durrell. Ahora, con un compañero, escribe y diseña un folleto en el que convenzas a los turistas de visitar un bosque lluvioso africano. Escribe descripciones sólidas y animadas de lo que se puede ver, oír y experimentar. Sé persuasivo.

Relaciónalo

Celebración de la diversidad

Los bosques lluviosos tienen la mayor diversidad (variedad de vida animal y vegetal) de todos los ecosistemas de la Tierra. Todavía quedan muchas especies por descubrir. Haz una exhibición para que tu escuela celebre esta diversidad. Incluye dibujos, fotos y leyendas detalladas.

- En un mapa grande, localiza y rotula los bosques lluviosos de la Tierra. En grupos, elijan qué región de bosque lluvioso investigar: África, Brasil, Costa Rica, Hawai o Borneo.

- Con tu grupo, estudia varias especies de animales y plantas del bosque lluvioso que eligieron. Pueden ser monos, mariposas, aves, orquídeas o plantas medicinales.

- Describe la apariencia de cada especie, dónde vive en el bosque lluvioso, cuál es su función en el ecosistema y cuál es su utilidad para los seres humanos.

Mandril

Ranita de la hierba

Argema mittrei

Piensa como científico

Los científicos tienen una manera particular de mirar el mundo, es decir, tienen hábitos científicos de pensamiento. Cada vez que te haces una pregunta y examinas las respuestas posibles, aplicas muchas de las mismas destrezas que usan los científicos. Algunas de esas destrezas se describen en esta página.

Observar

Observas cada vez que reúnes información sobre el mundo con ayuda de uno o más de tus cinco sentidos. Oír que ladra un perro, contar doce semillas verdes y oler el humo son observaciones. Para aumentar el alcance de los sentidos, los científicos usan microscopios, telescopios y otros instrumentos que los ayudan a hacer observaciones más detalladas.

Una observación debe ser un informe preciso de lo que detectan tus sentidos. Es importante llevar un registro cuidadoso de tus observaciones en la clase de ciencias; para ello puedes escribir o hacer dibujos en un cuaderno. La información recopilada mediante las observaciones se llama evidencia o dato.

Inferir

Cuando interpretas una observación, **infieres,** es decir, haces una inferencia. Por ejemplo, si oyes que tu perro ladra, infieres que hay alguien en la puerta. Para hacer esta inferencia, combinas la evidencia (tu perro ladra) con tu experiencia o conocimientos (sabes que el perro ladra cuando se acerca un desconocido) y llegas a una conclusión lógica.

Ten en cuenta que una inferencia no es un hecho, sino sólo una de muchas interpretaciones posibles de una observación. Por ejemplo, quizá tu perro ladra porque quiere ir de paseo. Una inferencia puede ser incorrecta aun cuando esté basada en observaciones precisas y en un razonamiento lógico. La única manera de saber si una inferencia es correcta consiste en investigarla más a fondo.

Predecir

Cuando escuchas el pronóstico del tiempo, oyes muchas predicciones sobre el tiempo meteorológico del día siguiente: cuál será la temperatura, si lloverá o no y si habrá mucho viento. Los pronosticadores del tiempo usan sus observaciones y conocimientos de patrones climáticos para predecir el tiempo meteorológico. La destreza de **predecir** consiste en hacer una inferencia sobre un acontecimiento futuro, basada en pruebas actuales o en la experiencia.

Ya que una predicción es una inferencia, a veces resulta falsa. En la clase de ciencias, puedes hacer experimentos para probar tus predicciones. Por ejemplo, supón que predices que los aviones de papel más grandes vuelan más lejos que los pequeños. ¿Cómo probarías tu predicción?

Actividad

Usa la fotografía para responder a las preguntas que siguen.

Observar Mira con atención la fotografía. Anota por lo menos tres observaciones.

Inferir Usa tus observaciones para hacer una inferencia de lo que sucedió. ¿Qué experiencias o conocimientos utilizaste para hacer tu inferencia?

Predecir Predice lo que va a suceder. ¿En qué evidencia o experiencia basas tu predicción?

Clasificar

¿Te imaginas cómo sería buscar un libro en la biblioteca si los libros estuvieran acomodados sin ningún orden particular? Tu visita a la biblioteca sería cosa de todo un día. Por fortuna, los bibliotecarios agrupan los libros por tema o por autor. Agrupar los elementos que comparten algún parecido se llama **clasificar**. Puedes clasificar las cosas de muchas maneras: por tamaño, por forma, por uso y por otras características importantes.

Igual que los bibliotecarios, los científicos usan la destreza de clasificar para organizar información y objetos. Cuando las cosas están ordenadas en grupos, es más fácil comprender sus relaciones.

Actividad

Clasifica los objetos de la fotografía en dos grupos basándote en una característica que elijas. Luego, usa otra característica para clasificarlos en tres grupos.

Hacer modelos

¿Alguna vez has hecho un dibujo para que alguien comprenda mejor lo que dices? Ese dibujo es un tipo de modelo. Un modelo es un dibujo, diagrama, imagen de computadora o cualquier otra representación de un objeto o proceso complejo. **Hacer modelos** nos ayuda a comprender las cosas que no vemos directamente.

A menudo, los científicos usan modelos para representar las cosas muy grandes o muy pequeñas, como los planetas del sistema solar o las partes de las células. En esos casos se trata de modelos físicos, o sea, dibujos o estructuras tridimensionales que se parecen a los objetos reales. En otros casos son modelos mentales: ecuaciones matemáticas o palabras que describen el funcionamiento de algo.

Actividad

Esta estudiante usa un modelo para mostrar qué causa el día y la noche en la Tierra. ¿Qué representan la lámpara y la pelota de tenis en el modelo?

Comunicar

Cuando hablas por teléfono, escribes un informe o escuchas a tu maestro en la escuela, te estás comunicando. **Comunicar** es el proceso de compartir ideas e información con los demás. La comunicación eficaz requiere de muchas destrezas, como escribir, leer, hablar, escuchar y hacer modelos.

Los científicos se comunican para compartir resultados, información y opiniones. Suelen comunicar su trabajo en publicaciones, por teléfono, en cartas y en la Internet.

También asisten a conferencias científicas donde comparten sus ideas en persona.

Actividad

En una hoja aparte, escribe instrucciones detalladas para amarrarse los cordones. Intercámbialas con un compañero. Sigue sus instrucciones. ¿Pudiste amarrarte fácilmente los cordones? ¿Cómo podría haberse comunicado mejor tu compañero?

Hacer mediciones

Al hacer mediciones, los científicos pueden expresar sus observaciones con mayor exactitud y comunicar más información sobre lo que observan.

Medir en SI

El sistema estándar de medición que usan los científicos de todo el mundo es el *Sistema Internacional de Unidades,* que se abrevia como SI (**Système International d'Unités,** en francés). Estas unidades son fáciles de usar porque se basan en múltiplos de 10. Cada unidad es diez veces mayor que la inmediata anterior y un décimo del tamaño de la siguiente. En la tabla están los prefijos que se usan para nombrar las unidades más comunes del SI.

Longitud Para medir la longitud, es decir, la distancia entre dos puntos, la unidad de medida es el **metro** (**m**). Un metro es aproximadamente la distancia que hay del suelo al pomo de una puerta. Las distancias más grandes, como la que hay entre dos ciudades, se miden en kilómetros (km). Las longitudes más pequeñas se miden en centímetros (cm) o milímetros (mm). Para medir la longitud, los científicos usan reglas y varas métricas.

Prefijos Comunes del SI		
Prefijo	**Símbolo**	**Significa**
kilo-	k	1,000
hecto-	h	100
deca-	da	10
deci-	d	0.1 (un décimo)
centi-	c	0.01 (un centésimo)
mili-	m	0.001 (un milésimo)

Conversiones comunes		
1 km	=	1,000 m
1 m	=	100 cm
1 m	=	1,000 mm
1 cm	=	10 mm

Volumen líquido Para medir el volumen de un líquido, es decir, la cantidad de espacio que ocupa, se usa una unidad de medida llamada **litro** (**L**). Un litro es aproximadamente el volumen de un cartón de leche de tamaño mediano. Los volúmenes más pequeños se miden en mililitros (mL). Los científicos usan cilindros graduados para medir el volumen líquido.

Actividad

En la regla métrica de la ilustración, las líneas largas son divisiones en centímetros, mientras las cortas, que no están numeradas, son divisiones en milímetros. ¿Cuántos centímetros de largo tiene este caracol? ¿A cuántos milímetros equivale?

Actividad

El cilindro graduado de la ilustración está marcado con divisiones en milímetros. Observa que la superficie del agua del cilindro es curva. Esta curvatura se llama *menisco.* Para medir el volumen, tienes que leer el nivel en el punto más bajo del menisco. ¿Cuál es el volumen del agua en este cilindro graduado?

Conversión común
1 L = 1,000 mL

Masa Para medir la masa, es decir, la cantidad de materia de un objeto, se usa una unidad de medida llamada **gramo (g)**. Un gramo es aproximadamente la masa de un sujetapapeles. Las masas más grandes se miden en kilogramos (kg). Los científicos usan balanzas para medir la masa.

Conversión común

1 kg = 1,000 g

Actividad

La masa de la papa de la ilustración se mide en kilogramos. ¿Cuál es la masa de la papa? Supón que una receta para ensalada de papa requiere un kilogramo de papas. ¿Como cuántas papas necesitarías?

Temperatura Para medir la temperatura de una sustancia, se usa la **escala Celsius.** La temperatura se mide con un termómetro en grados Celsius (°C). El agua se congela a 0 °C y hierve a 100 °C.

Tiempo La unidad que los científicos usan para medir el tiempo es el **segundo (s)**.

Actividad

¿Cuál es la temperatura del líquido en grados Celsius?

Conversión de unidades SI

Para trabajar con el sistema SI, debes saber cómo convertir de unas unidades a otras. La conversión de unidades requiere la destreza de **calcular,** es decir, realizar operaciones matemáticas. Convertir unidades SI es igual que convertir dólares y monedas de 10 centavos porque los dos sistemas se basan en múltiplos de diez.

Supón que quieres convertir una longitud de 80 centímetros a metros. Sigue estos pasos para convertir las unidades.

1. Primero escribe la medida que quieres convertir; en este ejemplo, 80 centímetros.

2. Escribe un factor de conversión que represente la relación entre las dos unidades. En este ejemplo, la relación es 1 metro = 100 centímetros. Escribe este factor de conversión como fracción. Asegúrate de poner en el denominador las unidades de las que conviertes (en este ejemplo, centímetros).

3. Multiplica la medición que quieres convertir por la fracción. Al hacer esto, las unidades de esta primera medición se cancelarán con las unidades del denominador. Tu respuesta estará en las unidades a las que conviertes (en este ejemplo, metros).

Ejemplo

80 centímetros = ■ metros

$$80 \text{ centímetros} \times \frac{1 \text{ metro}}{100 \text{ centímetros}} = \frac{80 \text{ metros}}{100}$$

$$= 0.8 \text{ metros}$$

Actividad

Convierte las siguientes unidades.

1. 600 milímetros = ■ metros
2. 0.35 litros = ■ mililitros
3. 1,050 gramos = ■ kilogramos

Realizar una investigación científica

En cierta forma, los científicos son como detectives que unen claves para comprender un proceso o acontecimiento. Una manera en que los científicos reúnen claves es realizar experimentos. Los experimentos prueban las ideas en forma cuidadosa y ordenada. Aunque no todos los experimentos siguen los mismos pasos en el mismo orden, muchos tienen un esquema parecido al que se describe aquí.

Plantear preguntas

Los experimentos comienzan planteando una pregunta científica. Una pregunta científica es aquella que se puede responder reuniendo evidencias. Por ejemplo, la pregunta "¿Qué se congela más rápido, el agua dulce o el agua salada?" es una pregunta científica, porque puedes realizar una investigación y reunir información para responderla.

Desarrollar una hipótesis

El siguiente paso es formular una hipótesis. Una **hipótesis** es una explicación posible para un conjunto de observaciones, o la respuesta a una pregunta científica. En ciencias, una hipótesis debe ser algo que se pueda poner a prueba. Una hipótesis se puede formular como un enunciado *Si… entonces…* Por ejemplo, una hipótesis sería "*Si añado sal al agua dulce, entonces tardará más en congelarse*". Las hipótesis enunciadas de esta manera son un esquema a grandes rasgos del experimento que debes realizar.

Diseñar un experimento

Luego, tienes que hacer un plan para poner a prueba tu hipótesis. Escribe tu plan en forma de pasos y describe las observaciones o mediciones que harás.

Dos pasos importantes en el diseño de un experimento son controlar las variables y formular definiciones operativas.

Controlar variables En un experimento bien diseñado, tienes que conservar igual todas las variables excepto una. Una **variable** es cualquier factor que puede cambiar en un experimento. El factor que modificas se llama **variable manipulada.** En nuestro experimento, la variable manipulada es la cantidad de sal que se añade al agua. Los demás factores, como la cantidad de agua o la temperatura inicial, son constantes.

El factor que cambia como resultado de la variable manipulada se llama **variable respuesta.** La variable respuesta es lo que mides u observas para obtener tus resultados. En este experimento, la variable respuesta es cuánto tarda el agua en congelarse.

Un experimento donde se mantienen constante todos los factores excepto uno, se llama **experimento controlado.** Estos experimentos incluyen una prueba llamada de control. En este experimento, el recipiente 3 es el de control. Como no se le añade sal, puedes comparar con él los resultados de los otros experimentos. Cualquier diferencia en los resultados debe obedecer tan sólo a la adición de sal.

Formular definiciones operativas Otro elemento importante de los experimentos bien diseñados es tener definiciones operativas claras. Una **definición operativa** es un enunciado que describe cómo se va a medir cierta variable o cómo se va a definir. Por ejemplo, en este experimento, ¿cómo determinarás si el agua se congeló? Quizá decidas meter un palito en cada recipiente al inicio del experimento. Tu definición operativa de "congelada" sería el momento en que el palito dejara de moverse.

Procedimiento experimental
1. Llena 3 recipientes con 300 mililitros de agua fría de la llave.
2. Añade 10 gramos de sal al recipiente 1 y agita. Añade 20 gramos de sal al recipiente 2 y agita. No añadas sal al recipiente 3.
3. Coloca los tres recipientes en el congelador.
4. Revisa los recipientes cada 15 minutos. Anota tus observaciones.

Interpretar datos

Las observaciones y mediciones que haces en los experimentos se llaman **datos.** Debes analizarlos al final de los experimentos para buscar patrones o tendencias. Muchas veces, los patrones se hacen evidentes si organizas tus datos en una tabla o una gráfica. Luego, reflexiona en lo que muestran los datos. ¿Apoyan tu hipótesis? ¿Señalan una falla en el experimento? ¿Necesitas reunir más datos?

Sacar conclusiones

Una **conclusión** es un enunciado que resume lo que aprendiste del experimento. Cuando sacas una conclusión, necesitas decidir si los datos que reuniste apoyan tu hipótesis o no. Tal vez debas repetir el experimento varias veces para poder sacar alguna conclusión. A menudo, las conclusiones te llevan a plantear preguntas nuevas y a planificar experimentos nuevos para responderlas.

Actividad

¿Influye en el rebote de una pelota la altura de la que la dejas caer? Usa los pasos que se describieron para planificar un experimento controlado e investigar el problema.

Destrezas de diseño tecnológico

Los ingenieros son personas que usan el conocimiento científico y tecnológico para resolver problemas prácticos. Para diseñar productos nuevos, los ingenieros a menudo siguen el proceso descrito aquí antes, aunque no siempre siguen los pasos en el mismo orden. Mientras lees estos pasos, piensa cómo podrías aplicarlos en los laboratorios de tecnología.

Identificar una necesidad

Antes de empezar a diseñar un producto nuevo, los ingenieros deben identificar la necesidad que intentan satisfacer. Por ejemplo, supón que perteneces al equipo de diseño de una empresa fabricante de juguetes. Tu equipo ha identificado una necesidad: un barco de juguete que no sea caro y sea fácil de armar.

Analizar el problema

Lo primero que hacen los diseñadores es reunir información que los ayude con el diseño nuevo. Esta investigación incluye buscar artículos en libros, revistas o en la Internet. A veces también incluye conversar con otros ingenieros que hayan resuelto problemas similares. A menudo, los ingenieros realizan experimentos relacionados con el producto que quieren diseñar.

Para tu barco de juguete podrías revisar juguetes parecidos al que quieres diseñar. Podrías hacer una búsqueda en la Internet. También podrías probar algunos materiales para ver si funcionan bien con el barco de juguete.

Dibujo para el diseño de un barco ▼

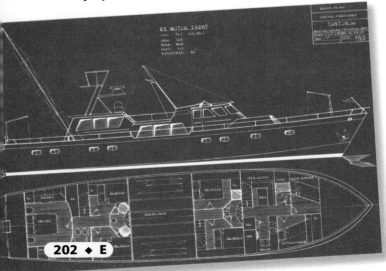

Diseñar una solución

La investigación provee a los ingenieros información útil para diseñar un producto. Los ingenieros trabajan en equipos cuando diseñan productos nuevos.

Generar ideas Por lo común, los equipos de diseño generan lluvias de ideas en las que cualquier integrante del equipo puede aportar algo. Una **lluvia de ideas** es un proceso creativo en el que las sugerencias de los integrantes del equipo dan ideas a los demás integrantes. Una lluvia de ideas puede proporcionar un nuevo enfoque para resolver un problema de diseño.

Evaluar restricciones Durante una lluvia de ideas, un equipo de diseño puede pensar en varios diseños posibles y evaluar cada uno.

Como parte de su evaluación, los ingenieros consideran las restricciones. Las **restricciones** son factores que limitan el diseño de un producto. Las características físicas, como las propiedades del material que usarás para hacer tu barco de juguete, son restricciones, así como el dinero y el tiempo. Si los materiales de un producto son muy caros o si se necesita mucho tiempo para fabricarlo, el diseño puede ser poco funcional.

Hacer intercambios Los equipos de diseño suelen hacer intercambios. En un **intercambio,** los ingenieros renuncian a un beneficio de un diseño propuesto para obtener otro. Al diseñar tu barco de juguete, tendrás que hacer intercambios. Por ejemplo, supón que un material es durable pero no es completamente a prueba de agua. Otro material resiste mejor al agua pero es frágil. Podrías decidir renunciar al beneficio de durabilidad para tener el beneficio de que sea a prueba de agua.

Construir y evaluar un prototipo

Una vez que el equipo ha elegido un plan de diseño, los ingenieros construyen un prototipo del producto. Un **prototipo** es un modelo de trabajo que se usa para probar un diseño. Los ingenieros evalúan el prototipo para ver si funciona bien, si es fácil y seguro de usar, y si soporta un uso repetido.

Piensa en tu barco de juguete. ¿Cómo sería el prototipo? ¿Qué materiales usarías para hacerlo? ¿Cómo lo pondrías a prueba?

Solucionar dificultades y rediseñar

Pocos prototipos funcionan a la perfección, por eso se tienen que probar. Luego de probar un prototipo, los integrantes del equipo de diseño analizan los resultados e identifican cualquier problema. El equipo trata de **solucionar las dificultades,** o sea arreglar los problemas del diseño. Por ejemplo, si tu barco de juguete tiene grietas o se tambalea, tendrás que rediseñar el barco para eliminar estos problemas.

Comunicar la solución

Un equipo de diseño debe comunicar el diseño final a la gente que va a fabricar el producto y a la que va a usarlo. Para hacerlo, el equipo podría usar diagramas, dibujos detallados, simulaciones de computadora y descripciones por escrito.

Actividad

Puedes usar el proceso de diseño tecnológico para diseñar y construir un barco de juguete.

Analizar e investigar

1. Ve a la biblioteca o haz una búsqueda en línea de barcos de juguete.

2. Investiga cómo se puede impulsar un barco de juguete, incluyendo viento, ligas elásticas o carbonato de sodio con vinagre.

3. Haz una lluvia de ideas para elegir los materiales, la forma y el modo de dirección de tu barco.

Diseñar y construir

4. Diseña un barco de juguete que
   • esté hecho de materiales disponibles
   • no mida más de 15 cm de largo y 10 de ancho
   • incluya un sistema de propulsión, un timón y un área de carga
   • avance 2 metros en línea recta llevando una carga de 20 monedas de 1 centavo

5. Haz tu diseño y escribe un plan paso por paso para construir tu barco. Después de que tu maestro apruebe tu plan, construye tu barco.

Evaluar y rediseñar

6. Prueba tu barco, evalúa los resultados y soluciona cualquier problema.

7. Basándote en tu evaluación, rediseña tu barco de juguete para que funcione mejor.

Crear tablas de datos y gráficas

¿Cómo se comprende el significado de los datos de los experimentos científicos? El primer paso es organizarlos para comprenderlos. Para ello, son útiles las tablas de datos y las gráficas.

Tablas de datos

Ya reuniste los materiales y preparaste el experimento. Pero antes de comenzar, necesitas planificar una forma de anotar lo que sucede durante el experimento. En una tabla de datos puedes escribir tus observaciones y mediciones de manera ordenada.

Por ejemplo, supón que un científico realizó un experimento para saber cuántas calorías queman personas con diversas masas corporales al realizar varias actividades. La tabla de datos muestra los resultados.

Observa en la tabla que la variable manipulada (la masa corporal) es el encabezado de una columna. La variable respuesta (en el

Calorías quemadas en 30 minutos			
Masa corporal	Experimento 1: Ciclismo	Experimento 2: Baloncesto	Experimento 3: Ver televisión
30 kg	60 Calorías	120 Calorías	21 Calorías
40 kg	77 Calorías	164 Calorías	27 Calorías
50 kg	95 Calorías	206 Calorías	33 Calorías
60 kg	114 Calorías	248 Calorías	38 Calorías

experimento 1, las Calorías quemadas al montar en bicicleta) encabeza la siguiente columna. Las columnas siguientes se refieren a experimentos relacionados.

Gráfica de barras

Para comparar cuántas Calorías quema una persona al realizar varias actividades, puedes crear una gráfica de barras. Una gráfica de barras muestra los datos en varias categorías distintas. En este ejemplo, el ciclismo, el baloncesto y ver televisión son las tres categorías.

Para crear una gráfica de barras, sigue estos pasos.

1. En papel cuadriculado, dibuja un eje horizontal, o eje *x,* y uno vertical, o eje *y.*

2. En el eje horizontal, escribe las categorías que vas a representar gráficamente. También escribe un nombre para todo el eje.

3. En el eje vertical anota el nombre de la variable respuesta. Incluye las unidades de medida. Para crear una escala, marca números con espacios equilaventes que cubran el intervalo de los datos que recopilaste.

4. Dibuja una barra por cada categoría, usando el eje vertical para determinar la altura. Haz todas las barras del mismo ancho.

5. Agrega un título que describa la gráfica.

Gráficas lineales

Puedes trazar una gráfica lineal para saber si hay una relación entre la masa corporal y la cantidad de calorías quemadas al montar en bicicleta. En una gráfica lineal, los datos muestran los cambios de una variable (la respuesta) como resultado de los cambios de la otra variable (la manipulada). Conviene trazar una gráfica lineal cuando la variable manipulada es **continua,** es decir, cuando hay otros puntos entre los que estás poniendo a prueba. En este ejemplo, la masa corporal es una variable continua porque hay otros pesos entre los 30 y los 40 kilos (por ejemplo, 31 kilos). El tiempo es otro ejemplo de variable continua.

Las gráficas lineales son herramientas poderosas, pues con ellas calculas los valores de condiciones que no probaste en el experimento. Por ejemplo, con tu gráfica puedes estimar que una persona de 35 kilos quemaría 68 calorías al montar en bicicleta.

Para crear una gráfica lineal, sigue estos pasos.

1. En papel cuadriculado, dibuja un eje horizontal, o eje *x,* y uno vertical, o eje *y.*

2. En el eje horizontal, escribe el nombre de la variable manipulada. En el eje vertical, anota el nombre de la variable respuesta. Incluye las unidades de medida.

3. Para crear una escala, marca números con espacios equivalentes que cubran el intervalo de los datos que recopilaste.

4. Traza un punto en la gráfica por cada dato. En la gráfica de esta página, las líneas punteadas muestran cómo marcar el punto del primer dato (30 kilogramos y 60 calorías). En el eje horizontal, sobre la marca de los 30 kilos, traza una línea vertical imaginaria hacia arriba. Luego, sigue una línea horizontal imaginaria que se proyecte del eje vertical en la marca de las 60 calorías. Haz el punto en donde se cruzan las líneas.

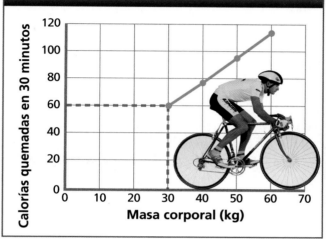

Efecto de la masa corporal en las calorías quemadas al practicar ciclismo

5. Une los puntos con una línea continua. (En algunos casos, tal vez sea mejor trazar una línea que muestre la tendencia general de los puntos graficados. En tales casos, algunos de los puntos quedarán arriba o abajo de la línea. No todas las gráficas son lineales. En algunos casos, puede ser más apropiado dibujar una curva para unir los puntos.)

6. Escribe un título que identifique las variables o su relación en la gráfica.

Actividad

Crea gráficas lineales con los datos de la tabla de los experimentos 2 y 3.

Actividad

Acabas de leer en el periódico que en la zona donde vives cayeron 4 centímetros de lluvia en junio, 2.5 centímetros en julio y 1.5 centímetros en agosto. ¿Qué gráfica usarías para mostrar estos datos? Dibuja tu gráfica en papel cuadriculado.

Gráficas circulares

Al igual que las gráficas de barras, las gráficas circulares sirven para mostrar los datos en varias categorías. Sin embargo, a diferencia de las gráficas de barras, las gráficas circulares sólo se usan cuando tienes datos para *todas* las categorías que componen un tema. Las gráficas circulares a veces se llaman gráficas de pastel. El pastel representa todo el tema y las rebanadas son las categorías. El tamaño de cada rebanada indica qué porcentaje del total tiene cada categoría.

La siguiente tabla de datos muestra los resultados de una encuesta en la que se les preguntó a 24 adolescentes cuál era su deporte favorito. Con esos datos, se creó la gráfica circular de la derecha.

Deportes preferidos por adolescentes

Deportes preferidos por los adolescentes	
Deporte	Estudiantes
Fútbol	8
Baloncesto	6
Ciclismo	6
Natación	4

Para crear una gráfica circular, sigue estos pasos.

1. Dibuja un círculo con un compás. Marca el centro con un punto. Luego, traza una línea del centro a la parte de arriba del círculo.

2. Para determinar el tamaño de cada "rebanada", establece una proporción en la que *x* sea igual al número de grados de la rebanada. (*Nota*: Un círculo tiene 360 grados.) Por ejemplo, para calcular el número de grados de la rebanada del "fútbol", plantea la siguiente proporción:

$$\frac{\text{Estudiantes que prefieren el fútbol}}{\text{Número total de estudiantes}} = \frac{x}{\text{Número total de grados del círculo}}$$

$$\frac{8}{24} = \frac{x}{360}$$

Multiplica cruzado y halla *x*.

$$24x = 8 \cdot 360$$
$$x = 120$$

La rebanada de "fútbol" tendría 120 grados.

3. Mide con un transportador el ángulo de la primera rebanada. La línea de 0° es la que trazaste hasta la parte de arriba del círculo. Dibuja una línea que vaya del centro del círculo al extremo del ángulo que mediste.

4. Continúa alrededor del círculo, midiendo cada rebanada con el transportador. Comienza en el borde de la rebanada anterior para que no se traslapen. Cuando termines, el círculo debe estar completo.

5. Determina el porcentaje del círculo que representa cada rebanada. Para ello, divide el número de grados de cada rebanada entre los grados del círculo (360) y multiplica por 100%. En el caso de la rebanada de "fútbol", calcula el porcentaje como sigue:

$$\frac{120}{360} \times 100\% = 33.3\%$$

6. Colorea cada rebanada de un color diferente. Escribe el nombre de la categoría y el porcentaje que representa.

7. Escribe el título de la gráfica circular.

Actividad

En un salón de 28 estudiantes, 12 van a la escuela en autobús, 10 caminan y 6 van en bicicleta. Dibuja una gráfica circular para mostrar los datos.

Repaso de matemáticas

Los científicos usan las matemáticas para organizar, analizar y presentar datos. Este apéndice te ayudará a repasar algunas destrezas básicas de matemáticas.

Media, mediana y moda

La **media** es el promedio de los datos, o su suma dividida por el número de datos. El número intermedio de un conjunto ordenado de datos se llama **mediana**. La **moda** es el número que más aparece en un conjunto de datos.

Ejemplo

Un científico contó el número de cantos distintos de siete pájaros macho y reunió estos datos.

Cantos de pájaros machos							
Pájaro	A	B	C	D	E	F	G
Número de cantos	36	29	40	35	28	36	27

Para hallar el número medio de cantos, suma el total de cantos y divide por el número de datos: en este caso, el número de pájaros macho.

$$\text{Media} = \frac{231}{7} = 33 \text{ cantos}$$

Para hallar la mediana del número de cantos, acomoda los datos en orden numérico y halla el número intermedio.

27 28 29 35 36 36 40

El número intermedio es 35, así que la mediana del número de cantos es 35.

La moda es el valor que más aparece. En estos datos, 36 aparece dos veces, y los demás valores sólo una vez, así que la moda es 36 cantos.

Práctica

Averigua cuántos minutos tarda cada estudiante de tu clase en llegar a la escuela. Luego, halla la media, la mediana y la moda de los datos.

Probabilidad

La **probabilidad** es la posibilidad de que ocurra un suceso. Se puede expresar como una razón, una fracción o un porcentaje. Por ejemplo, si lanzas al aire una moneda, la probabilidad de obtener cara es de 1 en 2, $\frac{1}{2}$ ó 50 por ciento.

La probabilidad de que ocurra un suceso puede expresarse con esta fórmula:

$$P(\text{suceso}) = \frac{\text{Número de veces que puede ocurrir el suceso}}{\text{Número total de sucesos posibles}}$$

Ejemplo

En una bolsa hay 25 canicas azules, 5 verdes, 5 anaranjadas y 15 amarillas. Si cierras los ojos y sacas una canica de la bolsa, ¿cuál es la probabilidad de que sea amarilla?

$$P(\text{canicas amarillas}) = \frac{15 \text{ canicas amarillas}}{50 \text{ canicas totales}}$$

$$P = \frac{15}{50}, \text{ o sea } \frac{3}{10}, \text{ o sea } 30\%$$

Práctica

Cada cara de un dado tiene una letra. Dos caras tienen A, tres caras tienen B y una cara tiene C. Si lanzas el dado, ¿cuál es la probabilidad de que una A quede arriba?

Área

El **área** de una superficie es el número de unidades cuadradas que la cubren. La portada de tu libro de texto tiene un área aproximada de 600 cm².

Área de un rectángulo y un cuadrado

Para hallar el área de un rectángulo, multiplica su longitud por su anchura. La fórmula del área de un rectángulo es

$$A = \ell \times a \text{, o sea } A = \ell a$$

Como los cuatro lados de un cuadrado tienen la misma longitud, el área de un cuadrado es la longitud de un lado multiplicada por sí misma, o sea, al cuadrado.

$$A = l \times l \text{, o sea } A = l^2$$

Ejemplo

Un científico estudia las plantas de un campo que mide 75 m × 45 m. ¿Qué área tiene el campo?

$$A = \ell \times a$$
$$A = 75 \text{ m} \times 45 \text{ m}$$
$$A = 3,375 \text{ m}^2$$

Área de un círculo La fórmula del área de un círculo es

$$A = \pi \times r \times r \text{, o sea } A = \pi r^2$$

La longitud del radio se representa con r, y el valor aproximado de π es $\frac{22}{7}$.

Ejemplo

Halla el área de un círculo con radio de 14 cm.

$$A = \pi r^2$$
$$A = 14 \times 14 \times \frac{22}{7}$$
$$A = 616 \text{ cm}^2$$

Práctica

Halla el área de un círculo cuyo radio mide 21 m.

Circunferencia

La distancia alrededor de un círculo se llama circunferencia. La fórmula para hallar la circunferencia de un círculo es

$$C = 2 \times \pi \times r \text{, o sea } C = 2\pi r$$

Ejemplo

El radio de un círculo es de 35 cm. ¿Qué circunferencia tiene el círculo?

$$C = 2\pi r$$
$$C = 2 \times 35 \times \frac{22}{7}$$
$$C = 220 \text{ cm}$$

Práctica

¿Qué circunferencia tiene un círculo de 28 m de radio?

Volumen

El volumen de un objeto es el número de unidades cúbicas que contiene. El volumen de una papelera, por ejemplo, podría ser de unos 26,000 cm³.

Volumen de un objeto rectangular Para hallar el volumen de un objeto rectangular, multiplica la longitud del objeto por su anchura y por su altura.

$$V = \ell \times a \times h \text{, o sea } V = \ell a h$$

Ejemplo

Halla el volumen de una caja con longitud de 24 cm, anchura de 12 cm y altura de 9 cm

$$V = \ell a h$$
$$V = 24 \text{ cm} \times 12 \text{ cm} \times 9 \text{ cm}$$
$$V = 2,592 \text{ cm}^3$$

Práctica

¿Qué volumen tiene un objeto rectangular con longitud de 17 cm, anchura de 11 cm y altura de 6 cm?

Fracciones

Una **fracción** es una forma de expresar una parte de un todo. En la fracción $\frac{4}{7}$, 4 es el numerador y 7 es el denominador.

Suma y resta de fracciones Para sumar o restar dos o más fracciones con el mismo denominador, primero suma o resta los numeradores. Luego, escribe la suma o diferencia arriba del denominador común.

Para sumar o restar fracciones con distintos denominadores, primero halla el mínimo común múltiplo de los denominadores, que se llama mínimo común denominador. Luego, convierte cada fracción a fracciones equivalentes que tengan el mínimo común denominador. Suma o resta los numeradores y escribe la suma o diferencia arriba del denominador común.

Ejemplo

$$\frac{5}{6} - \frac{3}{4} = \frac{10}{12} - \frac{9}{12} = 10 - \frac{9}{12} = \frac{1}{12}$$

Multiplicación de fracciones Para multiplicar dos fracciones, primero multiplica los numeradores y luego los denominadores.

Ejemplo

$$\frac{5}{6} \times \frac{2}{3} = \frac{5 \times 2}{6 \times 3} = \frac{10}{18} = \frac{5}{9}$$

División de fracciones Dividir por una fracción es lo mismo que multiplicar por el recíproco de la fracción. Un recíproco es un número cuyo numerador y denominador se han intercambiado. Para dividir una fracción por otra, primero invierte la fracción por la que vas a dividir. Luego, multiplica las dos fracciones.

Ejemplo

$$\frac{2}{5} \div \frac{7}{8} = \frac{2}{5} \times \frac{8}{7} = \frac{2 \times 8}{5 \times 7} = \frac{16}{35}$$

Práctica

Resuelve esto: $\frac{3}{7} \div \frac{4}{5}$

Decimales

Las fracciones cuyo denominador es 10, 100 u otra potencia de 10 suelen expresarse como decimales. Por ejemplo, la fracción $\frac{9}{10}$ puede expresarse como el decimal 0.9; la fracción $\frac{7}{100}$ puede escribirse como 0.07.

Suma y resta de decimales Para sumar o restar decimales, alinea los puntos decimales antes de hacer la operación.

Ejemplo

```
   27.4           278.635
+   6.19        − 191.4
  33.59           87.235
```

Multiplicación de decimales Al multiplicar dos números con decimales, el número de lugares decimales del producto es igual al total de lugares decimales de los números que se multiplican.

Ejemplo

```
   46.2     (un lugar decimal)
×  2.37    (dos lugares decimales)
109.494   (tres lugares decimales)
```

División de decimales Para dividir un decimal por un entero positivo, pon el punto decimal del cociente sobre el punto decimal del dividendo.

Ejemplo

$$15.5 \div 5$$

```
      3.1
  5)5.5
```

Para dividir un decimal por un decimal, tienes que reescribir el divisor como entero positivo. Hazlo multiplicando el divisor y el dividendo por el mismo múltiplo de 10.

Ejemplo

$$1.68 \div 4.2 = 16.8 \div 42$$

```
      0.4
 42)16.8
```

Práctica

Multiplica 6.21 por 8.5.

Razones y proporciones

Una **razón** es la comparación de dos números mediante una división. Por ejemplo, supón que un científico cuenta 800 lobos y 1,200 alces en una isla. La razón de lobos a alces puede escribirse como fracción, $\frac{800}{1,200}$, que se reduce a $\frac{2}{3}$. La misma razón puede expresarse como 2 a 3, ó 2 : 3.

Una **proporción** es un enunciado matemático que dice que dos razones son equivalentes. Por ejemplo, una proporción podría decir que $\frac{800 \text{ lobos}}{1,200 \text{ alces}} = \frac{2 \text{ lobos}}{3 \text{ alces}}$. A veces, podrás plantear una proporción para hallar o estimar una cantidad desconocida. Supón que un científico cuenta 25 escarabajos en un área de 10 m². El científico quiere estimar el número de escarabajos que hay en 100 m².

Ejemplo

1. Expresa la relación entre escarabajos y área como una razón: $\frac{25}{10}$, o sea, $\frac{5}{2}$.

2. Escribe una proporción, donde x sea el número de escarabajos: $\frac{5}{2} = \frac{x}{100}$.

3. Multiplica cruzado; es decir, multiplica el numerador de cada fracción por el denominador de la otra fracción.

   $5 \times 100 = 2 \times x$, o sea, $500 = 2x$

4. Para hallar el valor de x, divide ambos lados por 2. El resultado es 250, o sea que hay 250 escarabajos en 100 m².

Práctica

Halla el valor de x en esta proporción: $\frac{6}{7} = \frac{x}{39}$.

Porcentaje

Un **porcentaje** es una razón que compara un número con 100. Por ejemplo, hay 37 rocas de granito en una colección de 100 rocas. La razón $\frac{37}{100}$ puede escribirse 37%. Las rocas de granito son el 37% de la colección.

Puedes calcular porcentajes de números distintos de 100 escribiendo una proporción.

Ejemplo

En junio, llueve en 9 de 30 días. ¿Qué porcentaje de días con lluvia hubo en junio?

$$\frac{9 \text{ días}}{30 \text{ días}} = \frac{d\%}{100\%}$$

Para hallar el valor de d, multiplica cruzado, como en cualquier proporción:

$9 \times 100 = 30 \times d \qquad d = \frac{100}{30} \qquad d = 30$

Práctica

Hay 300 canicas en un frasco, y 42 de ellas son azules. ¿Qué porcentaje de las canicas es azul?

Cifras significativas

La **precisión** de una medición depende del instrumento que usas para medir. Por ejemplo, si la unidad más pequeña de una regla es milímetros, la medición más precisa que podrás hacer será en milímetros.

La suma o diferencia de mediciones no puede ser más precisa que la medición menos precisa que se suma o resta. Redondea tu respuesta al mismo número de lugares decimales que tiene la medición menos precisa. Redondea hacia arriba si el último dígito es 5 ó más, y hacia abajo si el último dígito es 4 ó menos.

> **Ejemplo**
>
> Resta una temperatura de 5.2 °C a la temperatura de 75.46 °C.
>
> $$75.46 - 5.2 = 70.26$$
>
> 5.2 tiene menos lugares decimales, así que es la medición menos precisa. Dado que el último dígito de la respuesta es 6, se redondea hacia arriba, a 3. La diferencia más precisa entre las mediciones es 70.3 °C.

> **Práctica**
>
> Suma 26.4 m a 8.37 m. Redondea tu respuesta según la precisión de las mediciones.

Las **cifras significativas** son el número de dígitos distintos de cero en una medición. Los ceros entre dígitos distintos de cero también son significativos. Por ejemplo, las mediciones 12,500 L, 0.125 cm y 2.05 kg tienen tres cifras significativas. Al multiplicar y dividir mediciones, la que tiene menos cifras significativas determina el número de cifras significativas en la respuesta.

> **Ejemplo**
>
> Multiplica 110 g por 5.75 g.
>
> $$110 \times 5.75 = 632.5$$
>
> Como 110 sólo tiene dos cifras significativas, se redondea la respuesta a 630 g.

Notación científica

Un **factor** es un número por el que otro número puede dividirse sin dejar residuo. En el ejemplo, el número 3 se usa como factor cuatro veces.

Un **exponente** indica cuántas veces se usa un número como factor. Por ejemplo, $3 \times 3 \times 3 \times 3$ puede escribirse como 3^4. El exponente 4 indica que el número 3 se usa como factor cuatro veces. Otra forma de expresar esto es decir que 81 es igual a 3 a la cuarta potencia.

> **Ejemplo**
>
> $$3^4 = 3 \times 3 \times 3 \times 3 = 81$$

La **notación científica** usa exponentes y potencias de 10 para escribir números muy grandes o muy pequeños en forma abreviada. Al escribir un número en notación científica, lo escribes usando dos factores. El primero es cualquier número entre 1 y 10; el segundo es una potencia de 10, como 10^3 ó 10^6.

> **Ejemplo**
>
> La distancia media entre el planeta Mercurio y el Sol es de 58,000,000 km. Para escribir el primer factor de la notación científica, agrega un punto decimal al número original de modo que tengas un número entre 1 y 10. En el caso de 58,000,000 el número es 5.8.
>
> Para determinar la potencia de 10, cuenta los lugares que se movió el punto decimal. En este caso, se movió 7 lugares.
>
> $$58{,}000{,}000 \text{ km} = 5.8 \times 10^7 \text{ km}$$

> **Práctica**
>
> Expresa 6,590,000 en notación científica.

Destrezas de comprensión de lectura

Tu libro de texto es una importante fuente de información científica. A medida que lees tu libro de ciencias, verás que fue escrito para ayudarte a comprender los conceptos de ciencias.

Cómo aprender con los textos de ciencias

Al estudiar ciencias en la escuela, aprenderás los conceptos científicos de diversas maneras. A veces realizarás actividades y experimentos interesantes para explorar ideas científicas. Para comprender plenamente lo que observas en los experimentos y actividades, necesitarás leer tu libro de texto. Para ayudarte en la lectura, se han resaltado las ideas importantes de modo que puedas reconocerlas. Además, una destreza clave de lectura en cada sección te ayudará a comprender lo que lees.

Usando las destrezas clave de lectura, mejorarás tu comprensión de la lectura; es decir, aumentarás tu capacidad para comprender lo que lees. A medida que aprendes ciencias, acumularás conocimientos que te ayudarán a comprender aún más lo que lees. Esos conocimientos te permitirán aprender todos los temas que se abordan en el libro.

Y, ¿sabes qué?, estas destrezas de lectura te serán útiles siempre que leas. Leer para aprender es muy importante en la vida, y ahora tienes la oportunidad de iniciar ese proceso.

A continuación se describen las destrezas clave de lectura que mejorarán tu comprensión de lo que lees.

Desarrollar el vocabulario

Para comprender los conceptos científicos de este libro, debes recordar el significado de los términos clave. Una estrategia consiste en escribir las definiciones de esos términos con tus propias palabras. También puedes practicar usando los términos en oraciones y haciendo listas de palabras o frases que asocias con cada término.

Usar el conocimiento previo

Tu conocimiento previo es lo que ya sabías antes de comenzar a leer acerca de un tema. Si te apoyas en eso, tendrás ventaja al aprender información nueva. Antes de iniciar una tarea, piensa en lo que ya sabes. Podrías hojear tu tarea de lectura, viendo los encabezados y las ilustraciones para estimular tu memoria. Anota lo que sabes en el organizador gráfico que viene al principio de la sección. Luego, a medida que leas, considera preguntas como las que siguen para relacionar lo aprendido con lo que ya sabías.

- ¿Qué relación hay entre lo que estás aprendiendo y lo que ya sabes?
- ¿Cómo te ayudó algo que ya sabes a aprender algo nuevo?
- ¿Tus ideas originales coinciden con lo que acabas de aprender? Si no, ¿cómo modificarías tus ideas originales?

Formular preguntas

Hacerte preguntas es una forma excelente de concentrarte en la información nueva de tu libro y recordarla. Debes aprender a hacer buenas preguntas.

Una técnica es convertir en preguntas los encabezados del libro. Entonces, tus preguntas te guiarán para identificar y recordar la información importante mientras lees. Ve estos ejemplos:

Encabezado: Uso de datos sismográficos

Pregunta: ¿Cómo se usan los datos sismográficos?

Encabezado: Tipos de fallas

Pregunta: ¿Qué tipos de fallas hay?

No tienes que limitar tus preguntas a los encabezados del libro. Haz preguntas acerca de todo lo que necesites aclarar o que te ayude a comprender el contenido. Las preguntas más comunes comienzan con *qué* y *cómo*, pero también puedes preguntar *por qué, quién, cuándo* o *dónde*. Aquí hay un ejemplo:

Propiedades de las ondas

Pregunta	Respuesta
¿Qué es la amplitud?	La amplitud es . . .

Examinar ayudas visuales

Las ayudas visuales son fotografías, gráficas, tablas, diagramas e ilustraciones. Las ayudas, como este diagrama de una falla normal, contienen información importante. Examina las ayudas y sus leyendas antes de leer. Ello te ayudará a prepararte para la lectura.

A menudo te preguntarán qué quieres aprender acerca de una ayuda visual. Por ejemplo, después de ver el diagrama de la falla, podrías preguntar: ¿qué movimiento hay a lo largo de una falla normal? Estas preguntas crean un propósito de la lectura: respondera tus preguntas. Examinar las ayudas visuales también es útil para recordar lo que ya sabes.

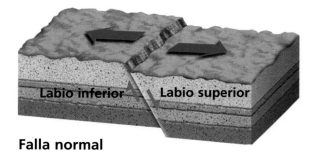

Labio inferior **Labio superior**

Falla normal

Hacer un esquema

Un esquema muestra la relación entre las ideas principales y las de apoyo, y tiene una estructura formal. Las ideas principales (temas) se escriben con números romanos. Las ideas de apoyo (subtemas) se escriben debajo de las principales y se rotulan A, B, C, etcétera. Un esquema se ve así:

Tecnología y sociedad

I. Tecnología a través de la historia

II. El efecto de la tecnología en la sociedad

   A.

   B.

Con un esquema así, podrás captar de un vistazo la estructura de la sección. El esquema te ayudará a estudiar.

Identificar ideas principales

Mientras lees, es importante tratar de comprender las ideas y los conceptos de cada párrafo. Verás que cada párrafo del material de ciencias contiene mucha información y detalles. Un buen lector trata de identificar la idea más importante o amplia de cada párrafo o sección. Esa es la idea principal. El resto de la información del párrafo apoya o explica la idea principal.

A veces, las ideas principales se plantean directamente. En este libro, algunas ideas principales ya vienen identificadas como conceptos clave en negritas. No obstante, tú debes identificar las demás ideas principales. Para ello, hay que identificar todas las ideas de un párrafo o sección y preguntarse cuál de ellas es lo bastante amplia como para incluir a todas las demás.

Comparar y contrastar

Cuando comparas y contrastas, examinas las diferencias y semejanzas entre las cosas. Puedes usar un diagrama de Venn o una tabla para comparar y contrastar. El diagrama o la tabla, ya terminados, muestran en qué se parecen y en qué se diferencian las cosas.

Diagrama de Venn Un diagrama de Venn consiste en dos círculos traslapados. En el lugar donde los dos círculos se traslapan, escribe las características comunes de los datos que estás comparando. En uno de los círculos fuera del área común, escribe los diferentes rasgos o características de uno de los datos. En el otro círculo fuera del área común, escribe las características diferentes del otro dato.

Tabla En una tabla de comparar/contrastar, escribe los datos que vas a comparar en la fila de arriba de la tabla. Luego, escribe los rasgos o características que vas a comparar en la columna de la izquierda. Completa la tabla escribiendo la información sobre cada característica o rasgo.

Vaso sanguíneo	Función	Estructura de la pared
Arteria	Lleva la sangre fuera del corazón	
Capilar		
Vena		

Ordenar en serie

Una serie es el orden en que se da un grupo de sucesos. Reconocer y recordar la serie de los sucesos es importante para comprender muchos procesos en ciencias. Algunas veces, en el texto se usan palabras como *primero*, *luego*, *durante* y *después* para señalar una serie. Un diagrama de flujo o un diagrama de ciclos te puede ayudar a visualizar una serie.

Diagrama de flujo Para hacer un diagrama de flujo, escribe una descripción breve de cada paso o suceso en un cuadro. Coloca los cuadros en orden, con el primer suceso al principio de la página. Luego, dibuja una flecha para conectar cada paso o suceso con el siguiente.

Diagrama de ciclos Un diagrama de ciclos muestra una serie continua o cíclica. Una serie continua no tiene final porque donde termina el último suceso, empieza el primero. Para crear un diagrama de ciclos, escribe el suceso inicial en un cuadro dibujado arriba y al centro de una página. Después, siguiendo un círculo imaginario en el sentido de las manecillas del reloj, escribe cada suceso en un cuadro siguiendo su propia serie. Dibuja flechas para conectar cada suceso con el que le sigue, para formar un círculo continuo.

Identificar evidencia de apoyo

Una hipótesis es una explicación posible a una observación hecha por un científico o una respuesta a una pregunta científica. Una hipótesis se pone a prueba varias veces. Las pruebas pueden producir evidencia que apoye la hipótesis. Cuando se tiene suficiente evidencia de apoyo, una hipótesis se puede convertir en una teoría.

Identificar la evidencia de apoyo para una hipótesis o teoría te puede ayudar a comprender mejor esa hipótesis o teoría. La evidencia consiste en hechos, o sea, información cuya exactitud se puede confirmar mediante pruebas u observaciones.

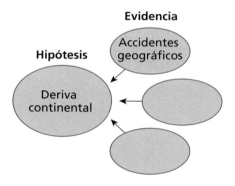

Relacionar causa y efecto

Identificar causas y efectos te ayuda a comprender las relaciones entre los sucesos. Una causa hace que algo suceda. Un efecto es lo que sucede. Cuando reconoces qué suceso provoca otro, estás relacionando causa y efecto. Palabras como *causa, porque, efecto, afecta* y *resulta* a menudo indican una causa o un efecto.

Algunas veces, un efecto puede tener más de una causa, o una causa puede producir varios efectos. Por ejemplo, las emisiones contaminantes de los autos y el humo de las plantas industriales son dos causas de la contaminación del aire. Algunos efectos de esta contaminación son la dificultad para respirar que tienen algunas personas, la muerte de las plantas a lo largo de la carretera y daños a las fachadas de los edificios.

En ciencias, hay muchas relaciones causa y efecto. Observar y comprender estas relaciones te ayuda a entender los procesos científicos.

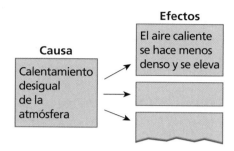

Hacer un mapa de conceptos

Los mapas de conceptos son útiles para organizar información sobre cualquier tema. Un mapa de conceptos se inicia con una idea principal o un concepto central y muestra cómo se puede subdividir la idea en subconceptos relacionados o ideas menores. De este modo, las relaciones entre los conceptos se hacen más claras y fáciles de comprender.

Construye un mapa de conceptos escribiendo conceptos (a menudo una sola palabra) dentro de óvalos que se conectan con palabras relacionadas. El concepto o idea principal se coloca en un óvalo en la parte superior del mapa. Los conceptos relacionados se acomodan en óvalos debajo de la idea principal. Las palabras relacionadas suelen ser verbos y frases verbales que se escriben entre las líneas que conectan los óvalos.

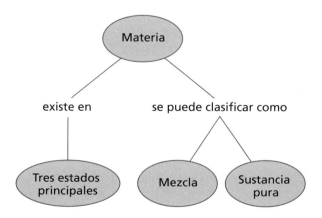

Símbolos de seguridad

Estos símbolos te advierten de posibles peligros en el laboratorio y te recuerdan trabajar con cuidado.

 Gafas de protección Usa estas gafas para protegerte los ojos en actividades con sustancias químicas, fuego o calor, u objetos de cristal.

 Delantal de laboratorio Usa un delantal de laboratorio para proteger tu piel y tu ropa de cualquier daño.

 Rotura de objetos Maneja con cuidado los materiales que pueden romperse, como termómetros y objetos de cristal. No toques cristales rotos.

 Guantes resistentes al calor Usa un guante para hornos u otra protección al manejar materiales calientes, como hornillos u objetos de cristal calientes.

 Guantes de hule Usa guantes de hule desechables para protegerte del contacto con sustancias químicas u organismos que pudieran ser dañinos. Mantén las manos alejadas de tu rostro, y desecha los guantes según las indicaciones de tu maestro.

 Calor Usa pinzas o tenazas para sujetar objetos calientes. No toques los objetos calientes con las manos descubiertas.

 Fuego Sujétate el cabello y la ropa que te quede floja antes de trabajar con fuego. Sigue las instrucciones de tu maestro sobre cómo encender y apagar fuego.

 Trabajar sin fuego Cuando uses materiales inflamables, asegúrate que no haya llamas, chispas o fuentes de calor expuestas.

 Sustancia química corrosiva Evita el contacto del ácido u otras sustancias corrosivas con tu piel, ropa u ojos. No inhales los vapores. Lávate las manos al terminar la actividad.

 Veneno No permitas que ninguna sustancia química te caiga en la piel ni inhales su vapor. Lávate las manos al terminar la actividad.

 Vapores Al trabajar con vapores venenosos, hazlo en un área ventilada. Evita inhalar el vapor directamente. Huélelo sólo cuando tu maestro te lo indique abanicando el vapor hacia tu nariz.

 Objetos afilados Tijeras, bisturís, navajas, agujas, alfileres y tachuelas pueden cortar tu piel. Dirige los bordes afilados en dirección contraria de donde estás tú o los demás.

 Seguridad de los animales Trata a los animales vivos o conservados o a las partes de animales cuidadosamente para no lastimarlos o lastimarte. Lávate las manos al terminar la actividad.

 Seguridad de las plantas Maneja las plantas sólo como tu maestro te indique. Avísale si eres alérgico a ciertas plantas; no realices una actividad donde se usen esas plantas. No toques las plantas nocivas, como la hiedra. Lávate las manos al terminar la actividad.

 Descarga eléctrica Para evitar descargas eléctricas, nunca uses un equipo eléctrico cerca del agua ni cuando tus manos estén húmedas. Asegúrate de que los cables no estorben el paso. Desconecta el equipo cuando no lo uses.

 Seguridad física Cuando un experimento requiera actividad física, evita lastimarte o lesionar a los demás. Avisa a tu maestro si algo te impide participar en la actividad.

 Desechos Las sustancias químicas y otros materiales utilizados en la actividad deben eliminarse de manera segura. Sigue las instrucciones de tu maestro.

 Lavarse las manos Lávate bien las manos al terminar la actividad. Usa jabón antibacteriano y agua caliente. Enjuágate bien.

 Advertencia de seguridad general Sigue las instrucciones indicadas cuando veas este símbolo. Cuando se te pida que diseñes tu propio experimento de laboratorio, pide a tu maestro que apruebe tu plan antes de proseguir.

Reglas de seguridad en ciencias

Precauciones generales

Sigue todas las instrucciones. Nunca realices actividades sin la aprobación y supervisión de tu maestro. No tomes la actividad como un juego. Nunca ingieras alimentos o bebidas. Mantén el área de trabajo limpia y en orden.

Normas de vestimenta

Usa gafas de protección siempre que trabajes con sustancias químicas, objetos de cristal, fuentes de calor, o cualquier sustancia que pudiera entrar en tus ojos. Si usas lentes de contacto, avísale a tu maestro.

Usa un delantal o una bata siempre que trabajes con sustancias corrosivas o que manchen. Usa guantes de hule desechables cuando trabajes con organismos o químicos dañinos. Si tienes el cabello largo, sujétalo. Quítate o anúdate por la espalda cualquier prenda o adorno que cuelgue y que pueda entrar en contacto con sustancias químicas, llamas o equipo. Súbete las mangas largas. Nunca uses sandalias.

Primeros auxilios

Informa de todos los accidentes, lesiones o fuego a tu maestro, por insignificantes que sean. Averigua dónde está el botiquín de primeros auxilios, el equipo de emergencia y el teléfono más cercano. Identifica a quién llamar en caso de emergencia.

Seguridad con fuego y calor

Mantén los materiales combustibles lejos del fuego. Al calentar una sustancia en un tubo de ensayo, fíjate que la boca del tubo no apunte hacia ti o hacia los demás. Nunca calientes líquidos en recipientes cerrados. Usa un guante para hornos para levantar un recipiente caliente.

Seguridad con sustancias químicas

Nunca acerques la cara a la boca de un recipiente que contiene sustancias químicas. No toques, pruebes ni inhales una sustancia a menos que lo indique el maestro.

Usa sólo las sustancias químicas requeridas en la actividad. Cuando no uses las sustancias, mantén cerrados los recipientes que las contienen. Vierte las sustancias sobre el fregadero o un recipiente, nunca sobre tu área de trabajo. Desecha las sustancias químicas según las instrucciones de tu maestro.

Presta atención especial cuando trabajes con ácidos o bases. Cuando mezcles un ácido con agua, vacía primero el agua al recipiente y luego agrega el ácido. Nunca pongas agua en un ácido. Limpia inmediatamente todos los derrames y salpicaduras con mucha agua.

Uso seguro de objetos de cristal

Si algún utensilio de cristal se rompe o astilla, notifícalo de inmediato a tu maestro. Nunca tomes con las manos descubiertas ningún cristal roto o astillado.

Nunca fuerces tubos ni termómetros de cristal en topes de hule y tapones de corcho. Pide ayuda a tu maestro para hacer esto, si la actividad lo requiere.

Uso de instrumentos afilados

Maneja con cuidado los instrumentos afilados. Nunca cortes el material hacia ti, sino en dirección opuesta.

Seguridad con animales y plantas

Nunca realices experimentos que causen dolor, incomodidad o daño a los animales. Toma animales sólo si es indispensable. Si eres alérgico a ciertas plantas, mohos o animales, díselo a tu maestro antes de iniciar una actividad que implique su uso. Lávate bien las manos después de trabajar con animales, partes de animales, plantas, partes de plantas o tierra.

Durante el trabajo de campo, usa pantalones largos, mangas largas, calcetines y zapatos cerrados. Evita el contacto con plantas y hongos venenosos, así como las plantas con espinas.

Reglas al terminar experimentos

Desconecta el equipo eléctrico. Limpia tu área de trabajo. Elimina materiales de desecho según las indicaciones de tu maestro. Lávate las manos después de cualquier experimento.

Glosario

A

acuicultura Técnica del cultivo de peces y otros organismos acuáticos para consumo humano. (pág. 93)

adaptación Comportamiento o característica física que permite a un organismo vivir en su medio ambiente. (pág. 25)

agotamiento de nutrientes Situación que se produce cuando se usan más nutrientes del suelo de lo que los descomponedores pueden proporcionar. (pág. 119)

aguas freáticas Aguas acumuladas en capas subterráneas de suelo y roca. (pág. 132)

aguas residuales Agua y desechos humanos que son desechados por lavamanos, servicios sanitarios y duchas. (pág. 134)

aislante Material que impide la transferencia de calor entre el interior y el exterior de un edificio. (pág. 180)

árbol caducifolio Árbol cuyas hojas caen y vuelven a crecer anualmente. (pág. 63)

árbol conífero Árbol que produce sus semillas en conos y sus hojas tienen forma de aguja. (pág. 64)

B

biodegradable Sustancia que las bacterias y otros descomponedores pueden descomponer. (pág. 125)

biodiversidad Número de diferentes especies en un área. (pág. 95)

biogeografía Estudio del lugar donde viven los organismos. (pág. 54)

bioma Grupo de ecosistemas terrestres con climas y organismos similares. (pág. 58)

bóveda arbórea Cubierta densa formada por las cimas hojeadas de los árboles altos de un bosque. (pág. 60)

C

cadena alimentaria Serie de sucesos en los que un organismo se come a otro y obtiene energía. (pág. 44)

calentamiento global Teoría que dice que al aumentar el dióxido de carbono en la atmósfera, aumentará la temperatura promedio de la Tierra. (pág. 150)

capa de ozono Capa atmosférica que contiene una mayor concentración de ozono que el resto de la atmósfera. (pág. 147)

capacidad de carga La mayor población que puede sustentar un área. (pág. 19)

carnívoro Consumidor que come sólo animales. (pág. 43)

carroñero Carnívoro que se alimenta del cuerpo de animales muertos. (pág. 43)

caza ilegal Matanza o eliminación de la fauna silvestre de su hábitat. (pág. 102)

ciclo del agua Proceso continuo mediante el cual el agua pasa de la superficie de la Tierra a la atmósfera y viceversa. (pág. 48)

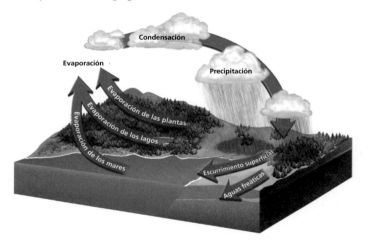

ciencias del medio ambiente Estudio de los procesos naturales que ocurren en el medio ambiente y cómo los seres humanos pueden afectarlos. (pág. 86)

clima Patrón típico del tiempo en un área durante un largo período. (pág. 57)

clorofluorocarbonos Gases producidos por el ser humano que contienen cloro y flúor (también llamados CFC). (pág. 148)

combustible Sustancia que libera energía como resultado de un cambio químico. (pág. 158)

combustible de biomasa Combustible formado a partir de seres vivos. (pág. 169)

combustible fósil Sustancia rica en energía (como carbón mineral, petróleo o gas natural) que se forma a partir de los restos de organismos. (pág. 160)

combustión Proceso en el que se quema un combustible. (pág. 159)

comensalismo Relación entre dos especies donde una se beneficia y la otra no obtiene ni beneficio ni perjuicio. (pág. 30)

competencia Lucha entre organismos por sobrevivir a medida que usan los recursos limitados en un mismo hábitat. (pág. 26)

compostaje Proceso de ayudar a que los desechos biodegradables se descompongan de manera natural. (pág. 127)

comunidad Todas las diferentes poblaciones que viven juntas en un área. (pág. 9)

condensación Proceso por el cual un gas se convierte en líquido. (pág. 49)

conservación de la energía Práctica de reducción del uso de energía. (pág. 182)

consumidor Organismo que obtiene energía alimentándose de otros organismos. (pág. 43)

contaminación Polución del suelo, agua o aire. (pág. 84)

contaminante Sustancia que provoca contaminación. (pág. 133)

cuba de reactor Parte de un reactor nuclear donde ocurre la fisión nuclear. (pág. 176)

densidad de población Número de individuos en un área de un tamaño específico. (pág. 18)

depredación Interacción en la cual un organismo mata y se come a otro. (pág. 27)

depredador Organismo que mata en la depredación. (pág. 27)

deriva continental Movimiento muy lento de los continentes. (pág. 55)

desarrollo Construcción de edificios, carreteras, puentes, presas y otras estructuras. (pág. 117)

descomponedor Organismo que descompone desechos y organismos muertos.(pág. 43)

desecho peligroso Material que puede ser dañino si no se elimina adecuadamente. (pág. 128)

desechos sólidos urbanos Desechos producidos en hogares, oficinas y escuelas. (pág. 123)

desertificación Avance de condiciones similares a las del desierto a áreas que anteriormente eran fértiles. (pág. 120)

desierto Área que recibe menos de 25 centímetros de precipitación al año. (pág. 61)

destrucción del hábitat Pérdida de un hábitat natural. (pág. 102)

dispersión Movimiento de los organismos de un lugar a otro. (pág. 55)

ecología Estudio de cómo interactúan los seres vivos entre sí y con su medio ambiente. (pág. 10)

ecosistema Comunidad de organismos que viven en un área determinada, junto con su medio ambiente no vivo. (pág. 10)

efecto invernadero Calor atrapado cerca de la superficie de la Tierra por ciertos gases de la atmósfera. (pág. 150)

eficiencia Porcentaje de energía usada para realizar trabajo. (pág. 180)

emigración Abandono de una población. (pág. 16)

energía geotérmica Calor del interior de la Tierra. (pág. 170)

energía hidroeléctrica Electricidad que se produce usando la energía de una corriente de agua. (pág. 168)

energía solar Energía del Sol. (pág. 166)

erosión Proceso por el cual el agua, el viento o el hielo transportan partículas de roca o suelo. (pág. 119)

especie amenazada Especie que puede llegar a estar en peligro de extinción en el futuro próximo. (pág. 101)

especie Grupo de organismos que son físicamente semejantes, se pueden cruzar y producen crías que también se pueden cruzar y reproducir. (pág. 9)

especie clave Especie que influye en la supervivencia de muchas otras en un ecosistema. (pág. 97)

especie en peligro de extinción Especie que corre el riesgo de desaparecer en el futuro próximo. (pág. 101)

especies exóticas Especies que lleva la gente a un nuevo lugar. (pág. 56)

especies pioneras Primeras especies en poblar una región. (pág. 33)

estimación Cálculo aproximado de un número, basándose en supuestos razonables. (pág. 14)

Glosario

estuario Hábitat en el cual el agua dulce de un río se encuentra con el agua salada del mar. (pág. 72)

evaporación Proceso por el cual las moléculas de un líquido absorben energía y pasan al estado gaseoso. (pág. 49)

extinción Desaparición de la Tierra de todos los miembros de una especie. (pág. 100)

factor abiótico La parte no viva del hábitat de un organismo. (pág. 8)

factor biótico La parte viva del hábitat de un organismo. (pág. 7)

factor limitante Factor ambiental que impide el crecimiento de una población. (pág. 18)

fertilizante Sustancia que proporciona nutriente para ayudar a que crezcan mejor los cultivos. (pág. 119)

fijación del nitrógeno Proceso de conversión del gas nitrógeno libre en una forma aprovechable. (pág. 52)

fisión nuclear División del núcleo de un átomo en dos núcleos más pequeños y neutrones. (pág. 175)

fotosíntesis Proceso por el cual los organismos usan el agua junto con la luz solar y el dióxido de carbono para producir su alimento. (pág. 8)

fragmentación del hábitat Desintegración de un hábitat en porciones aisladas más pequeñas. (pág. 102)

fusión (del núcleo de un reactor) Condición peligrosa en la cual las varillas de combustible dentro del reactor nuclear se derriten. (pág. 177)

fusión nuclear Unión de dos núcleos atómicos para producir un núcleo único más grande y liberar energía. (pág. 178)

gases contaminantes Contaminantes liberados al aire. (pág. 138)

gasohol Mezcla de gasolina y alcohol. (pág. 169)

gen Estructura en las células de un organismo que contiene la información hereditaria. (pág.99)

hábitat Ambiente que proporciona las cosas que un organismo necesita para vivir, crecer y reproducirse. (pág. 7)

herbívoro Consumidor que come sólo plantas. (pág. 43)

hidrocarburo Compuesto químico rico en energía que contiene átomos de carbono e hidrógeno. (pág. 160)

huésped Organismo dentro o fuera del cual vive un parásito en una interacción de parasitismo. (pág. 31)

incineración Quema de desechos sólidos. (pág. 123)

inmigración Ingreso a una población. (pág. 16)

inversión térmica Condición en la que una capa de aire caliente atrapa aire contaminado cerca de la superficie de la Tierra. (pág. 139)

lecho rocoso Roca que forma la corteza de la Tierra. (pág. 118)

lixiviado Líquido contaminado que se produce por el paso del agua a través de los desechos enterrados en un relleno sanitario. (pág. 124)

lluvia ácida Precipitación que es más ácida de lo normal debido a la contaminación del aire. (pág. 140)

mantillo Capa suelta de hierbas y hojas secas sobre el suelo. (pág. 118)

mutualismo Relación entre dos especies de la cual ambas se benefician. (pág. 30)

neblina tóxica fotoquímica Densa bruma parduzca que se forma cuando ciertos gases reaccionan con la luz solar. (pág. 139)

nicho Función de un organismo en su hábitat, o cómo sobrevive. (pág. 25)

núcleo Parte central de un átomo que contiene protones y neutrones. (pág. 174)

omnívoro Consumidor que come tanto plantas como animales. (pág. 43)

organismo Un ser viviente. (pág. 7)

ozono Forma tóxica del oxígeno. (pág. 139)

parasitismo Relación en la cual un organismo vive en la superficie o en el interior de un huésped y lo perjudica. (pág. 31)

parásito Organismo que se beneficia de vivir en la superficie o en el interior de un húesped en una interacción de parasitismo. (pág. 31)

permagélido Suelo que está congelado todo el año. (pág. 65)

pesquería Área con una gran población de organismos marinos aprovechables. (pág. 92)

pesticida Sustancia química que mata los organismos que dañan los cultivos. (pág. 134)

petróleo Combustible fósil líquido. (pág. 162)

petroquímico Compuesto que se obtiene del petróleo. (pág. 162)

pirámide de la energía Diagrama que muestra la cantidad de energía que pasa de un nivel de alimentación a otro en una red alimentaria. (pág. 46)

población Todos los miembros de una especie en un área particular. (pág. 9)

pradera Área poblada de pastos y de otras plantas no leñosas. La mayoría de las praderas recibe de 25 a 75 centímetros de lluvia al año. (pág. 62)

precipitación Lluvia, nieve, aguanieve o granizo. (pág. 49)

presa Organismo que otro organismo mata y come. (pág. 27)

productor Organismo que puede elaborar su propio alimento. (pág. 43)

radón Gas radiactivo que no tiene color ni olor. (pág. 141)

reciclaje Proceso de recuperar y volver a usar materias primas. (pág. 125)

recuperación de la tierra Proceso de restitución de la tierra a un estado más natural. (pág. 121)

recurso natural Cualquier cosa del medio ambiente que usa la gente. (pág. 83)

recurso no renovable Recurso natural que no se restaura una vez usado, en un período relativamente corto. (pág. 83)

recurso renovable Recurso que está siempre disponible o que es restituido de manera natural en un período relativamente corto. (pág. 83)

red alimentaria Patrón de cadenas alimentarias sobrepuestas en un ecosistema. (pág. 44)

refinería Planta en la que el petróleo crudo se calienta y separa en combustibles y otros productos. (pág. 162)

relleno sanitario Relleno que contiene desechos no peligrosos, como desechos sólidos urbanos y escombros de la construcción. (pág. 124)

rendimiento sostenible Cantidad de un recurso renovable que puede ser recolectado constantemente sin reducir el abastecimiento futuro. (pág. 91)

reproducción en cautiverio Apareamiento de animales en zoológicos y reservas naturales. (pág. 104)

sabana Tierra de pastos próxima al ecuador que recibe hasta 120 centímetros de lluvia al año. (pág. 62)

sedimentos Partículas de roca y arena. (pág. 134)

selección natural Proceso por el cual las características que permiten a un individuo adaptarse mejor a su medio ambiente se hacen más comunes en una especie. (pág. 25)

sequía Período de menor lluvia que lo normal. (pág. 120)

simbiosis Relación estrecha entre dos especies de la que se beneficia al menos una de ellas. (pág. 30)

sotobosque Estrato de plantas de baja estatura que crecen a la sombra de la bóveda arbórea.(pág. 60)

subsuelo Capa de suelo bajo el suelo superior que tiene menos material vegetal y animal que el suelo superior. (pág. 118)

Glosario

sucesión Serie de cambios predecibles que ocurren en una comunidad a través del tiempo. (pág. 32)

sucesión primaria Serie de cambios que ocurren en un área en donde no existe suelo ni organismos. (pág. 33)

sucesión secundaria Serie de cambios que ocurren en un área después de la perturbación de un ecosistema, pero donde todavía hay suelo y organismos. (pág. 34)

suelo superior Capa superior de suelo formada por fragmentos de roca, nutrientes, agua, aire y materia animal y vegetal en descomposición. (pág. 118)

tala selectiva Proceso de cortar sólo algunos árboles de un área. (pág. 90)

tala total Proceso de cortar simultáneamente todos los árboles de un área. (pág. 90)

tasa de mortalidad Número de muertes en una población en un período determinado. (pág. 16)

tasa de natalidad Número de nacimientos en una población en un período determinado. (pág. 16)

taxol Sustancia química en la corteza del tejo del Pacífico con propiedades curativas contra el cáncer. (pág. 108)

transformación de la energía Cambio de una forma de energía a otra; también se le llama conversión de energía. (pág. 158)

tundra Bioma extremadamente frío y seco. (pág. 65)

varilla de combustible Varilla de uranio que se somete a la fisión en un reactor nuclear. (pág. 176)

varilla de control Varilla de cadmio que se usa en un reactor nuclear para absorber los neutrones emitidos por las reacciones de la fisión. (pág. 176)

zona intermareal Área entre la línea más alta de la marea alta y la línea más baja de la marea baja. (pág. 72)

zona nerítica Región sobre la placa continental donde el agua del océano es poco profunda. (pág. 72)

Los números de página correspondientes a los términos clave se muestran en **negrita**.
Los números de página correspondientes a ilustraciones, mapas y tablas se muestran en *cursiva*.

Índice

Índice

Los números de página correspondientes a los términos clave se muestran en **negrita**.
Los números de página correspondientes a ilustraciones, mapas y tablas se muestran en *cursiva*.

Índice

Los números de página correspondientes a los términos clave se muestran en **negrita**.
Los números de página correspondientes a ilustraciones, mapas y tablas se muestran en *cursiva*.

Índice

Los números de página correspondientes a los términos clave se muestran en **negrita**.
Los números de página correspondientes a ilustraciones, mapas y tablas se muestran en *cursiva*.

Reconocimientos

Reconocimiento de la página 194: Fragmento de *The Amateur Naturalist* by Gerald Durrell, copyright © 1982 by Gerald Durrell. Used by permission of Alfred A. Knopf, a division of Random House, Inc.

Créditos del personal

Diane Alimena, Scott Andrews, Jennifer Angel, Michele Angelucci, Laura Baselice, Carolyn Belanger, Barbara A. Bertell, Suzanne Biron, Peggy Bliss, Stephanie Bradley, James Brady, Anne M. Bray, Sarah M. Carroll, Kerry Cashman, Jonathan Cheney, Joshua D. Clapper, Lisa J. Clark, Bob Craton, Patricia Cully, Patricia M. Dambry, Kathy Dempsey, Emily Ellen, Leanne Esterly, Thomas Ferreira, Jonathan Fisher, Patricia Fromkin, Paul Gagnon, Kathy Gavilanes, Holly Gordon, Robert Graham, Ellen Granter, Diane Grossman, Barbara Hollingdale, Linda Johnson, Anne Jones, John Judge, Kevin Keane, Kelly Kelliher, Toby Klang, Sue Langan, Russ Lappa, Carolyn Lock, Rebecca Loveys, Constance J. McCarty, Carolyn B. McGuire, Ranida Touranont McKneally, Anne McLaughlin, Eve Melnechuk, Natania Mlawer, Janet Morris, Karyl Murray, Francine Neumann, Baljit Nijjar, Marie Opera, Jill Ort, Kim Ortell, Joan Paley, Dorothy Preston, Maureen Raymond, Laura Ross, Rashid Ross, Siri Schwartzman, Melissa Shustyk, Laurel Smith, Emily Soltanoff, Jennifer A. Teece, Elizabeth Torjussen, Amanda M. Watters, Merce Wilczek, Amy Winchester, Char Lyn Yeakley. **Créditos adicionales:** Tara Alamilla, Louise Gachet, Allen Gold, Andrea Golden, Terence Hegarty, Etta Jacobs, Meg Montgomery, Stephanie Rogers, Kim Schmidt, Adam Teller, Joan Tobin.

Ilustración

Morgan Cain & Associates: 147, 154, 162, 175, 178, 183, 186r, 188; **Kerry Cashman:** 14–15, 55, 59–66; **John Ceballos:** 141; **John Edwards and Associates:** 124, 142, 150, 159, 161, 170, 177, 186l; **Biruta Hansen:** 24–25; **Robert Hynes:** 11; **Kevin Jones Associates:** 18t, 33, 34–35, 49, 51–52, 167; **Karen Minot:** 90, 97; **Pond and Giles:** 38, 93; **J/B Woolsey Associates:** 12, 74, 155; **XNR Productions:** 86–87, 120. **Todas las tablas y gráficas por Matt Mayerchak.**

Fotografía

Investigación fotográfica John Judge
Imagen superior de portada, Muench Photography Inc.; **inferior,** J. David Andrews/Masterfile.

Página vi, Tony Craddock/Getty Images, Inc.; **vii,** Richard Haynes; **viii,** Richard Haynes; **x,** Christopher G. Knight; **1,** H. Bruce Rinker; **1,** Stephen Dalton/Photo Researchers, Inc.; **2bl,** Meg Lowman; **2br,** Meg Lowman/Australian Journals of Scientific Research; **2t,** Raphael Gaillarde/Gamma Press Images; **3,** Christopher G. Knight.

Capítulo 1
Páginas 4–5, Getty Images, Inc.; **5 detalle,** Richard Haynes; **6t,** Tom Lazar/Animals Animals/Earth Scenes; **6b,** C.K. Lorenz/Photo Researchers, Inc.; **7,** C.W. Schwartz/ Animals Animals/Earth Scenes; **8t,** Konrad Wothe/Minden Pictures; **8m,** Christoph Burki/Getty Images, Inc.; **8b,** John Cancalosi/Tom Stack & Associates; **9,** Breck P. Kent/Animals Animals/Earth Scenes; **13,** Frans Lanting/Minden Pictures; **14l,** Fred Bruemmer/Peter Arnold, Inc.; **14r,** C. Allan Morgan/DRK Photo; **15l,** Thomas Mangelsen/Minden Pictures; **15r,** Wallace J. Nichols; **17t,** Alan D. Carey/Photo Researchers, Inc.; **17b,** Leonard Lee Rue III/Photo Researchers, Inc.; **18,** Kenneth W. Fink/Photo Researchers, Inc.; **19t,** Anthony Bannister/Animals Animals/Earth Scenes; **19b,** Tony Craddock/Getty Images, Inc.; **20,** Tom & Pat Leeson/Photo Researchers, Inc.; **21,** Dave King/Dorling Kindersley; **22–23t,** Gary Griffen/Animals Animals/Earth Scenes; **22b,** Raymond Gehman/Corbis; **26tl,** Ron Willocks/Animals Animals/Earth Scenes; **26ml,** Patti Murray/Animals Animals/Earth Scenes; **26bl,** Rob Simpson/Visuals Unlimited; **26r,** Wally Eberhart/Visuals Unlimited; **27,** F. Stuart Westmorland/Photo Researchers, Inc.; **28,** S. Dalton/OSF/Animals Animals/Earth Scenes; **29tl,** Leroy Simon/ Visuals Unlimited; **29tr,** Dante Fenolio/Photo Researchers, Inc.; **29mr,** Nigel J. Dennis/Photo Researchers. Inc.; **29bl,** Art Wolfe; **29br,** Brian Rogers/Visuals Unlimited; **30,** Daryl Balfour/Getty Images, Inc.; **31t,** Volker Steiger/SPL/Photo Researchers, Inc.; **31b,** Richard Haynes; **32 ambas,** Tom & Pat Leeson/Photo Researchers, Inc.; **36t,** Leroy Simon/Visuals Unlimited; **36b,** Dave King/Dorling Kindersley.

Capítulo 2
Páginas 40–41, Daniel J. Cox/Getty Images, Inc.; **41 detalle,** Richard Haynes; **42–43,** Kent Foster/Photo Researchers, Inc.; **43t detalle,** David Northcott/DRK Photo; **43m detalle,** Adam Jones/Photo Researchers, Inc.; **43b detalle,** S. Nielsen/DRK Photo; **46t,** Frank Greenaway/Dorling Kindersley; **46tm,** Kim Taylor & Jane Burton/Dorling Kindersley; **46bm,** Dorling Kindersley; **46bm,** Frank Greenaway/Dorling Kindersley Media Library; **46b,** Kim Taylor & Jane Burton/Dorling Kindersley; **47,** Andy Rouse/DRK Photo; **48,** Richard Haynes; **50,** Asa C. Thoresen/Photo Researchers, Inc.; **53,** E. R. Degginger/Photo Researchers, Inc.; **54t,** Richard Haynes; **54b,** Penny Tweedie/Getty Images, Inc.; **56l,** Gregory K. Scott/Photo Researchers, Inc.; **56m,** Kenneth H. Thomas/Photo Researchers, Inc.; **56r,** Runk/Schoenberger/Grant Heilman, Inc.; **59,** Jim Zipp/Photo Researchers, Inc.; **59 detalle,** S. Nielsen/DRK Photo; **60l,** Frans Lanting/Minden Pictures; **60m,** Renee Lynn/Getty Images, Inc.; **60r,** Michael & Patricia Fogden/Minden Pictures; **61,** Barbara Gerlach/DRK Photo; **61 detalle,** Maslowski/Photo Researchers, Inc.; **62,** Art Wolfe/Getty Images, Inc.; **62 detalle,** Gerry Ellis/Minden Pictures; **63,** Carr Clifton/Minden Pictures; **63t detalle,** Nick Bergkessel/Photo Researchers, Inc.; **63b detalle,** Stephen J. Krasemann/DRK Photo; **64l,** Stephen J. Krasemann/DRK Photo; **64r,** Jeff Lepore/Photo Researchers, Inc.; **65,** Michio Hoshino/Minden Pictures; **65 detalle,** Yva Momotiuk/John Eastcott /Minden Pictures; **66,** Douglas E. Walker/Masterfile Corporation; **66 detalle,** John Cancalosi/National Geographic Society; **69,** Richard Haynes; **70t,** Tom & Pat Leeson/Photo Researchers, Inc.; **70b,** Bill Kamin/Visuals Unlimited; **71,** David Weintraub/Photo Researchers, Inc.; **71 detalle,** Steven David Miller/Animals Animals/Earth Scenes; **72,** Michele Burgess/Corbis; **75,** Russ Lappa; **76t,** Andy Rouse/DRK Photo; **76b,** Steven David Miller/Animals Animals/Earth Scenes.

Capítulo 3
Páginas 80–81, Robert Yin/SeaPics.com; **81 detalle,** Russ Lappa; **82–83,** Key Sanders/Getty Images, Inc.; **84l,** Corbis; **84m,** Corbis; **84r,** UPI/Corbis-Bettmann; **85l,** Erich Hartmann/Magnum Photos; **85m,** Kevin Fleming/Corbis; **85r,** William Campbell/Peter Arnold, Inc.; **86t,** Corbis; **86b,** Warren Morgan/Corbis; **87t,** Ariel Skelley/Corbis; **87b,** Marc Epstein/DRK Photo; **88–89,** Richard Haynes; **91,** Inga Spence/Visuals Unlimited; **92,** G.R. Robinson/Visuals Unlimited; **93,** Greg Vaughn/Tom Stack & Associates; **94,** Russ Lappa; **95,** Richard Haynes; **96t,** C Squared Studios /Getty Images, Inc.; **96b,** Frans Lanting/Minden Pictures; **97t,** David Wrobel/Visuals Unlimited; **97b,** Stephen J. Krasemann/DRK Photo; **98t,** Wayne Lynch/DRK Photo; **98b,** Fred Bavendam/Minden Pictures; **99,** D. Cavagnaro/DRK Photo; **100tl,** David Sieren/Visuals Unlimited; **100tr,** David Dennis/Animals Animals/Earth Scenes; **100b,** Jeff Lepore/Photo Researchers, Inc.; **101tl,** David Liebman; **101ml,** Stephen J. Krasemann/DRK Photo; **101bl,** Marilyn Kazmers/Peter Arnold, Inc.; **101r,** Ken Lucas/Visuals Unlimited; **102,** Kent Gilbert/AP/Wide World Photos; **103,** James H. Robinson/Animals Animals/Earth Scenes; **104t,** Roy Toft/Tom Stack & Associates; **104b,** Tom Uhlman/AP/Wide World Photos; **105,** James H. Robinson/Animals Animals/Earth Scenes; **106,** Doug Perrine/DRK Photo; **107l,** Walter H. Hodge/Peter Arnold, Inc.; **107m,** Doug Perrine/DRK Photo; **107r,** Ed Reschke/Peter Arnold, Inc.; **108t,** Greg Vaughn/Tom Stack & Associates; **108b,** Bill Greenblatt/Getty Images, Inc.; **109,** G. Payne/Liaison/Getty Images, Inc.; **110t,** David Dennis/Animals Animals/Earth Scenes; **110bl,** Greg Vaughn/Tom Stack & Associates; **110br,** Walter H. Hodge/Peter Arnold, Inc.

Capítulo 4
Páginas 114–115, Jim Wark/Airphoto; **115 detalle,** Richard Haynes, **116t,** Richard Haynes; **116b,** Corbis; **117,** David Zalubowski/AP/Wide World Photos; **118l,** Peter Griffiths/Dorling Kindersley Media Library; **118t detalle,** Michael Habicht/Animals Animals; **118m detalle,** S.L. Rose/Visuals Unlimited; **118b detalle,** Gilbert S. Grant/Photo Researchers, Inc.; **119l,** Martin Benjamin/The Image Works; **119r,** Tom Bean 1994/DRK Photo; **120l,** Peter Johnson/Corbis; **120r,** Walt Anderson/Visuals Unlimited; **121 ambas,** Department of Environmental Protection, Commonwealth of Pennsylvania/Mineral Information Institute; **122–123,** Nick Vedros, Vedros & Assoc./ Getty Images, Inc.; **125,** David Joel/Getty Images, Inc.; **126l,** Richard Haynes; **126r,** Randy Faris/Corbis; **127t,** Larry Lefever/Grant Heilman Photography, Inc.; **127b,** Rosemary Mayer/Holt Studios/Photo Researchers, Inc.; **128 todas,** Russ Lappa; **129 todas,** Russ Lappa; **130,** Russ Lappa; **131,** Russ Lappa; **133l,** Richard Hutchings/Photo Researchers, Inc.; **133r,** Michael S. Yamashita/Corbis; **135,** Dorling Kindersley; **136,** Norman McGrath; **137,** Armando Franca/ AP/Wide World Photos; **138t,** Russ Lappa; **138b,** Derek Trask/Corbis; **139,** P. Baeza/ Publiphoto/Photo Researchers, Inc.; **140,** Richard Megna/Fundamental Photographs; **142,** Eric Pearle/Getty Images, Inc.; **143,** Ed Pritchard/Getty Images, Inc.; **145,** Richard Haynes; **146 ambas,** Richard Haynes; **148 todas,** NASA/Goddard Space Flight Center Scientific Visualization Studio; **151,** NASA Goddard Space Flight Center; **152,** Russ Lappa.

Capítulo 5
Páginas 156–157, Didier Dorval/Masterfile Corporation; **157 detalle,** Visuals Unlimited; **158t,** E.R. Degginger; **158b,** Toby Talbot/AP/Wide World Photos; **161t,** Colin Keates/Dorling Kindersley; **161m,** Andreas Einsiedel/Dorling Kindersley; **161b,** Andreas Einsiedel /Dorling Kindersley; **162,** Bill Ross/Corbis; **163,** Roger Ball/Corbis; **164,** Owen Franken/Corbis; **165,** Lawrence Migdale/Photo Researchers, Inc.; **166,** Nadia MacKenzie/Getty Images, Inc.; **168t,** Tom Bean/DRK Photo; **168b,** Doug Sokell/ Tom Stack & Associates; **169t,** Daniel Putterman/Stock Boston, Inc./PictureQuest; **169b,** Brian Branch-Price/AP/Wide World Photos; **171,** NASA; **172,** Richard Haynes; **173,** Richard Haynes; **174t,** Russ Lappa; **174b,** Bettmann-Corbis; **176t,** Joseph Sohm/ChromoSohm, Inc./Corbis; **176b,** E.R. Degginger; **179,** Richard Haynes; **180l,** Mitch Kezar/Getty Images, Inc.; **180m,** Tony Freeman/PhotoEdit; **180r,** Scott Olson/Getty Images, Inc.; **181l,** Anthony Meshkinyar/Getty Images, Inc.; **181m,** Yves Marcoux/Getty Images, Inc.; **181r,** Mike Fiala/Getty Images, Inc.; **182l,** Michael Newman/Photo Edit; **186,** Scott Olson/Getty Images, Inc.

190, Devez/CNRS/Photo Researchers, Inc.; **191b,** Tom Brakefield/DRK Photo; **191ml,** Mc Donald Wildlife Photography/Animals Animals/Earth Scenes; **191mr,** Peter Steyn/Ardea London, Ltd.; **191t,** M.C. Chamberlain/DRK Photo; **192–193,** Chinch Gryniewicz/Ecoscene/Corbis; **193b,** Jose Anzel/Aurora Photos; **193t,** Christie's Images; **194t,** Corbis-Bettmann; **194–195,** M. Harvey/DRK Photo; **195bl,** Wolfgang Kaehler/Corbis; **195bm,** Frans Lanting/Minden Pictures; **195br,** Tim Davis/Photo Researchers, Inc.; **195t,** Neil Lucas/Nature Picture Library; **196,** Tony Freeman/ PhotoEdit; **197b,** Russ Lappa; **197m,** Richard Haynes; **197t,** Russ Lappa; **198,** Richard Haynes; **200,** Richard Haynes; **202,** Morton Beebe/Corbis; **203,** Catherine Karnow/Corbis; **205b,** Richard Haynes; **205t,** Dorling Kindersley; **207,** Image Stop/Phototake; **210,** Richard Haynes; **217,** Richard Haynes; **222,** NASA/Goddard Space Flight Center Scientific Visualization Studio.